U0928161

D10. 201010

港城关系理论研究

陈洪波 等著

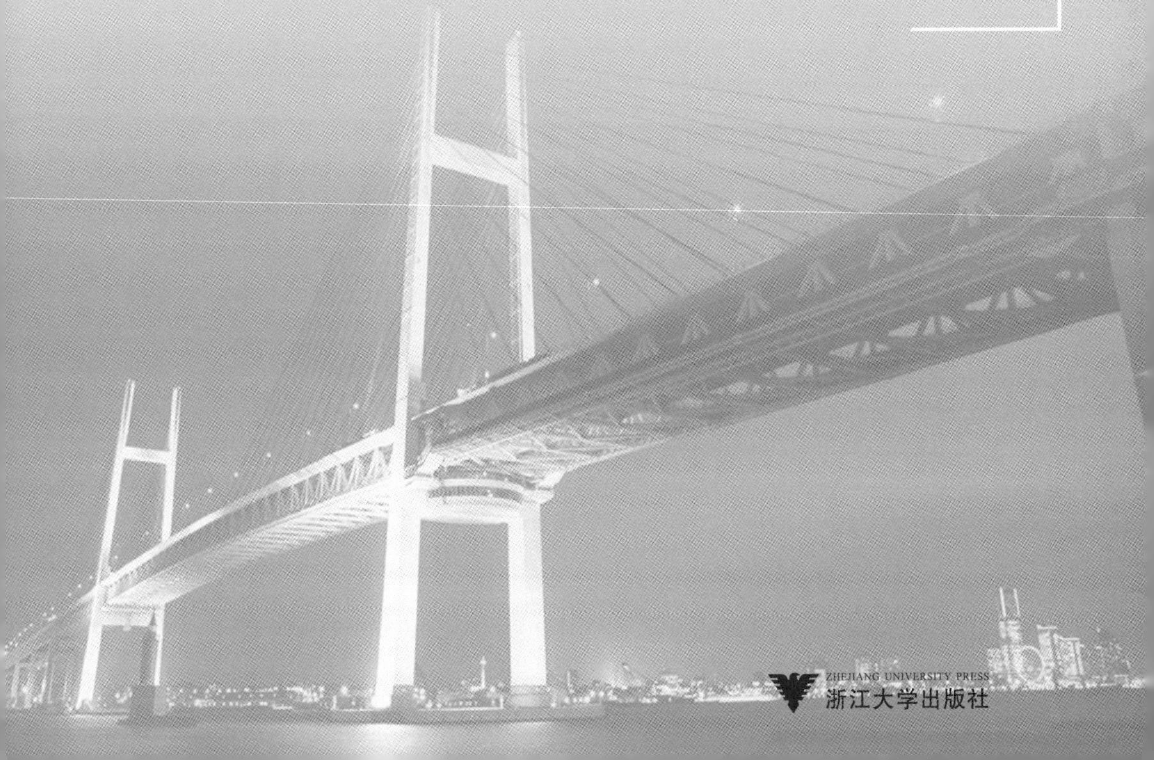

ZHEJIANG UNIVERSITY PRESS
浙江大学出版社

图书在版编目(CIP)数据

港城关系理论研究/陈洪波等著. —杭州：浙江大学出版社，2011.6
ISBN 978-7-308-08770-4

Ⅰ.①港… Ⅱ.①陈… Ⅲ.①港湾城市—城市建设—研究—中国 Ⅳ.①F299.2

中国版本图书馆 CIP 数据核字（2011）第 108771 号

港城关系理论研究

陈洪波 等著

责任编辑	吴伟伟 weiweiwu@zju.edu.cn
封面设计	俞亚彤
出版发行	浙江大学出版社
	（杭州市天目山路 148 号 邮政编码 310007）
	（网址：http://www.zjupress.com）
排 版	浙江时代出版服务有限公司
印 刷	杭州日报报业集团盛元印务有限公司
开 本	710mm×1000mm 1/16
印 张	16.25
字 数	319 千
版 印 次	2011 年 8 月第 1 版 2011 年 8 月第 1 次印刷
书 号	ISBN 978-7-308-08770-4
定 价	38.00 元

版权所有 翻印必究 印装差错 负责调换

浙江大学出版社发行部邮购电话（0571）88925591

目　录

CONTENTS

第一章 港城关系理论概述

港城关系是港口城市发展的主线，它贯穿港口城市发展始终。随着经济全球化和区域经济一体化进程的不断加快，以及我国对外贸易的快速发展，港口在国民经济中的地位日趋增强，港城关系日益成为理论界研究的热点和重点问题之一。全书侧重以系统动力学原理分析港城关系，本章首先从宏观层面分析港城关系研究的背景条件。从港口区位、港口经济效益、港口与城市空间关系、可持续发展等几大方面对国外研究文献进行综述；对 1984 年沿海城市对外开放以来港城关系研究文献进行了全面梳理，并作出适当评价；并对以系统动力学为指导在港城关系中的研究现状作出综述。

2008 年以来，受国际金融危机的影响，我国宏观经济特别是对外贸易遇到了前所未有的困难，外贸进出口面临的国内外环境趋紧，依托港口发展的城市临港产业也面临巨大的影响和挑战。2010 年，随着以希腊为代表的主权债务危机的出现，世界经济在后危机时代的复杂局面展现在大家面前。2010 年 6 月 23 日，国务院批准实施的《长江三角洲地区区域规划》明确提出，宁波将建设成为先进制造业基地和现代物流基地，打造成为国际港口城市，成为长三角的区域中心城市。在这样的背景下，系统、深入地研究港城关系，对于进一步认识宁波现代化国际港口城市的目标内涵、功能定位及建设路径，更好地推进现代化港口城市建设具有重要的价值。

第一节 研究背景分析

对港城关系进行深入的分析和探讨，首先要对影响港城关系的因素进行梳理和分析。总体上来看，当前形势下影响港城关系或港口城市发展的因素主要有以下几个方面。

一、世界经贸发展及格局的变化

世界经贸发展及格局变化直接影响到国际航运业的发展，从而对港城关系产生重要影响。当前世界经贸发展及格局的变化，主要表现在以下几点。

（一）国际经济复苏前景错综复杂，经济金融格局面临深度调整

历史罕见的国际金融危机对世界经济造成了沉重打击。2009 年，世界经济陷入严重衰退。除个别新兴经济体外，主要经济体国内生产总值（GDP）都有不同程度的下降（见表 1-1）。据美国商务部经济分析局 2010 年 1 月 29 日发布的美国第四季度及全年的国内生产总值初步统计数据显示，2009 年美国现价国内生产总值为 142587 亿美元，同比名义下降 1.3%。按 2005 年不变价计算，实际国内生产总值为 129887 亿美元，同比实际下降 2.4%，创 1946 年以来的最大降幅。据日本总务省统计局 2010 年 2 月 25 日发布的 2009 年 GDP 第一次速报数据显示，日本 2009 年名义 GDP 为 4749240 亿日元，同比下降 6.0%，降幅创下第二次世界大战以来新低。而欧盟统计局于 2010 年 4 月 8 日公布的数据显示，欧元区经济在 2009 年最后三个月陷入停滞，16 个欧元区成员国中有 7 个国家出现经济下滑。2010 年第四季度欧盟 27 个成员国的 GDP 总额较第三季度增长 0.1%，但较上年同期下滑 2.3%。总体上看，2009 年欧元区 GDP 与欧盟 GDP 分别下滑 4.1%和 4.2%。

表 1-1　2009 年世界主要经济体 GDP 及增长率(IMF 数据)

排名	国家	国内生产总值(GDP)(10 亿美元)	增长率(%)
1	美国	14256.27	-2.40
2	日本	5068.06	-5.20
3	中国	4908.98	8.70
4	德国	3352.74	-5.00
5	法国	2675.91	-2.20
6	英国	2183.61	-4.90
7	意大利	2118.26	-5.00
8	巴西	1574.04	-0.20
9	西班牙	1464.04	-3.60
10	加拿大	1336.43	-2.60
11	印度	1235.97	5.70
12	俄罗斯	1229.23	-7.90
13	澳大利亚	997.20	1.40
14	墨西哥	874.90	-6.50
15	韩国	832.51	0.20

数据来源：中国经济网。

尽管从2009年第四季度开始，世界经济出现了缓慢的复苏，但复苏前景依然错综复杂，主要体现在以下几个方面：

第一，债务危机风险加剧，很大程度上延缓了经济复苏的步伐。2010年以来，葡萄牙、意大利、希腊、西班牙等欧洲国家相继爆发主权债务危机，整个欧盟负债高达近万亿欧元。英国国家统计局于2010年7月13日公布的国债状况显示，英国国债的实际数字比此前承认的高出3倍，达到4万亿英镑。美国、日本也面临巨大的债务风险，美国统计局2010年6月3日公布的数据显示，截至2010年6月1日，美国联邦政府负债总额已突破13万亿美元大关，较贝拉克·奥巴马2009年年初就任美国总统时增加了2.3万亿美元，全球金融市场再次出现大幅震荡。而日本专家则表示，2010年日本政府的负债规模已达600万亿(6兆)日元，大约是国家GDP的1.89倍，已接近第二次世界大战结束时日本的负债水平。为了应对债务危机，欧元区各国联手开展金融危机爆发以来最大规模的金融救助计划。同时，美、欧、日各国不同程度地推行增税和削减公共开支等财政紧缩政策。这些政策措施势必会导致消费紧缩，使经济复苏进程更为艰难漫长。

第二，世界经济复苏冷热不均，世界经济多极化发展的势头日趋加强。整体来看，与发达国家的消费不足、经济低迷相比，新兴市场国家和发展中国家的经济发展势头总体良好，成为经济复苏的积极力量，世界经济多极化趋势进一步增强。中国国家统计局于2010年1月21日公布的数据显示，初步核算，2009年国内生产总值(GDP)335353亿元，按可比价格计算，比上年同比增长8.7%；印度中央统计委员会于2010年2月26日发布的数据则显示，2009年印度实际国内生产总值为466944.7亿卢比，同比实际增长5.7%；新兴市场的经济复苏趋势明显，已经开始触底反弹(见表1－1、表1－2)。从世界各主要经济体发展的不均衡性可以发现，美国的一强独霸的地位进一步削弱，其下行的趋势已不可逆转，世界各国对美国的信任度也开始严重下降；欧盟和欧元面临挑战，欧盟内部的协调性、政策的统一性、经济发展的均衡性等问题，都给欧盟的进一步发展带来了巨大的挑战；日本长期深陷衰退，发展势头明显受到抑制，发展后劲不足；国际金融格局将从美元垄断向多种主要货币相互制衡演变。现在，很多国家提出了要改革当前国际货币体系的要求，气候、环境、贸易争端等问题，也都增添了全球经济复苏和稳定增长的复杂性和不确定性。中国成为世界经济发展中的重要力量，在抵抗本次金融危机的过程中，中国通过实施“保增长、保民生、保稳定”的基本方略，通过城市化、工业化的推进，辅以4万亿元的经济刺激政策，极大地抵消了出口减速的影响，努力实现投资、消费、出口“三驾马车”共同发展，率先实现了经济复苏，并抓住机遇，努力在国际金融格局中发挥更大的作用，在世界银行的投票权得到了增长，与东盟等国际组织和亚洲、拉美等地的一些国家先后就实施经济互助达成了协议，中国经济的发展力和影响力得到了较大的提升。这都说明世界经济多极化的趋势不可逆转。

表 1-2 金砖四国 2009 年 GDP 和增长率

国　家	GDP(10 亿美元)	增长率(%)
巴　西	1574.04	-0.20
俄罗斯	1229.23	-7.90
印　度	1235.97	5.70
中　国	4908.98	8.70

数据来源:中国经济网。

(二) 世界贸易企稳回升

1. 世界贸易进入恢复增长

经历了2008 年下半年和 2009 年上半年初的衰退之后,世界贸易已从低谷反弹,开始恢复增长。在经济刺激政策和国际合作的推动下,2010 年上半年世界贸易实现了强劲回升。新兴市场回升势头突出,亚洲的增势非常明显。依靠规模庞大的财政刺激措施,中国不仅推动了本国经济增长,也提振了亚洲地区的贸易。

国际金融危机爆发以来,2009 年世界经济全面下滑,特别是发达国家经济在2009 年上半年经历了 20 世纪 30 年代以来最为严重的衰退(见表 1-3)。全球经济衰退导致国际市场需求骤减,贸易保护措施增加,世界贸易明显下降。据世界贸易组织(WTO)统计,2009 年全球货物贸易额下降 23%,跌至 12.15 万亿美元,世界贸易量下降 12.2%,为 70 多年来的最大降幅。其中美国出口额下降 13.9%,欧盟下降 14.8%,日本下降 24.9%,均高于世界平均降幅。

表 1-3 2005—2010 年全球贸易总额及增长率

年份	全球贸易总额(万亿美元)	增长率(%)	说明
2005	14.82	16.4	
2006	16.07	8.5	
2007	15.19	-5.5	
2008	15.8	4.0	
2009	13.9	-12.0	
2010	15.22	9.5	

注:1. 全球贸易总额数据来自世界贸易组织网站。2. 全球贸易增长率数据来自荷兰经济政策分析局。

进入2009年第四季度以来，世界经济出现了复苏增长的势头。以“金砖四国”为代表的新兴市场率先复苏，表现良好；发达经济体也出现明显复苏迹象。进入2010年，随着世界经济缓慢恢复，主要经济体对外贸易出现恢复性增长，第一季度比上年第四季度同比增长5.3%（见表1-4）。2010年前两个月，美国进、出口同比分别增长16%和14.8%，欧元区分别增长3%和7%。3月份，日本进、出口分别增长20.7%和43.5%。中国、巴西等新兴经济体贸易增长更为显著。

表1-4　2010年前三个月全球贸易额增长变化情况（环比数据）　　单位：%

时　间	2010年1月	2010年2月	2010年3月
增长率	−0.5	+1.7	+3.5

注：数据均来源于荷兰经济政策分析局。

据国家统计局数据显示，进入2010年以来，我国对外贸易恢复较快，贸易顺差明显减少。全年货物进出口总额29728亿美元，比上年增长34.7%。其中，货物出口15779亿美元，增长31.3%；货物进口13948亿美元，增长38.7%。进出口差额（出口减进口）1831亿美元，比上年减少126亿美元，对外贸易增长态势良好。

全球贸易企稳回升的势头，对承担贸易集运重要功能的港口城市而言，无疑具有非常重要的指标意义。

2. 国际航运业明显复苏

丹麦的AP穆勒—马士基集团（AP Moller-Maersk）和迪拜世界港口公司（DP World）这两家全球集装箱航运业最重要的公司于2010年8月18日发布的报告显示，被视为全球经济晴雨表的船运集装箱使用量2009年大幅攀升，甚至已超过2008年的历史最高水平。报告显示，2009年上半年，该公司船只运载的远程集装箱货运量同比上涨了13%。其中，亚洲与北美之间的跨洋货运量增长11%，而拉美地区的集装箱吞吐量增长了18%。2010年上半年，迪拜世界港口公司各港口的集装箱吞吐量同比增长7%，其中，澳大利亚和美洲（包括拉美地区）港口的吞吐量同比增长达31%。新加坡东方海皇集团（Neptune Orient Lines）同期的报告也显示，截至2010年7月23日，该公司集装箱吞吐量较2009年同期增长了35%。需求量的增加还推高了集装箱费率，由此提升了各航运公司的利润。

中国远洋2010年4月30日的报告显示，2010年首季中国进出口总额分别较2009年同期及2008年同期上升44.1%和8.1%，已超过了2008年金融危机爆发前的同期水平，并认为国际航运需求将大幅增加。

上海国际航运研究中心2010年4月发布了首期中国航运景气报告。报告指出，2010 年第一季度，中国航运业保持平稳增长，中国航运业发展态势转好，各航运企业信心得到进一步提升。中国航运景气指数为 112.77 点，较上期上升 9.19 点；中国航运信心指数为 118.56 点，较上期上升 26.66 点。航运企业家信心迅速增长，由不景气区间直接跨入景气区间。中国航运景气状况也从不景气区间进入景气区间。

2010 年第二季度中国航运景气指数为 113.90 点，中国航运信心指数为 120.93 点，各航运企业将继续保持良好的增长态势，行业整体运行状况继续改善。其中，船舶运输企业景气指数为 114.21 点，港口企业为 115.43 点，航运服务企业为 111.65 点，都处于景气区间。各航运企业的营运成本等观察指标相较本期都有所上升，但总体上大部分观察指标将继续改善，企业总体经营状况会继续好转。各航运企业将继续保持良好的增长态势，行业整体运行状况继续改善。

由此可以看出，随着世界经济的复苏，特别是亚太地区及中国经济的快速发展，全球沿海港口尤其是亚太地区港口发展仍然处于快速发展之中，这为港口城市的发展提供了新的机遇。

二、海洋经济时代到来

21 世纪是海洋的世纪，海洋是人类可持续发展的宝贵财富和战略空间，海洋问题日益得到国际社会的普遍重视，已经成为国际政治、经济和军事斗争的重要舞台。

(一) 世界迈入“海洋经济时代”

1982 年，《联合国海洋法公约》(以下简称《公约》)诞生，并于 1994 年第 60 个国家签署后生效。《公约》对有关“群岛”定义、专属经济区、大陆架、海床资源归属、海洋科研以及争端仲裁等都作了规定。随着《公约》的生效和实施，海洋资源日益受到世界各国的重视，包括海域(海洋空间)资源、海洋生物资源、海洋能源、海洋矿产资源、海洋旅游资源、海水资源等海洋空间和资源对人类生存和各国经济发展的重要性日益显现，专属经济区对沿海国家的意义也越来越重要。各国对海洋资源的开发，已经从最初的开发渔业资源拓展到对专属经济区的综合利用，如资源开发、航运以及军事利用等，并形成了多产业组成的海洋经济体系。美国经济学家萨可什作了一个统计：全球 GDP 的 50％产生于距离海岸线 50 英里的范围内，《公约》的正式实施，使世界各国加快了发展海洋经济的步伐。

沿海各国出于本国政治、经济战略利益的考虑，纷纷对过去的海洋政策进行重新审视，并着手制定新的海洋发展战略。美国于 1998 年和 2000 年两次召开全国海洋工作会议，其中 2000 年的美国国会第 106 届第二次会议通过了《2000 海洋法令》，为拟定新海洋政策提供了法律保障，依据该法令第三条设立的国家海洋政策委员会，重新制定了美国新的海洋战略。加拿大1997年出台了《海洋法》，并制定了以拓展加拿大未来疆界，建设安全、健康、富饶和完整的加拿大海洋等为目标的《世纪海洋战略开发规划》。澳大利亚1998年出台了《澳大利亚海洋政策》，它以综合利用和可持续开发澳大利亚海洋资源为中心，为规划和管理海洋开发利用提供战略依据。欧盟在德国汉堡召开的“欧洲海洋2000”大会上，阐明了未来10年欧洲国家在重视和追求资源环境可持续发展的基础上开发海洋的战略计划。日本的中心目标就是在21世纪成为海洋强国。我国的周边国家，特别是南海周边国家也都把海洋管理提到了国家战略的高度，都在强化海洋管理和执法能力，加快了对南海岛礁的占领和开发。世界开始迈向“海洋经济时代”。

（二）中国启动海洋经济战略

我国濒临西北太平洋，拥有1.8万公里的大陆岸线，面积在500平方米以上的岛屿有6500多个，管辖海域面积约300万平方公里，其中内水和领海主权海域面积为38万平方公里。此外，我国在国际海底区域还获得了7.5万平方公里专属勘探开发区。发展海洋经济，不仅有助于缓解我国的资源瓶颈制约，使海洋在拓展发展空间、保障能源和食品供给、解决沿海地区淡水短缺、提供优质生活和休闲场所等方面发挥更重要的作用，也有利于通过海洋经济增长极的培育，推进海洋产业集群化、规模化，带动区域经济发展。

1996年5月，第八届全国人民代表大会第十九次会议通过决定，批准我国成为《公约》的缔约国。1996年7月，《公约》开始对我国生效。之后，我国相继颁布了有关海洋权益和使用的法律法规。1996年，公布了大陆领海的部分基线和西沙群岛的领海基线，进一步明确了我国领海的范围；1998年颁布了《专属经济区和大陆架法》。此后，我国还对原有的一些法律法规，如《海洋环境保护法》和《渔业法》进行了重大修改，颁布了《海域使用管理法》，以期更加有效地维护海洋权益，促进海洋的可持续利用和发展。随着涉海法律法规的完善和对外开放格局的进一步深化，我国的海洋经济尤其是港口经济发展迅速，发展增速明显高于同期国内生产总值（见表1-5、图1-1）。

表 1-5 国内生产总值与海洋经济产值增长对比

年 份	国内生产总值(GDP)		海洋生产总值	
	总量(亿元)	增速(%)	总量(亿元)	增速(%)
2000	99214.6			
2001	109655.2	8.3	9518.4	
2002	120332.7	9.1	11270.5	19.8
2003	135822.8	10.0	11952.3	4.2
2004	159878.3	10.1	14662.0	16.9
2005	183217.4	10.4	17665.6	16.3
2006	211923.5	11.6	21260.4	16.8
2007	257305.6	13.0	25073.0	14.2
2008	300670.0	9.0	29662.3	11.0
2009	335353	8.7	31 964	8.6
2010	397983	10.3	38 439	12.8

资料来源:《中国海洋统计年鉴(2009)》、《2010 年国民经济和社会发展统计公报》和《2010 年中国海洋经济统计公报》。

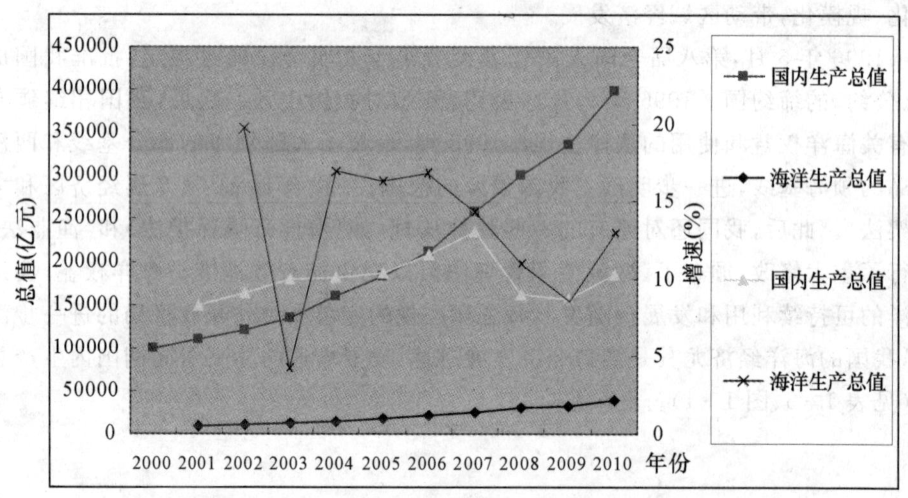

图 1-1 国内生产总值与海洋生产总值增速对比

资料来源:《中国海洋统计年鉴(2009)》、《2010 年国民经济和社会发展统计公报》和《2010 年中国海洋经济统计公报》。

近年来,东部沿海地区已经成为我国整个国民经济快速增长的发动机,其中尤其以长江三角洲、珠江三角洲和环渤海经济圈为代表。这三个地区以大型港口为中心,依托沿海地区形成三大城市带,三大城市带的国土面积仅占全国总面积的1.61%,人口仅占10.08%,经济发展水平却远高于全国的平均水平,GDP占全国的50%以上,人均GDP是全国平均水平的3.32倍,进出口总额以及实际利用外资额占全国同类指标总量的70%以上,社会消费品零售总额和固定资产总额也占到全国的三分之一强,上述三个地区发挥着引领我国经济发展的重要作用。

在我国沿海地区经济快速发展的过程中,港口起到了非常重要的作用,逐渐形成了三大港口群。目前,我国正兴起新一轮的港口建设热潮,由此带动了当地及其辐射区域系列产业链的发展,而这种辐射正形成一种"港口经济"效应。

作为全球贸易发展的关键措施,港口在世界经济发展中发挥着积极的作用,港口经济已经成为世界各国经济发展的推动力。改革开放以来,我国一直把港口作为国民经济发展的重点。"十五"期间,我国沿海港口实际新增千吨级以上泊位583个,其中万吨级以上泊位344个,新增通过能力10.4亿吨。"十一五"期间,我国沿海港口建设投资超过3500亿元,建成深水泊位661个,达到1774个,新增通过能力30亿吨,达到55.1亿吨,基本建成煤、油、矿、箱、粮五大专业化运输系统。我国港口的基础设施规模明显扩大、生产能力显著增强,港口布局日趋合理、结构不断优化升级、功能逐步拓展,港口的服务能力和水平明显提高。2010年我国沿海主要港口完成货物吞吐量达到54.64亿吨,其中外贸货物吞吐量达到24.60亿吨。我国港口吞吐量已经连续6年保持世界第一。港口建设取得显著成效,成为带动临港工业、促进区域经济发展的引擎。

自1984年上海港货物吞吐量首次超过亿吨开始,中国沿海港口竞相发展,连续突破亿吨大关,其中1999年,广州港全港货物吞吐量突破亿吨大关,成为中国大陆第二个跨入世界亿吨大港的港口。2000年超过亿吨的港口是宁波港,2001年分别是天津港、秦皇岛港、青岛港、大连港,2003年是深圳港,2006年是舟山港、日照港,2007年分别是烟台港、营口港,2008年则是唐山港和连云港,2009年为湛江港、厦门港。到2010年末,我国沿海年吞吐量超过亿吨的港口达到16个(不含内河港),是世界上拥有亿吨港口最多的国家(见表1-6、图1-2、图1-3)。

表 1-6　我国沿海主要港口货物吞吐量统计　（单位:万吨）

	2001	2002	2003	2004	2005	2006	2007	2008	2009	2010
我国沿海主要港口货物吞吐量合计	142634	166628	201126	246074	300900	342191	388200	429599	475481	546464
其中,外贸货物吞吐量	66000	78000	97000	115500	136700	161400	184900	198600	199400	246000
大连货物吞吐量	10047	10851	12602	14516	17085	20046	22286	24588	27203	31399
营口货物吞吐量	2520	3127	4009	5978	7537	9477	12207	15085	17603	22579
秦皇岛货物吞吐量	11302	11167	12562	15037	16900	20489	24893	25231	24942	25877
唐山货物吞吐量	1098	1465	2083	2602	3365	5170	6758	10853	17559	25000
天津货物吞吐量	11369	12906	16182	20619	24069	25760	30946	35593	38111	41325
烟台货物吞吐量	2190	2689	2936	3431	4506	6076	10129	11189	12351	20852
青岛货物吞吐量	10398	12213	14090	16265	18678	22415	26502	30029	31546	35012
日照货物吞吐量	2933	3136	4507	5108	8421	11007	13063	15102	18131	22700
连云港货物吞吐量	3058	3316	3752	4352	6016	7232	8507	10060	10843	13506
上海货物吞吐量	22099	26384	31621	37896	44317	47040	49227	50808	49467	65339
宁波—舟山货物吞吐量	12852	15398	18543	22586	26881	42387	47336	52048	57684	62915
厦门货物吞吐量	2099	2735	3404	4261	4771	7219	8117	9702	10999.9	13930
广州货物吞吐量	12823	15324	17187	21520	12823	25036	30282	34325	34700	42341
深圳货物吞吐量	6643	8767	11220	13537	15 351	17598	19994	21125	19365	22097
湛江货物吞吐量	2205	2627	2866	3780	4647	5664	6075	6682	11838	13638

注:1.从 2006 年起,宁波—舟山港包括原宁波港和舟山港,以往年度数据为原宁波港数据。
2.从 2007 年起,烟台港包括原烟台港和龙口港,以往年度数据为原烟台港数据。
资料来源:《中国统计年鉴(2010)》及各城市统计公报。

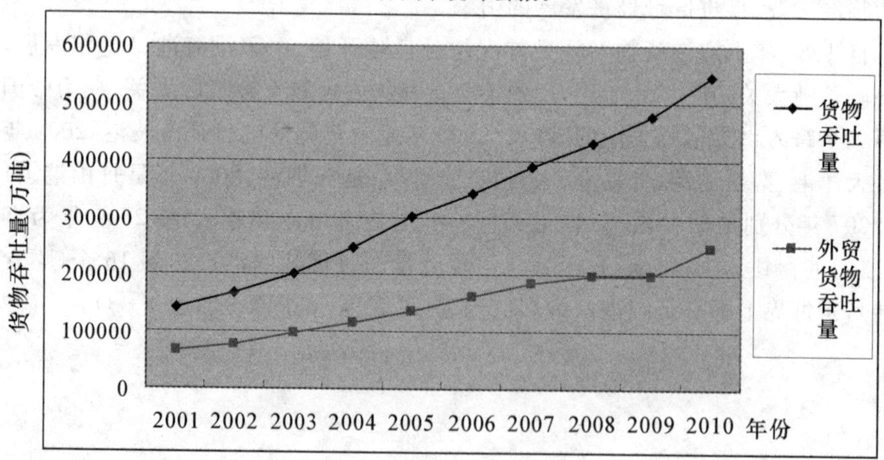

图 1-2　沿海主要港口货物吞吐量、外贸货物吞吐量增长

资料来源:各城市统计年鉴及统计公报。

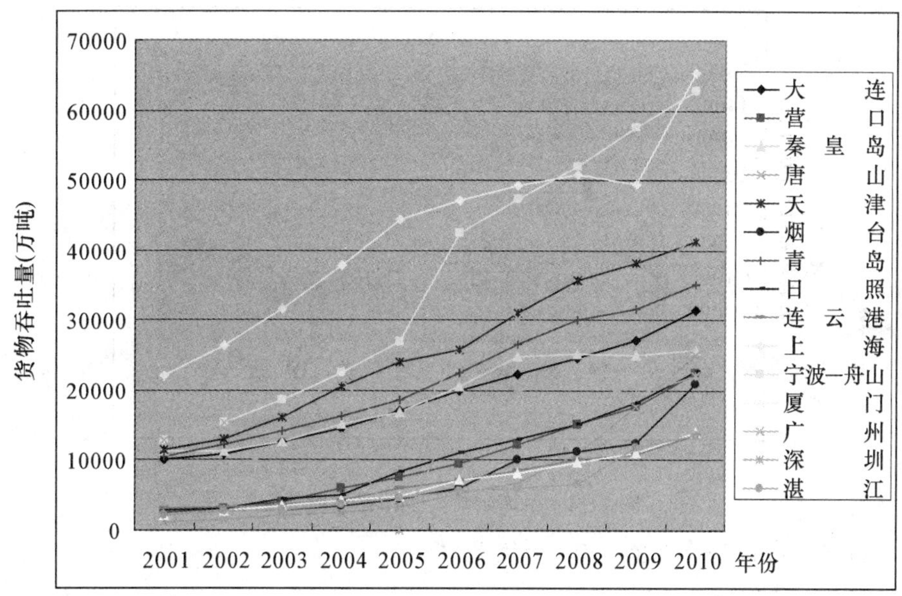

图 1－3　沿海主要港口货物吞吐量增长

资料来源：各城市统计年鉴及统计公报。

与此同时，沿海港口集装箱吞吐量逐年呈几何级数增长，2001 年我国沿海集装箱吞吐量为 2748 万标箱，至 2010 年达到 14500 万标箱，2010 年与 2001 年相比增长 428%。2010 年上海港集装箱吞吐量达到 2906.9 万标箱，首次超过新加坡港(2768 万个标准集装箱)，成为世界第一大港。海洋运输附加值增长迅速，2001 年海洋交通运输业增加值为 1316.4 亿元，至 2010 年达 3816 亿元(见表 1－7、图 1－4、图 1－5)。

表 1－7　我国沿海港口集装箱吞吐量统计　　(单位：万标箱)

	2001	2002	2003	2004	2005	2006	2007	2008	2009	2010
我国沿海集装箱吞吐量合计	2748	3721	4867	6160	7564	9361	11400	12800	12200	14500
其中：大连	122	135	167	221	269	321	381	452.55	457.65	526.2
天津	201	241	302	382	480	595	710	850.27	870.35	1008
青岛	264	341	424	514	631	770	946	1000.44	1026.24	1201.2
上海	634	861	1128	1455	1808	2172	2615	2800.64	2500.23	2906.9
宁波—舟山	121	186	277	401	521	714	943	1093.37	1050.33	1314.4
厦门	129	175	233	287	334	401	463	503.46	468.04	582
广州	174	217	277	330	468	666	926	1100.14	1119.99	1255
深圳	508	762	1065	1366	1620	1874	2110	2141.64	1825.01	2250.94

资料来源：《中国统计年鉴(2010)》及各城市统计公报。

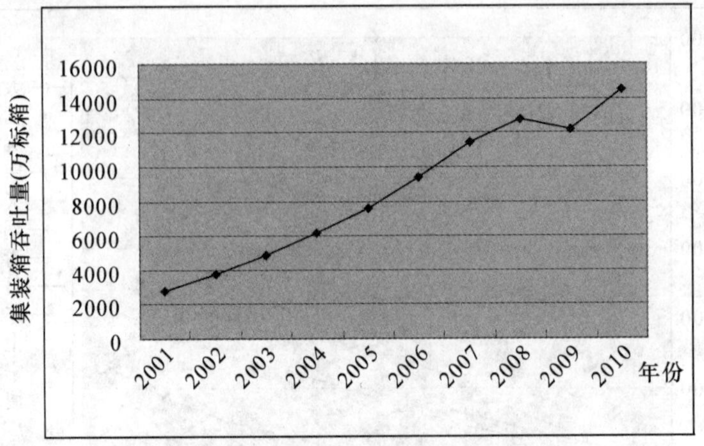

图 1-4　沿海港口集装箱吞吐量增长

资料来源:《中国统计年鉴(2010)》及统计公报。

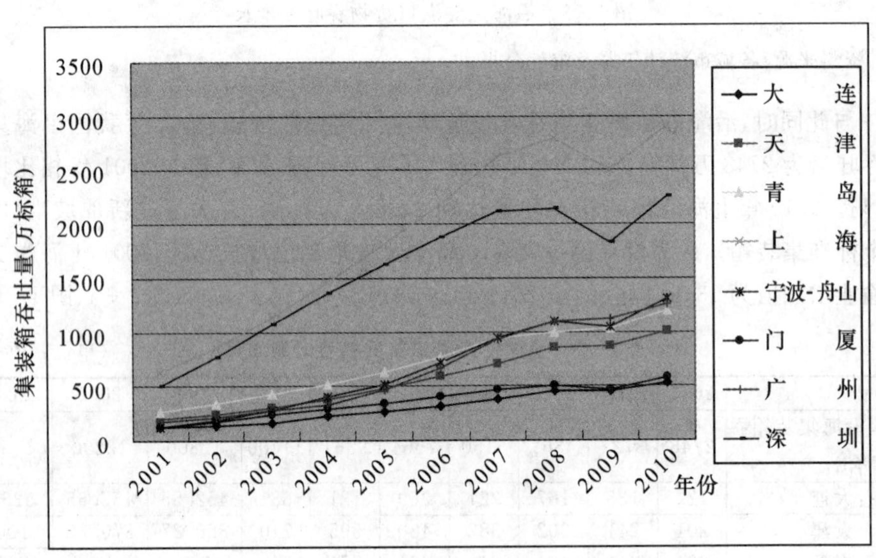

图 1-5　沿海主要港口集装箱吞吐量增长

资料来源:各城市统计年鉴及统计公报。

随着我国经济开放度的进一步加深，三大港口群与三大经济带的关系也变得日益紧密，港口群与其所在沿海经济带之间的互动影响关系也逐渐引起人们的关注。未来5年，我国将在沿海经济增长的三级——长江三角洲、珠江三角洲和环渤海区域建设三大港口群，着重发展大型的集约化和专业化码头，为经济增长、对外开放和区域经济腾飞提供坚实的物质基础。

2010年7月9日，“全国海洋经济发展试点工作启动会议”在山东青岛召开，国务院同意将山东、浙江、广东三省作为全国海洋经济发展试点地区，三省将用10年左右时间，为全国海洋经济发展探索路径、提供经验示范。这是我国在加强海洋生态保护促进海洋资源可持续利用的重大举措，也是为了积极扩展国民经济发展空间、培育新的经济增长极、维护国家海洋权益而采取的切实措施，标志着我国海洋经济战略正式启动。我国大陆共有11个涉海省(直辖市)、53个市，242个县(市、区)，此前，国务院已批复北起辽宁沿海经济区、南至广西北部湾等一系列国家级沿海区域发展规划，搭建起东部沿海区域经济发展的战略新格局。国家海洋战略的启动和试点，将在国家战略层面上深度推进涉海先进生产力优化布局，推进海洋经济发展方式转变和产业结构调整，海洋经济已经成为国家推动东部沿海省份新一轮率先发展的重要经济增长极。

(三) 浙江省加快实施港航强省战略

浙江港航的发展拥有得天独厚的条件，全省拥有海岸线6646公里，占我国海岸线总长的21%，水深大于10米的港口深水岸线达471公里，居全国第1位。浙江省水网密布，内河通航里程达9667公里，居全国第5位，四级及以上高等级航道1112公里。丰富的深水港口、疏港的内河航道资源和地处长江经济带与沿海经济带的“T”型交汇点，是浙江省最突出的资源优势和区位优势。改革开放以来，浙江省委、省政府重视港口开发，“九五”时期全省港航建设完成投资37亿元，其中政府投入30亿元；“十五”时期完成投资147亿元，其中政府投入34亿元。“十一五”期间，浙江省港航建设投资377亿元，其中沿海港口244亿元。目前，全省有宁波—舟山、温州、台州和嘉兴等4个沿海港口，港口泊位1066个，其中万吨级泊位143个，已形成以宁波—舟山港为核心，浙北、温台港口为两翼的浙江沿海港口群以及与之相配套的多种运输方式相结合的便捷高效的港口集疏运网络。2010年港口货物吞吐量达到7.8亿吨，集装箱吞吐量达到1402万TEU。2010年与2001年相比，港口货物、集装箱吞吐量分别增长了303%和927%(详见表1-8、表1-9、图1-6、图1-7)。

表 1-8　浙江省沿海主要港口货物吞吐量统计　　(单位:万吨)

主要港口	2001	2002	2003	2004	2005	2006	2007	2008	2009	2010
宁波—舟山港	12852	15398	18543	22586	26881	42387	47336	52048	57684	62915.1
温州港	1314	1676	2338	2630	3102	3275	3496	4958	5617	6408
台州港	1024	1100	1457	2022	2067	2107	3312	3898	4178	4706
舟山港	3281	4068	5722	7359	9052					
嘉兴港	1019	1130	1328	1349	1704	2248	2418	2834	3485	4431.7

资料来源:《浙江省统计年鉴(2010)》以及各城市国民经济和社会发展统计公报。

注:2006 年起宁波港和舟山港合并为宁波—舟山港。

表 1-9　浙江省沿海主要港口集装箱吞吐量统计　　(单位:万标箱)

主要港口	2001	2002	2003	2004	2005	2006	2007	2008	2009	2010
宁波—舟山	121	186	277	401	521	714	943	1093.37	1050.33	1314.4
温州港	10	15	18.1	21.31	23.02	28.17	35	38	39	41
台州港	3.4	3.5	4.4	4.2	4.7	5.7	5.4	6.38	9.09	12.16
舟山港	2.1	2.5	3.0	4.9	5.5					
嘉兴港		0.08	0.85	1.70	1.42	3.00	4.00	10.00	20.2	35.02

资料来源:《浙江省统计年鉴(2010)》以及各城市国民经济和社会发展统计公报。

注:2006 年起宁波港和舟山港合并为宁波—舟山港。

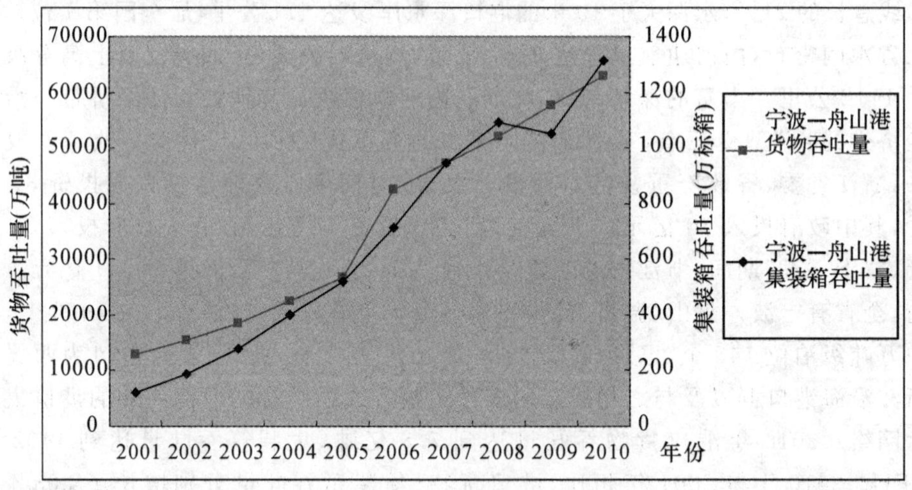

图 1-6　宁波—舟山港货物吞吐量、集装箱吞吐量统计

资料来源:各城市统计年鉴及统计公报。

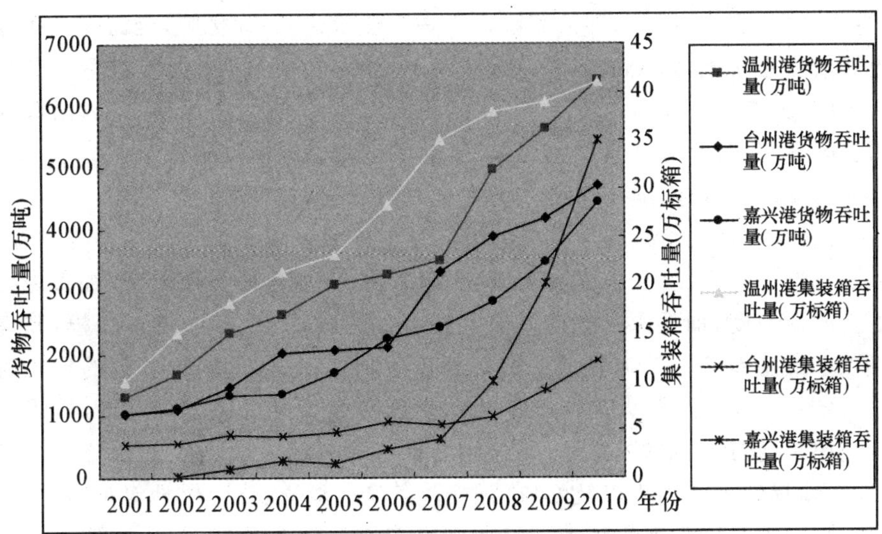

图 1-7 温州、台州、嘉兴港货物吞吐量和集装箱吞吐量统计

资料来源:各城市统计年鉴及国民经济和社会发展统计公报。

浙江省在 2007 年 6 月召开的第十二次党代会上,提出要大力发展海洋经济,并第一次提出了建设“港航强省”的任务,提出要坚持把发展海洋经济放在更加突出的位置,以宁波—舟山港建设为核心,推进全省港口资源的整合和开发,大力发展海洋运输业,加快建设港航强省。根据浙江省委提出的加快建设港航强省的总体战略,浙江交通部门明确了建设“大港口”的工作思路,即充分发挥港航资源丰富、运输需求旺盛的优势,强化龙头“宁波—舟山港”,做大两翼“温台和浙北港口”;以京杭运河为重点,全面提升浙北航道网;以杭甬运河为主干,完善浙东航道体系;以加快富春江七里泷大坝改造为突破口,全面复兴钱江水运;以瓯江开发为契机,推进浙西山区沿江入海。根据计划,到 2012 年,浙江港航发展主要指标将达到“2468”,即内河新增三级航道 200 公里,运输能力新增 400 万载重吨,沿海港口新增 60 个万吨级以上深水泊位,新增集装箱吞吐能力 800 万 TEU。预计到 2012 年,浙江省沿海港口货物吞吐量将达到 8 亿吨,居全国第 3;集装箱吞吐量 1500 万 TEU,居全国第 4;船舶运力总规模达到 1600 万载重吨,居全国第 3。宁波—舟山港 2012 年货物吞吐能力、集装箱吞吐能力分别为 6.3 亿吨、1265 万 TEU,居全国第 1、第 4 位。到 2020 年,宁波—舟山港货物吞吐量超过 8 亿吨,继续保持全国第一;集装箱吞吐量超过 2500 万 TEU,力争进入全国前三位。预计到 2020 年,港航总体将能满足浙江省国民经济和社会发展需要并适度超前,实现港口现代化、航道网络化、航运规模化、服务优质化和产业集聚化，主要指标达到“1123”，即沿海港口货物吞吐量达到10亿吨，全面提升1万公里内河航道通航能力，船舶运力总规模达到2000万载重吨，集装箱吞吐量争取达到3000万TEU。届时，浙江省港航发展综合水平进入全国前三强，沿海港口货物吞吐量、集装箱吞吐量均位居第三，船舶运力总规模位居首位。

为实现以上目标，浙江今后5年将着力构建六大体系：

一是构建结构合理、功能完善的沿海港口体系。以宁波—舟山港为龙头、温台和浙北港口为两翼，大力发展大型化、深水化、专业化的公用码头，加大老码头的更新改造力度，加强深水航道及公共锚地的建设，不断扩大港口规模，新建万吨级以上泊位60个，万吨级以上泊位总数达到175个，占泊位总数的比例达到15%。宁波—舟山港将以加快推进梅山港区和金塘港区建设为重点，建设大型集装箱码头，推进鼠浪湖、凉潭、马迹山等矿石中转码头，大榭、岙山等原油接卸码头，六横煤炭中转码头以及虾峙门航道、条帚门航道、佛渡锚地等项目。温州、台州港将以围绕建设现代化港口城市和沿海产业带为目标，以乐清湾、状元岙、头门开发为着力点，推进优势互补和协调发展。嘉兴港将以上海港功能调整为契机，加快推进独山港区建设。港口功能将进一步完善，建成集装箱、煤炭、油品、铁矿石等四大货种的运输体系，矿石中转运输基地、原油中转运输和储备基地的地位将得到确立。港口效率将进一步提高，港口营运实现信息化、智能化管理，不断提升作业效率。

二是构建干支直达、通江达海的内河航道体系。计划以浙北航道网为核心完善“北网南线、双十千八”航道网布局。提升航道等级，建设改造四级以上高等级航道里程600公里，新增三级航道200公里，全省内河高等级航道通达里程超过1000公里。将重点实施“五建四提升”工程，即建设杭甬运河、湖嘉申线、杭平申线、钱塘江、瓯江4条骨干航道，重点提升京杭运河、杭申线、长湖申线、乍嘉苏线等4条骨干航道的通航等级。

三是构建水陆配套、公铁衔接的集疏运体系。根据港口发展需要，进一步完善铁路、公路、航道发展规划，建设与港口发展相匹配的集疏运网络。建成金塘大桥，加快建设沿海高速公路（甬台温高速公路复线）、甬台温铁路等重点项目，推进港口与公路、铁路、航道、管道网的网络对接，达到港疏其通、货行其畅，不断拓展港口的经济腹地。通过构建浙北骨干航道与嘉兴港、杭甬运河与宁波—舟山港、瓯江与温州港的海河联运体系，完善集疏运体系，扩大港口的辐射服务范围。

四是构建安全便捷、经济可靠的航运体系。将努力探索建立港口、航运联盟，引导和促进浙江港口与港口、港口与航运企业、航运企业与航运企业间进行多种形式联合和合作，着力建设以宁波—舟山港为干线港的全省沿海集装箱内支线运输网络。将以经济杠杆引导、推进航运企业规模化发展、集约化经营，提高内河运输组织化程度，鼓励航运企业做大做强，形成以运力规模超百万吨的航运企业为龙头，运力规模在 20 万吨以上的企业为骨干的航运经营主体结构。进一步培育和发展国内水路运输市场，积极拓展国际市场。引导航运企业发展集装箱、特种运输船舶，鼓励海运企业参与国际海运市场竞争，拓展服务市场，吸引新的货种，寻找内河航运新的增长点。

五是构建信息畅通、优质高效的服务保障体系。进一步改善软环境，提高口岸管理的规范化、标准化水平，以建设 EDI 电子数据交换系统为重点，加快电子口岸和信息平台建设，实现业务、管理数据共享与联网核查，不断提高集装箱运输的通关效率和便捷化服务水平，降低相关企业的交易成本，增强代理、信息、结算、修缮、后勤补给等综合服务功能，吸引国际航运和物流要素的集聚。

六是构建临港沿河、相对集聚的产业依托体系。促进临港、沿河产业发展，在石油化工、装备制造、电子信息、船舶修造、粮食加工等领域形成产业集群；以临港、沿河产业的发展带动水路运输产品和运输结构的升级，形成临港、沿河经济和港航互为依存、互相促进的良性循环。大力发展航运融资、保险、交易、咨询、运输代理等现代航运服务业，加强与国内外物流基地、物流企业的连结，构造跨区域、一体化的现代物流网络，降低物流成本，促进物流、信息、资金、人才的集聚和充分流动。[①]

浙江港航强省战略的实施，必将为浙江港口城市的发展带来新的机遇，有力地推进港口城市的发展建设进程。

三、区域合作竞争格局趋势明显

进入新世纪新阶段，我国区域经济呈现合作与竞争并存的格局与趋势，为新一轮港城互动提出挑战的同时，也带来了发展机遇。

（一）国际国内区域一体化趋势更为明显

出于地理经济战略和外交战略的需要，全球范围内区域性经济合作趋势日益明显，区域经济组织遍及全球，如欧盟、北美自由贸易区、中国—东盟自由贸易区、东北亚等，许多区域集团内部，都实现了商品、资本、人员和劳务的自由流通，使得区域内能够合理配置资源，优化资源组合，实现规模经济，提高经济效益。同时，通过区域经济发展提升了区域整体在国际上的话语权。

---

① 课题组：《全面实施港航强省战略服务浙江经济又好又快发展——关于加快建设港航强省的调研报告》，浙江交通网，http://jtkj.zjt.gov.cn/art/12/10/art_5325_76425.html。

从本次金融危机的影响来看，世界各国经济前所未有地紧密联系在一起，东盟、拉美等地区的新兴市场国家和发展中国家在抵御金融危机的过程中，更加体会到了区域经济合作的重要性，相互之间合作的趋势更加明显。由于中国与发展中国家普遍有着高度的政治互信，发展中国家对中国的发展模式认同度较高，与中国开始形成高度的经济互信，并在互利共赢的基础上加深合作。同时，这些发展中国家在合作中受益于中国的广大市场，分享中国发展的成果，扩展了自身的发展空间。

从我国国内区域发展格局来看，在深入贯彻科学发展观、推进区域发展过程中，我国区域协调互动机制正逐步形成，要素资源加快整合并在更大范围寻求优化配置，产业集聚化和城市群发展成为主导空间形态，在此背景下，我国呈现出了长三角、珠三角、环渤海、东北地区等区域一体化发展较为明显的五大板块，国家先后于 2008 年和 2010 年颁布了《珠三角改革发展规划纲要（2008—2020年）》和《长江三角洲地区区域规划》，海西经济区等的发展规划也提上了议事日程，国内区域一体化进程明显加快。

全球区域一体化趋势的加快发展，使得港口城市作为全球经济枢纽的作用日益增强，港口与城市间、港口与港口间的联系日益紧密。

（二）长三角经济一体化程度不断提高

长三角地域概念从地理上来看，其范围一般认为仅限于江苏镇江以东、通扬运河以南、浙江杭州湾以北，是长江中下游平原的一部分，面积 5 万平方公里。从当前经济社会发展的角度来看，长三角又从不同的视角被解读为小长三角、大长三角、泛长三角等。

随着 2003 年长江三角洲城市经济协调会第四次会议批准台州加入当时通常所称的长三角地区，包括苏、浙、沪地区由 16 个市组成的都市群宣告形成，使“长三角”突破了自然地理界线，成为真正意义上的经济区概念。该都市群主要包括：上海市；江苏省 8 市：南京、苏州、扬州、镇江、泰州、无锡、常州和南通；浙江省 7 市：杭州、宁波、湖州、嘉兴、舟山、绍兴和台州。这就是通常所说的小长三角。

以 2008 年国务院印发的《关于进一步推进长江三角洲地区改革开放和经济社会发展的指导意见》（国发〔2008〕30 号）为依据，正式明确了长三角区域范围为上海、江苏、浙江一市两省，该意见为长三角的发展提供了更大空间，而苏、浙、沪也被称为大长三角。

泛长三角作为一种理论提法，众多专家曾多次讨论其范畴，主要有两种意见：一是“1＋3”模式，即以上海为龙头，把江苏、浙江和安徽三省全部纳入泛长三角经济区；二是“3+2”模式，即在上海、江苏、浙江三省市的基础上，把长江中下游地区的安徽、江西也纳入泛长三角经济区。范围虽未最后确定，但理论界对安徽应在泛长三角占有一席之地的认识已基本达成共识。

长三角扩容的提法之所以方兴未艾，其实与小长三角为核心的长三角区域经济快速发展密不可分，如何依托地缘优势，做大做强产业链和产业规模，是有关省市都十分关注的课题。

从经济的角度来看，以上海为龙头的苏中南、浙东北工业经济带是我国目前经济发展速度最快、经济总量规模最大、最具发展潜力的经济板块，2010 年苏、浙、沪三地生产总值达 83176.75 亿元，其中：上海、江苏、浙江生产总值分别为 15046.45 亿元、40903.3 亿元、27227 亿元。我国国内生产总值 397983 亿元中，长三角生产总值约占全国的 20.90%。随着长三角一体化不断深入，长三角经济区的抗风险能力的不断增强，必将成为中国经济发展的火车头。

从资金利用的情况来看，截至 2008 年年底的 30 年里，我国实际利用外资中，有近 50%的外资投到了长三角地区。从苏、浙、沪的证券化程度看，目前沪、深两市上市公司家数(A 股)为 1722 家，流通总市值达到 145600 亿元。其中：上海本地上市公司为 159 家，流通市值约 20200 亿元；浙江省上市公司总数为 140 家，流通市值约 4700 亿元；江苏省上市公司家数为 128 家，流通市值约 5100 亿元。整体来看：两省一市上市公司总数为 427 家，总流通市值达到 30000 亿元，两项分别占上市 A 股的 24.8%和 20.6%。由此可见，以两省一市为代表的长三角地区上市公司，在我国资本市场占据了重要地位。

20 世纪 90 年代初，中国政府提出了“长三角经济一体化”这一策略，上海、浙江和江苏早在 1999 年就开始探讨长江三角洲经济一体化问题，2002 年更是有了突破性的进展。苏、浙、沪成立了常务副省长(副市长)的沟通渠道和沟通机制，从解决区域大交通体系规划，出台三省、市电子信息资源和信用体系资源的共享方案，加快区域旅游合作，建立三省、市生态建设和环境保护的合作框架，实现区域内气源互补五大方面入手，大力推进区域一体化进程。在 2002 年举行的“长江三角洲区域发展国际研讨会”上，又形成了“长江三角洲区内城市市长论坛”制度。

按照 2004 年制定的《长三角都市圈高速公路网规划方案》，到 2020 年前后，长三角地区的城市都能纳入核心城市上海的“3 小时都市圈”，而县及县级以上城市、10 万人口以上城镇、重要运输枢纽和旅游景点，全部纳入 120 分钟高速公路网范围。2009 年，长三角两省一市发布了《长三角道路运输一体化规划纲要》，苏、浙、沪联手打造无缝交通网，推进长三角一体化，长三角居民今后出行也将更加方便、快捷、经济。该《纲要》主要包括道路旅客运输、道路货物运输、汽车维修保障三个方面，其目标是长三角道路运输业在共同制定的合作协议框架约束下，按拟定的发展规划与方向，优势互补、协作融合、统一市场、和谐发展，使之成为经济发展的新引擎，社会转型的新支撑。根据《纲要》，到2012年，在南京至上海、南京至杭州、苏州至杭州、苏州至上海等线路中将形成3～4条具有全国影响力的黄金线路，提供若干主要服务于商务人群的高档班线；建立起上海、杭州、南京、宁波等核心城市的联网售票体系，通过联网售票一卡通、道路客运一卡通、热线服务接入一号通的三通方式，打造长三角道路客运一体化的便民服务体系。此外，《纲要》还规划了全球化的物流供应网，在上海、南京、苏州、杭州、宁波等核心城市建立全球资源产品分销分拨中心，建立集装箱快运体系和区域加工配送网。

长三角金融合作也已经开始破题。随着经济一体化的加速，长三角金融合作也已提上了议事日程。2007年，苏、浙、沪三省、市人民政府与中国人民银行在上海共同签署推进长三角地区金融协调发展、支持区域经济一体化的框架协议，这标志着长三角地区金融协调发展工作正式启动。协议的落实，有利于发挥上海国际金融中心的集聚和辐射功能，促进苏、浙、沪三地金融资源跨行政区划的流动和配置，推进区域内金融组织、制度、产品、服务的创新，不断提高金融服务国民经济发展的能力和水平。该协议的签署，将推进各方逐步完善长三角地区金融协调发展推进机制，并就金融基础设施建设、金融市场融合与创新、资金跨地区流动、金融机构发展合作、外汇管理改革创新、经济金融信息共享平台建设、改善金融发展环境、建立金融风险的共同预警和防范机制、加大金融人才引进和培训力度等方面的问题，进一步制定和完善具体措施，为长三角的共同发展奠定更好的基础。

2010年5月24日，国务院正式公布批准实施《长江三角洲地区区域发展规划》(以下简称《规划》)，成为贯彻落实《国务院关于进一步推进长江三角洲地区改革开放和经济社会发展的指导意见》、进一步提升长江三角洲地区整体实力和国际竞争力的重大决策部署，是深入实施区域发展总体战略、促进全国经济平稳较快发展的又一重要举措。《规划》再次明确长三角包括上海市、江苏省和浙江省区域面积21.07万平方公里。长江三角洲地区发展的战略定位是：亚太地区重要的国际门户、全球重要的现代服务业和先进制造业中心、具有较强国际竞争力的世界级城市群。发展目标是：到2015年，率先实现全面建设小康社会的目标；到2020年，力争率先基本实现现代化。《规划》提出了城镇发展与城乡统筹、产业发展与布局、自主创新与创新型区域建设、基础设施建设与布局、资源利用与生态环境保护、社会事业与公共服务、体制改革与制度创新、对外开放与合作等八个方面的发展方向和重点任务，并明确了保障规划实施的政策措施。《规划》要求加强泛长三角合作，并明确提出，长三角周边的安徽等地区具有区位、自然资源、劳动力资源的比较优势，与长三角地区经济联系紧密，是长三角地区产业转移和直接辐射区。规划明确建立健全泛长三角合作机制，编制南京都市圈、淮海经济区区域规划，加快南京都市圈建设，建设杭州都市圈。《规划》的实施，进一步加快了长三角地区经济一体化的步伐。

随着《长江三角洲地区区域发展规划》，长三角地区主要城市的定位相应明确。这将有助于各城市发挥优势，形成特色发展之路，也更有利于形成有序竞争、优势互补的发展态势。

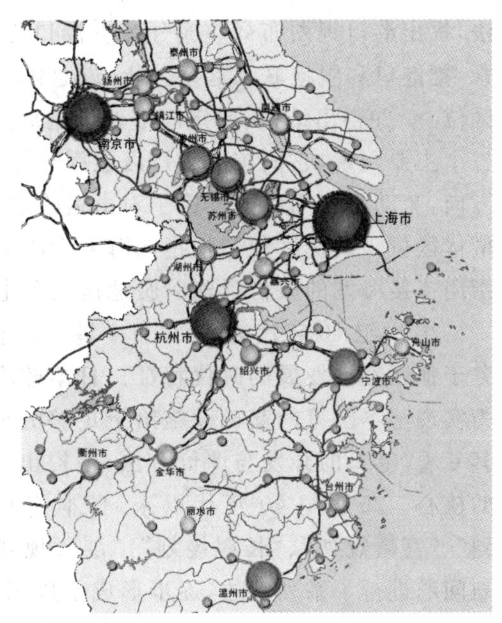

图 1-8　长三角区域发展规划

第二节　研究文献综述

自 20 世纪 50 年代以来，随着港口在国家经济社会发展中的作用日益增强，国内外专家对港口及港城关系，尤其是从系统动力学原理入手对港城关系展开了一系列的研究，并产出了大量的研究成果，从理论和实践两个层面对港城发展起到了重要的推动作用。

一、国外文献综述

由于国外港口的先发优势，国外对港口及港城关系的研究起步较早，在港口发展的过程中，不断对港城发展作出新的总结、归纳和研究，有力地推进了港口城市的建设与发展。国外对港口城市的研究，主要从港口区位、港口经济效益、港口与城市空间关系、可持续发展等几大方面展开。

（一）港口区位研究

1. 港口规划布局研究

近代港口区位研究的奠基人、德国学者高兹（E. A. Kaulz）发表了《海港区位论》一文，开创了港口区位研究的先河。高兹运用韦伯工业区位论的思想和方法，提出港口规划布局应充分考虑港口选址的自然地理环境和社会经济环境要素，把港口和腹地联系起来分析，以总体费用最小原则求出海港建设选址的最优区位。[①] 并得出结论，决定海港建设选址的有运输费用、劳动力费用和资本投入三个主要因素，它们构成港口区位因子体系，其中运输费用决定海港区位的基本方向，劳动力费用和资本因子对由运输费用决定的港口区位进行修正，最终得到最优区位。最优区位包括指向海上距离最短的距离、指向建港投资最小的地点、指向连接海港的廉价运输的腹地这三个主要内容。

20 世纪 70 年代前后，以日本港口产业发展实践为基础，形成了港口规划服务于地区经济发展的时代特征。日本政府以贸易立国作为基本国策，将港口作为实现基本国策的基础设施给予足够的重视与发展，日本学者竹内良夫先生在其专著《港口的开发与评价方法》中提出，港口的规划布局是整个港口产业发展的核心。20 世纪 40 年代以来，日本相继制定了被称为“福岛规划”、“东寿规划”、“宫崎规划”、“长尾规划”、“港研规划”等五个主要的港口规划，[②]对港口规划问题进行了系列阐述，逐步形成了以满足地区经济发展为基本原则的规划思想，把推动地区社会经济发展作为衡量港口效益的基本标准。

在此基础上，西雅图港主张根据城市发展的实际需要，稳步发展港口规模。在考虑扩大港口规模之前，先要确保现有港口设施的现代化和信息化领先水平，尽可能通过管理现代化的软件建设来替代基础设施的硬件建设。这一理念与现代港口规划理论基本吻合。

2. 港口区位工业化研究

霍伊尔(Hoyle)和平德尔(Pinder)以港口发展、城市扩张、工业发展以及区域开发的交互作用作为研究的主要内容，主编了《城市港口工业化与区域发展》[③]一书。他们认为海港是经济和文化交互作用的最重要的中心，交通一体化是港口最基本的功能，但作为多式联运的重要节点，港口往往发展成为一个主要工业集聚点和重要的就业地点，以及国家和地区经济发展的增长极。维格里[④](Vigarie)在其撰写的文章《临海工业开发区结构演化及其对区域发展的影响》中指出，工业基础化是 20 世纪 60 年代以来港口国家实施的最主要的港口发展战略，临海

① 杨吾扬、梁进社：《高等经济地理学》，北京大学出版社 1997 年版。

② 杨建勇：《现代港口发展的理论与实践研究》，上海海事大学 2005 学位论文，第 25—26 页。

③ Hoyle B S, Pinder D A(eds). *City Port Industrialization and Regional Development*. London: Belhave, 1981.

④ Vigarie A. Maritime Industrial Development Areas: Struetural Evolution Implication for Regional Envelopment. In: Hoyle B S, Pinder D A, (ed). *City Port Industrialization and Regional Development*. Oxford: Pergamon Press, 1981: 23—36.

工业开发区发源于莱茵河三角洲，并逐步向西欧其他沿海地区及日本和东南亚发展中国家推进扩散，先后经历了三个发展阶段，即以重工业为特征的第一阶段——莱茵河阶段，多种类型的工业和航海贸易功能综合的第二阶段，向发展中国家扩散的第三阶段。在该文中，作者还预测了20世纪80年代以后临海工业区在发达国家将重新受到重视，从而进入更多以科技发展为基础的第四个发展阶段。

3. 港口与腹地关系研究

港口与腹地之间关系的研究有着悠久的学术渊源。腹地的存在与变化体现了港口与城市、区域之间的相互依存关系。20世纪50年代巴顿(Patton)[①]、摩根(Margan)[②]等人的研究都表明腹地在港口形成与发展过程中起着决定性作用。到20世纪60年代对港口与腹地相互依存关系有了进一步的认识，认为港口发展是区域经济增长的重要因素，港口建设应成为国家和区域的政策重心。

随着世界经济、贸易的持续发展以及港口与内陆交通联系网络的不断改善，欧美国家港口之间对腹地的货源竞争日益激烈。西方学者对港口与腹地的关系研究不再局限于单个港口，而开始从区域和整体的角度出发，对相关港口之间的相互竞争进行分析。起初只是局限于港口的陆向腹地竞争的探讨，稍后逐渐深入到海向腹地竞争，以及对港—陆综合费用优势的综合分析。20世纪70年代以后，相关港口之间腹地竞争的研究扩展到劳动力费用、铁路连通性、港口可达性以及土地可得性等因素。[③④]

20世纪70年代末，运输的集装箱化和全球经济一体化打破了港口与腹地之间传统的运输联系网络。在集装箱时代到来之前，件杂货港口服务的腹地普遍很小，大部分港口货物的来源地与目的地距离不远，一般不超过几百公里。但是20世纪80年代以后，全球经济一体化的迅速发展为港口带来丰富的货源，同时也极大地刺激了航运业的技术进步。集装箱运输及随之迅速发展起来的国际多式联运极大地扩展了港口的吸引范围。在新的技术条件下，传统的腹地概念也

---

① Patton D J. General Cargo Hinterland of New York, Philadelphia, Baltimore and New orleans. Annals of the AAG. 1958.

② Morgan F W. *Pors and Harbors*. London Hutchison Press. 1958.

③ Kenyon J. Elements in Interport Competition in the United states. *Economic Geography*, 1970(46):1—24.

④ Mayer H M. Current Trends in Great Lakes Shipping. *Geo Journal*, 1978(2):117—122.

发生了很大的变化，港口之间的竞争更趋激烈。海乌斯（Hayuth）[①]、斯莱克（Slack）[②]等人的研究表明：一些港口由于解除了政府管制，加强与铁路的协作从而强化了原有的区位优势，腹地得到扩展；另一些港口却失去了原有的腹地。港口与腹地的关系更趋复杂化，腹地呈现多样化趋势，即腹地出现许多为集装箱服务的"旱港"（内陆集装箱中转站），工业、商业和交通运输管理更多集中于此。传统的直接腹地概念受到极大冲击，传统港口仅成为多式联运模式下的一个中转站。有关港口与腹地关系研究的广度和深度仍在不断地拓展，仍然是港口与区域发展研究的一个重要内容。

（二）港口社会经济效益研究

1. 传统研究型的港口经济效益计量研究

这类研究在开展港口对区域经济贡献计量研究的过程中，缺少标准化方法，研究报告只是就港口论港口，相互之间缺乏可比性。第一次阐述港口对区域经济贡献情况报告是 1953 年美国特拉河港口局的《每一吨货对地区经济价值》。该报告以费城港口对当地的经济贡献为研究对象，以费城港口地区每装卸一吨货物的直接耗费和收入为切入口，在 1954 年吞吐量估计数的基础上进行测算，得出费城港口地区 7951 万吨的吞吐量给当地带来的直接收入超过 6.1 亿美元。从那以后，美国许多港口都发表了港口对区域经济贡献研究的报告，如 1966 年纽约港务公司的研究《港口和社区》、1966 年利特尔公司发表的《旧金山港深入研究》、1971 年西雅图港发表的《西雅图海事商务及其对全县经济的影响》、1978 年纽约港务公司发表的《美国产业的经济影响——水运业投入产出分析》等。[③]

2. 基于标准化的定量研究

即运用标准化的定量评估方法对港口社会经济效益进行评价和分析。1979 年，美国海事管理局和美国商务部经济分析署为首的美国政府机关研究出了港口经济影响的计算模型，并以《港口经济影响软件包》的形式予以公布，提供了标准化的方法，从而提高了港口对区域经济贡献研究的透明度、可信度和可比性。1986 年，美国海事管理局组织"坦普尔、巴克与斯隆公司"等三家机构对软件包进行了修订，在修订中采用了经济影响衡量港口对周围地区经济的重要性的量

① Hayuth Y. *Intemodality: Concept and Practice*. lioyd's of London Press, 1987. Hayuth Y. Rationalization and deconcentration of the U. S. container port system. *Professional Geographer*, 1988, 40(3): 279—288.

② Slack B. Intermodal Transportation in North America and the Development of Inland Load Enters. *Professional Geographier*. 1990. 42(1): 72—83.

③ 张婕：《关于港口社会经济效益评价的研究》，上海海事大学 2004 年硕士学位论文，第 4 页。

度。在这期间,美国其他港口与组织也陆续推出了有关港口社会效益的研究报告。如休斯敦港发表的研究报告《休斯敦港的经济影响》,朗维尤港发表的《朗维尤港对考利县的经济影响评估》等。其中,纽约港务公司发布的研究报告《美国产业的经济影响》,对港口产业及其乘数效应进行了定量分析,得出港口的乘数效应是其直接效应的1.6倍。[①]

同期,一些学者也对港口社会效益贡献这一课题开展了一系列研究。瑞典的J·O·詹森和D·施尼尔森在《港口经济学》[②]中,从分析港口运输生产的整个运行过程切入,对港口生产效益问题进行了系统的实例举证和理论分析。并提出运用数理分析方法进行定量预测的港口生产与成本函数理论以及相关运行过程的结构模型等,用于解答港口日常生产过程中的生产效率与运行机制问题。麻省理工学院的福雷斯特提出采取定量分析与定性分析相结合的方法,运用系统力学的基本原理,将各种社会因素转变为可量化指标,建立生产函数的标准公式,进行相应的理论研究与实证分析。他认为,可以将影响港口的社会因素进行适当的量化并作为变量,然后运用动力学的方法加以分析和计算,由此来预测港口对区域经济的贡献。

国外最新的计算模型不仅包括静态模型,而且动态模型也已经进入了初步应用的阶段。国外关于港口经济的动态模型研究主要利用动态投入产出方法,该方法不仅可以衡量在某一时间点上港口对经济的影响,而且能够研究在某一时期港口在区域经济发展中的变化。

(三)港口与城市空间关系研究

20世纪60年代英国地理学家伯德在基于英国海港发展考察的基础上,提出了“任意港”的概念,称为“港口通用模型”,该模型着眼于港口设施的扩展,总结了港口发展的六个阶段[③],即初始阶段、边缘码头扩张阶段、边缘码头整缮阶段、港区整缮阶段、一般线性码头群发展阶段、专业化码头群发展阶段。这一理论的重要意义在于揭示了港口发展规律:随着港口设施的不断完善,港口向下游发展的趋势十分明显,从而使港口与城市中心区之间的分离也越来越明显。由于“港口通用模型”提出之时,集装箱运输并没有大规模发展,现代物流理念还远未成熟,所以该模型对集装箱化与物流化导致港口布局的变化并不适用。

不同学者将“港口通用模型”应用于世界多个港口,并根据各港口的特定条

---

① 陈航:《港城互动的理论与实证研究》,大连海事大学2009年博士学位论文,第9页。

② Jan Owen Janasson,Dan Shneerson:《港口经济学》,人民交通出版社1988年版。

③ Bird, J. The Major Seaports of the United Kinghom. London,1963:21—22.

件对模型进行了修正。塔夫(Taafe)在研究中构建了港城发展动力模型,[①]归纳了交通欠发达地区的交通发展包含港口彼此孤立发展、干线连接主要港口和内陆中心、支线发展、相互联系产生、相互联系完善、主要公路连接专业化港口与内陆中心等六个发展阶段,认为交通网络扩张对腹地交通便利的影响和枢纽港的产生与港口群的产生成为港口空间格局发生变化的重要因素,即随着交通网络的延伸和枢纽港的带动,港口腹地随港区布局的变化而发展,港口所在城市因港口腹地扩张而迅速发展。

在塔夫所作研究的基础上,里默尔(Rimmer)[②]根据对澳大利亚、新西兰海港空间演化的实证研究,对塔夫的模型进行了改进,将不定期班轮服务与定期班轮服务的影响,尤其是后者的作用纳入对港口体系的考虑,对塔夫的交通网络模型进行改进,在发展序列上加入了"边缘港口发展与港口体系扩散型发展"这一阶段。塔夫和里默尔的模型主要解释了港口城市发展的动力问题,并且都侧重考虑交通因子的作用,所以被称为港口城市发展单因子动力模型。

研究在一定地域范围内的港口体系演化过程,分析区域内众多港口如何竞争主枢纽港的地位,以及技术进步如何改变区域内港口空间结构和港口之间的相互关系。主要代表有海乌斯[③]对美国港口以及霍伊尔和查理(Charlier)[④]对东非国家的区域内港口的竞争及港口体系的研究。他们共同关注的问题是港口设备的技术水平、航运的发达程度及港口与陆路交通的经营等对区域港口体系形成与发展的影响。由于假设覆盖整个区域港口体系的是一个绝对的完全开放的市场经济体系,因此腹地的发展状况和不同港口腹地之间的差异性显得并不太重要。海乌斯还以同样的假设为依据,建立起一个以技术创新和扩散的视角研究区域集装箱港口体系的空间发展演化规律:区域港口体系经历五个阶段的发展,其中在区域主枢纽港(load center)出现之前有三个阶段,即前集装箱化阶段、初级集装箱港口发展阶段和各港口竞争之后集装箱向大港集中阶段;之后主枢纽港的形成是航海、港口营运和陆上交通的规模经济共同作用的结果,最后由于受到一些限制性因素的作用,如当区域经济发展到较高水平后,货物的空间流动

① Taaffe. E. J, Morrill. R. L, GouldpR. TransPort Expansion in Under Developed countries. *Geographical Review*, 1963(53): 502—529.

② Rimmer. P. J. The Seareh for Spatial Regularities in the Development of Australian Seaports. 1967.

③ Hayuth Y. Rationalization and Deconcentration of the U. S. Container Port System. *Professional Geographer*, 1988, 40(3): 279—288.

④ Hoyle B, Charlier J. Inter-port Competition in Developing Countries: An East African Case Study. *JournaI of Transport Geograpny*, 1995, 5(2): 99—115.

性大为加强，大型港口（负荷中心）的经营费用不断上升。货流继续集中将产生所谓的“规模不经济”，此时周围（边缘）港口将分流主枢纽港的货流，区域港口进入周边式发展阶段。海乌斯的研究不仅进一步证实了在规模经济法则的作用下，港口体系内的集装箱货流同样具有集中化的趋势，而且还发现，当集中化达到一定程度以后，分散化会成为港口体系内货流变动的主导趋势。由于海乌斯的模型能够很好地解释美国港口的发展，故对之后的港口区位的空间布局与结构演化的研究产生了重要影响。

（四）可持续发展研究

随着资源和环境因素在经济发展中越来越受到重视，港城互动关系的可持续发展受到越来越多的学者和专家的重视。

港城互动关系的可持续发展肇始于滨水区的研究。20 世纪 50 年代以来，由于临海工业区的大幅度扩张，以及港口深水化发展引起的港口与城市日趋明显的分离的趋势，大部分港口活动迁至城区以外的区域。在这种情况下，位于港城界面的老港区因不再适用于港口生产而遭到废弃，往往成为一个令政府头疼、环境污染严重、犯罪率高的“问题区域”。在这种背景下，美国主要港口城市如波士顿、巴尔的摩、旧金山等率先提出并实施了著名的“滨水区复兴运动”，之后逐渐扩展到北美其他城市和欧洲国家甚至全世界。滨水区的复兴就其本质而言，就是如何实现港城可持续发展的问题。

1988 年，霍伊尔、平德尔和胡赛（Husain）[①]三人主编了《滨水区复兴》一书，共收录 15 篇文章，较为全面地反映了地理学家、经济学家和规划师对全球性的滨水区复兴的思考与主张，同时对多伦多、鹿特丹、巴尔的摩、香港等国际化港口城市进行了个案分析。该书还在策略部分对滨水区的复兴开展了社会性的思考，认为滨水区的再开发只有超越简单的物质开发阶段，才能在解决城市核心区的社会、经济问题中发挥关键作用。之后，威尼斯水上城市中心于 1993 年主编的《城市滨水区——水上城市开发的全新领域》[②]、华盛顿滨水区中心于 1996 年主编的《全球城市滨水区开发的成功案例》[③]也对港口远离城市核心的趋势加强的情况下，被废弃的港区如何进行自身定位的转型、如何开展规划和重建等方面

① Hoyle B S, Pinder D A, Husain M S. *Revitalizing the Waterfront*: International Dimensions of Dockland Development. London: Belhaven, 1988.

② Bruttomesso R. Waterfront: A New Frontier for Cities on Water. Venice International Centre Cities on Waterfront, 1993.

③ Ann Breen, Dick Rigsby. *The New Waterfront*: *A Wordwide Urban Success Story*. New York, AY: McGraw-Hill, 1996, 11—23.

开展了深入的探讨和论述，并结合一些国际港口城市的案例进行了归纳和分析。第四届(1993 年)和第五届(1995 年)国际城市与港口大会还将港口城市的滨水地区再开发作为一个主要议题进行研究探讨。从会议提供的研究实例可以看到，世界各地许多港口城市正进行着长期艰苦的老港区重建过程，主要做法都是在港城界面地区引入新的、适应于发展趋势的功能，包括休闲与娱乐功能、科技功能、第三产业功能和文化功能，从而使这一区域在工业结构调整和运输技术发展的新条件下，成为港口城市的一个高品位的综合功能区。

第二阶段是 20 世纪 90 年代以后。随着可持续发展概念的深入，尤其是 1993 年，联合国贸易开发会议(UNCTAD)提出了港口可持续发展战略[①②]，这一举措进一步推动了港口可持续发展研究的全面展开。相关领域的专家和学者们纷纷从定性或定量方面进行了研究，并取得了一定的研究成果。定性研究的代表性成果主要有：Brooke[③] 首次提出应用绿色理念建立环境影响评估程序并对港口建设过程中产生的影响因子进行总体分析；Georgison[④] 等人提出了应通过制度改革实施加拿大最大港口的可持续发展管理模式；Tamura[⑤] 等人指出了 21 世纪的港口发展战略应强调土地保护和环境友好的重要性；Goulielmos[⑥] 指出了港口运营时导致的运输和环境之间的冲突并提出相关解决对策；McConnell[⑦] 等通过分析港航业对沿区经济发展和周边环境的影响，宣传可持续发展战略和综

① UNCTAD. Sustainable Development for Ports. United Nations Conferenee on Trade Development Trade and Development Board, Standing Conunittee on Developing Serviees Seetors Intergovernmental Group of Experts on Ports, Geneva, 1993.

② UNCTAD. Sustainable Development: Strategies for Cities and Ports. Reoort No. UNCTAD-SHIP494(14), 1996.

③ Brooke J. Environmental Appraisal for Ports and Harbours. Doek & Harbour Authority, 1990, 71 (820): 89—94.

④ Georgison J P, Day J C. Evaluation of the Role of Port Administration in Comprehensive Planning and Management of the Canadian Coast the Example of Vancouver Proceedings of the 7th Symposium on Coastal and ocean Management Part 4, Long Beaeh, 1991: 3106—3121.

⑤ Tamura I, Ouehi H. Aiming at Port and Harbor Technology Mild to Human Beings and The Earth. Proceedings of the Symposium on Coastal and ocean Management, Coastlines of Japan Ⅱ, New orleans, 1993: 330—336.

⑥ Goulielmos A M. European Policy International Journal, 2000, 2(2): 189—197.

⑦ McConnell M. Capaeity Building for a Sustainable Shipping Industry: A Key Ingredient In Improving Coastal and ocean and Management. *Ocean and Coastal Management*, 2002, 45(9—10): 617—632.

合管理方法以加强海洋生态系统的保护；Sawada[1] 提出了日本大阪湾地区海岸带的生态发展策略；Frihy[2] 分析了埃及 13 个典型的海岸开发项目对本国海洋生态环境造成的负面影响等。

定量研究的主要成果有：Trozzi[3] 等人基于可持续发展思想应用扩散和传播模型全面分析了港航业产生的大气、水域、弃土、垃圾物和噪声污染情况；Dekker[4] 从商业利益和公共福利角度分析了港口产生的正面和负面效应，并对鹿特丹港"Maasvlakte 2"项目进行环境影响评估，最终测算出了港口对公共福利的净贡献；Bak[5] 等人结合城市可持续发展战略，运用交通运输模型对未来集装箱码头发展的预测结果进行了分析；Headland[6] 等人以美国港口为例提出了一种平衡分析方法，并强调在规划发展集装箱港口的过程中应同时考虑土地等稀缺自然资源的有效利用；Pefis. Mora[7] 通过建立港口可持续发展环保管理指标体系对西班牙及欧洲其他港口的环境影响进行评价，并结合分层图、系统模型及多标准分析方法对未来港口产业发展的潜在环境影响进行了预测；Palantzas[8] 应用系统

---

① Sawada Y, Murata B, Fujii Y etal. A Study for the Ecologieal Development Policy Of the Coastal City on Osaka Bay Coastal Zone. Proceedings of the International Conference on Offshore Mechanics and Aretie Engineering-OMAE Part 1, Cancun, 2003: 777—783.

② Frihy O E. The Necessity of Environmental Impaet Assessment (E) IA in Implementing Coastal Projeets: Lessons Learned from the Egyptian Mediterranean Coast. *Ocean and Coastal Management*, 2001, 44(7—8): 489—516.

③ Trozzi C, Vaccaro R, Environmental Impact of Port Activities. Water Studis. Maritime Engineering and Ports Ⅱ, 2000(9): 151—161.

④ Dekker S, Verhaeghe R J, Pols A A J. Expansion of the Port of Rotterdam: Fram work for Evaluation. Transportation Researeh Reeord, 2002, (1782): 49—55.

⑤ Bak O A, Alkan G B. Sustainable Development and Transportation: Maritim Yransportation Model for South-eastern Anatolia Project(GAP). Proceedings of First International Conference on Sustainable Planning and Development, Vol. 6, Sustainable Planning and Development, Skiathos Island, 2003: 485—49.

⑥ Headland J R, Ellis W, Thompson L et al. Balancing Port Planning: Demand, Capacity, Land, Cost, Environment and Uncertainty. Proceedings of Port Development in the Changing World, Houston, 2004: 829—838.

⑦ Pefis. Mora E, Orejas J M D, Subirats A et al. Development of a System of Indicators for Sustainable Port Management. *Marine Pollution Bulletin*, 2005, 50(12): 1649—1660.

⑧ Palantzas G, Naniopoulos A, Nalmpantis D et al. The "Chain" Management of ship-Generated Waste and Cargo Residues in the Port of Thessaloniki. *Journal of Marine Environmental Engineering*, 2005, 8(2): 161—169.

方法分析了希腊塞萨洛尼基港的环境影响，并提出港口可持续发展战略；Sakai[①]等人运用系统模型对日本主要港口造成的大气污染中二氧化碳的排放量进行了估算，等等。

面对日益严重的港口污染问题，近年来世界上许多港口城市都开始致力于环境政策的研究，在港口建设中推广新技术，采用环境保护措施，以期在经济发展动力和城市生活质量之间寻找新的平衡点。欧美等国提出了“绿色港口”的发展策略，将环保理念纳入港口设计和建设中。我国香港地区基于港口污染对人体健康及本地旅游业等方面的影响，已将“绿色港口”策略提至“危机”处理程度。

随着低碳时代的到来，港口与城市的可持续发展，已经成为学界和业界的共识，减少港口对港区和城区的污染，建设绿色港城，将对区域经济产生正面的影响，是今后港城关系必须考虑的一个重要问题。

尽管国外尤其是西方发达国家对现代港口与城市的研究积累了丰富的成果，但研究对象主要限于发达国家，对发展中国家涉及不多。要对我国港城关系进行深入的分析，需要进一步结合国内港口发展的实际，展开探索和研究。改革开放以来，中国经济从沿海城市开始，发展迅速，港口城市在经济发展中的地位日益凸显，使国内港城关系的研究从起步到繁荣，并积累了众多的成果。

二、国内文献综述[②]

从国内来看，改革开放以来，沿海港口城市发展进入全新的快速发展时期。1980 年 8 月我国正式宣布在深圳、珠海、汕头、厦门四地设置经济特区，1984 年 4 月国务院决定开放 14 个沿海开放城市：即大连、秦皇岛、天津、烟台、青岛、连云港、南通、上海、宁波、温州、福州、广州、湛江、北海。1990 年 4 月，党中央、国务院又作出开发和开放上海浦东新区的战略决策，以上海开发开放为龙头，进一步开放长江沿岸城市，尽快把上海建成国际经济、金融、贸易中心之一。随着我国沿海开放战略的实施和港口城市的崛起，港城关系越来越受到理论界的重视和关注。许多学者从不同角度，最有代表性的是从系统动力学的角度对港城关系开展了研究与探讨，为传统意义上的港城关系注入了新的内涵，体现了中国传统元素与世界理论前沿的融合与对接。

郑绍昌较早从历史角度探讨了宁波港发展问题。郑绍昌提出，宁波作为中

① Sakai H, Watanabe Y. The Estimation Model of Carbon Dioxide Emission at Container Terminals. *Journal of Japan Industrial Management Associateon*, 2006, 57(1): 68—79.

② 参考陈洪波：《科学发展观与现代化港口城市建设》，经济科学出版社 2010 年版，第 73—78 页。

国古代四大港口之一，历史上曾对经济发展产生过很大的影响。可是由于历史条件的限制，宁波港城的巨大优势并没有得到很好的利用。因此，全面评价港城在经济发展中的历史作用，对今天的港城建设将是一种有益的借鉴。商品经济发展对港口发展起着重要作用。黄梦平等(1987)进一步总结了港城发展历史经验，具体探讨港城体系的三种类型，强调指出沿海港口与其所处城市的发展一般表现为伴生相长的关系。港口为所处城市的重要发展因素必然是城市经济结构中举足轻重的组成部分。

吴郁文(1995)较深入地探讨了广州港与广州国际大都市圈可能存在的互动关系，世界第二次产业革命以来，产业空间布局最明显的特征是临海型布局，这标志着世界临海型经济格局的到来，也形成了第二次世界大战后一些主要的国际城市带。它们在地理区位方面的共同特征是临海分布，且以拥有优良港口作为依托，充分体现了“港为城用、城以港兴”的规律。因此借鉴其他国际大都市的经验，以广州港为依托，建设国际大都市是非常必要的。依据广州所处的区位环境，广州港完全有条件成为东南亚港口群中又一个重要的区际枢纽港。为此，必须树立大广州港的观念，从三个层次进行建设：开辟南沙自由港，迎接东南亚地区港口的挑战；以港口为支点，处理好广州港与广州国际大都市圈的关系；树立广州作为港口城市的新形象，体现新特色。

许继琴(1997)较早探讨了港口对港口城市发展的促进作用和港口城市的发展模式，认为港口城市成长最重要的动力来源于港口，第一次将港城关系划分为港城初始阶段、港城相互联系、港城聚集效应和城市自增长效应四个阶段。探讨港口对港口城市发展的促进作用和港口城市的成长模式，提出港口对区域经济发展的推动作用，首先表现为港口建设促进港口城市成长和城市中心职能的增强，然后是港口通过港口城市的中心带动作用推动区域经济的发展。港口城市在港口和临港工业具备相当规模之后，关键是发展第三产业，以增强城市的物流中心和生产中心职能。

刘秉镰(2002)深入地探讨了在经济全球化背景下，港口对城市的作用渠道与内在机理。“建港兴城，以港兴城，港为城用，港以城兴，港城相长，衰荣共济”，这是世界范围内港口城市发展演变的普遍规律。它既揭示了港城关系的变迁过程，也揭示了港城关系相互作用的机理。即港口的发展将促进港口城市发展，而城市繁荣又促进港口的发展。面对经济全球化的浪潮，港口对城市经济发展的作用可以通过以下几个方面途径进一步发挥：一是利用港口的基础设施功能发挥产业优势，产生直接经济贡献；二是通过港口服务功能，发挥环境优势，吸收国际跨国公司经营活动的集中，为城市的集聚与扩张奠定基础；三是通过港航业关联作用，发挥结构优势，促进城市第三产业发展，进而向服务型城市迈进；四是利用港口物流功能，逐渐形成物流、人流、商流、资金流、信息流合为一体、相互吸引的良性循环，促进城市现代化和国际化。

宋炳良(2003)有机地运用城市、区域经济学和产业经济学的基本理论和研究方法，对港口城市和区域发展的互动关系进行了理论探讨和动态分析，系统地阐明了港口城市发展的规律。首次提出港口网络带的新概念，港口网络带(port network)是以港口群为主要节点的网状物流链，其中港口起着集物流、信息流的汇总、处理和发送为一体的中枢神经作用。港口网络带可分成连锁网络带、综合网络带和组对网络带等三种。作者认为，港口网络带是在经济、技术、和社会发生根本变革的条件下，主要港口所必须经历的发展阶段。这些变革具体表现为：经济一体化、需求个性化、物流纵向延伸、行业放松管制、社区环保意识增强以及现代通讯技术的飞速发展。作者还联系上海探讨了上海国际航运中心建设问题。

惠凯(2004)较深入地探讨港城关系的演变规律，提出港城关系经历初始期、成长期、成熟期、后成熟期几个发展阶段。港口对城市的推动有两种基本模式：腹地扩张与产业延伸。腹地扩张模式是指港口在发展过程中不断吸收更广泛地域内的货源转运，辐射范围不断扩大的过程。产业延伸模式是指在港口附近建立相应的产业体系，通过港口的产业联动效应来推动其他产业的发展。

宋德驰(2004)概括、总结战后世界各国港口发展史，从港城关系角度第一次概括出依次递进的三种港口发展观。第一种是交通枢纽观，即以运输经济理论为导向，认为港口是交通枢纽，是水陆运输工具的衔接点，水运货物的集散地。港口的主要任务是进行水运货物与各种运输方式之间的换装。第二种是区域经济观，即以区域经济理论为导向对港口功能的再认识。第三种是生态环境观，即以生态经济理论为导向对港口发展现状的反思，是对港口发展规律认识的再次升华。作者还指出，改革开放以来，我国港口在快速发展的同时，多年积累的矛盾和问题正在凸显出来，主要是：(1)忽视大区域经济发展的潮流，只重视单个港口对本地区经济发展的作用，而未能关注港口群体对大区域经济整体推进的协同效应。(2)强调港口对地区经济发展的贡献率，而未能全面认识港口发展对城市生态环境的负面作用，而经济发展同生态环境、自然资源的矛盾正在加剧。

2005 年由博鳌亚洲论坛、中华人民共和国交通部、中国国际贸易促进委员会和辽宁省政府等共同主办的“港口与城市经济互动高层论坛”，以及 2006 年举办的“首届中国港口城市市长国际高峰论坛”把港城经济关系研究推上了一个新的台阶。

真虹(2005)针对联合国贸易与发展会议(UNCTAD)提出的第四代港口的概念进行了较为深入的阐述。作者从第四代港口作为现代服务提供者的角度给出其定义：第四代港口在兼容第三代港口功能的基础上，作为供应链中的一个环节，强调港口之间以及港口与相关物流活动之间的互动，满足运输市场对港口差异化服务的需求，提供精细的作业和敏捷的服务，以形成柔性港口，促使与港口相关的供应链各环节之间无缝连接。作者还提出了第四代港口是柔性化港口的观点，提出实施第四代港口的四个阶段，即港口作业流程再造阶段、准时化阶段、精细化阶段和从精细化到敏捷的阶段。港口柔性化是一个能满足第四代港口发展需要的战略模式，能帮助港口适应由现代供应链所带来的新的经济环境。为此，建议港口运营商应通过最大限度地满足顾客差异化服务的需要，营造出一个敏捷化港口，从而把港口真正纳入现代供应链管理之中，顺利跨入第四代港口的行列。孙光圻、董代、吴鹏华等也进一步探讨了第四代港口与第三代港口的区别。

罗萍(2006)对当前港城关系发展趋势作出判断。指出，由于经济全球化、港口发展有效支撑、我国经济的规模化发展等因素，我国港城互动发展正进入黄金发展期。我国港城互动发展的主要特征：(1)港口与城市关系存在多样性。根据港口货运功能的不同，港口与所在城市及内陆腹地关系可分为三类：一是通过型海陆联运港口(如秦皇岛、黄骅港)；二是与临海产业、加工业相关的港口(多数港口)；三是货物水水中转型港口(如宁波—舟山港)。通过型和水水中转型港口一般与所依托的城市经济发展关系不大，其发展是以港口业务为核心。第二类港口与所在城市关系密切，或是加工制造业聚集于城市，或是服务于城市和腹地的临港基础工业，与城市生产、生活具有密切的关系。(2)港城经济互动发展具有不均衡性。由于地理位置的不同、港口和城市发展存在差异造成了我国沿海港口城市港城互动发展的不均衡性。目前，我国沿海港口城市港城互动发展大致可划分为三类：第一类是上海市，已经初步进入了港口城市自增长阶段；第二类是宁波、深圳、广州、天津、青岛、大连等城市，处于港城集聚效应阶段；第三类是福州、厦门、珠海、日照等城市，还处于港口工业型经济发展阶段。

张萍、严以新(2006)率先提出了港口建设与城市发展的协调度概念，将协调度的区间内划分为8个等级，率先建立了港口与城市发展的评价指标体系。港口与城市系统协调发展指标体系包括城市评价指标体系和港口评价指标。城市指标包括GDP，人均GDP，对外贸易额，第一产业、第二产业和第三产业产值，公路货运量，铁路货运量；港口指标体系包括水运货运量、港口吞吐量、港口集装箱吞吐量、泊位数、码头岸线长度、港口设计吞吐能力等。通过对现有的几种协调度评价方法的局限性分析，采用了主成分分析与回归相结合的方法建立港口与城市协调度评价模型，为港口和城市的协调发展分析提供了新的思路。作者以上海市为例，对港口与城市的协调发展进行较为深入的分析。

陈航等(2007)在前人研究的基础上,率先提出港城关系的产业链和空间链概念,一定程度上填补了港城关系的理论空白。港口产业和城市产业相互作用,形成以港口为中心,在一定的区域范围内由港航、临港工业、商贸、旅游等相关产业有机结合而成的一种区域经济,构成了港城关系的产业链。港城关系产业链的演变过程可分为三个阶段:(1) 初级商港型经济发展阶段。由港口运输中转功能诱发产生了港务部门和集散部门,是港城初始联系的最初媒介,也是这个时期城市经济活动的主体。(2)港口工业型经济发展阶段。临港工业在港口陆域的集聚是港城关系的重要媒体,港口与城市开始走向一体化。(3)多元化型经济发展阶段。这一阶段主要的作用因素是港城聚集效应。随着不同产业在港口城市集聚,港口城市的产业体系渐趋完善。港城产业联系的不同发展阶段,为港口城市制定港城关系的产业协调发展提供了重要依据。港城关系的空间链的经济驱动力主要来自港口产业,港口产业在不同发展时段上的演变反映在地域空间上,出现围绕核心港口呈现类似同心圆一样的"波浪"式扩张,从里到外依次为共生产业、依存产业和关联产业。港口不同产业在地域空间上的"波及效应"对周边城市区域的社会生活、经济结构、城市建设、土地利用等产生深刻影响,从而构成了港城关系的空间链。陈航(2008)根据代表性、综合性、可操作性和相关性四项原则,选取了12个城市经济指标和10个港口经济指标,建立城市港口经济、城市经济协调指标体系,重点探讨大连港口与城市互动关系。

邓焕彬等(2009)选取港口吞吐总量(TTL)代表港口发展水平的指标,港口所在城市的地区国内生产总值(GDP)代表地区经济发展水平的指标,运用计量经济学面板数据(panel data)模型探讨2000—2007年沿海25个港口城市港城发展相互促进的定量关系。研究结果显示,港口吞吐量与港口所在城市国内生产总值具有明显的正相关关系,拟合优度达0.998,说明港口发展对腹地经济发展具有明显的推动作用。从研究结果可以看出,各个港口的截距项和斜率项明显不同,说明各个港口吞吐量与港口所在市的经济发展关系复杂,这主要与港口吞吐的货类及港口所在城市的经济发展特色有关。β_i 为港口吞吐量与港口所在城市经济发展促进作用的弹性系数。弹性系数大说明吞吐量对港口所在城市经济影响大,意味着港口服务的腹地范围主要为港口所在城市;弹性系数小说明吞吐量对港口所在城市地方经济影响小,意味着港口的服务腹地远大于港口所在城市范围。

高宗祺、昌敦虎、叶文虎等(2009)从世界范围内港城关系发展趋势,评述"港兴城兴,港衰城衰"的发展思想,探讨港口城市发展战略。提出港口城市的空间结构实际上是港口地域与城市空间地域的结合,二者发展取向相异却结合为一体。长期以来"港兴城兴,港衰城衰"的发展思想成为各港口城市的发展与规划理念，以致我国沿海大兴港口设施和出台促进港口业发展的政策，导致城市间港口群的竞争加剧，资源重复配置。作者总结不同的港口城市发展历程，发现港口的发展与港口城市的发展不一定要保持一致，“港衰”不一定会引起“城衰”。港口城市的可持续发展应该是港口功能发挥与腹地社会经济发展相互作用的结果，港口功能的调整、腹地社会经济的发展以及地区制度和政策的制定，三者应加以统筹考虑。当前我国港口城市的可持续发展，一方面要探索港口与港口城市发展差异化的可能性；另一方面以循环经济发展重心的转移调整港口城市发展战略。

高琴等(2009)试构建港口与城市之间数据包络分析(Data Envelopment Analysis，简称 DEA)评价模型，定量测算出港口城市发展的有效性，反映港口与城市的互动关系。作者认为，DEA 评价模型分为两个子模型：(1) 港口所在城市有效性评价模型。评价城市经济发展有效性选择的输入指标，如固定资产投资总额、从业人员总数；输出指标，如 GDP、社会消费品零售总额。(2)港口有效性评价模型。在港口有效性评价中，选取历年来港口集装箱有关数据，突出港口当前集装箱化趋势给港口和港口城市、港口腹地带来的影响。作者选择的输入指标，如万吨级以上泊位数、铁路专用线长度；输出指标，如集装箱吞吐量。通过软件对上海、宁波、深圳、广州、天津、大连、青岛等七个城市进行数据分析，将七个城市归纳为四类：港口有效且城市有效的(称之为双有效城市)；港口无效且城市无效的(称之为双无效城市)；港口有效但城市无效的；港口无效但城市有效的。作者还试图构建生产函数测定港口对港口所在城市的经济贡献。

薛芳(2010)研究了南通港和南通经济是否合理、有效的发展，揭示港口和城市互动发展的规律，并基于南通港城互动发展的目标提出了相应的建议。作者认为科学的认识港口和城市的互动发展规律对于正确处理好港口和城市协调、快速发展有着重要的意义。通过对南通港口进行区域经济 DEA 评价模型实证分析，得出了南通城市和港口经济发展的现状，并提出了南通市港口与区域经济互动发展主要实现途径，包括加快沿海洋口、吕四深水港区建设，提升长江港区码头泊位等级，沿江与沿海实现产业互补、联动发展。

安红恩等(2010)认为在世界经济发展一体化的趋势下，港口与城市及腹地经济之间的关系越加紧密。港口不仅在其所处的城市经济发展中起着巨大的推动作用，而且还有力地推动着周围地区经济的发展；同时，腹地经济的发展为港口的生产和发展带来强有力的动力支持。近年来，我国沿海港口的建设取得了巨大的成就。在我国经济发展和对外开放中发挥着越来越重要的作用，港口的发展水平已经成为衡量一个国家或地区经济发展水平的重要标志之一。

李电生等(2010)在对港口物流与城市产业耦合内容系统分析的基础上，选取了多维产业特征指标，借助关联度分析法研究了不同城市产业对港口发展的带动效应及港口物流功能的提升对城市产业繁荣的作用，为港城关系研究提供了一个新思路，并以青岛港为例进行了实证研究。认为传统的港城关系研究很少考虑到来自城市不同产业各自特征属性的影响。随着港城经济的发展，城市不同产业与港口物流的关系已从简单关联发展到复杂耦合，并形成了不同大小的耦合关联度，不同程度地影响着港口的发展。研究港口物流与城市产业间的耦合内容并对其耦合性进行分析，有助于政府产业政策和社会投资优先向某些产业倾斜，有针对性地加大部分产业的转移与承接力度，合理规划建设港口基础设施，从而促进港城协调发展。

高宗祺等(2010)通过分析诸多国际上典型港口城市发展历程及其演变趋势发现，港口与港口城市各有其发展趋势路径。其原因：一方面，港口与港口城市两者所需发展要素并不完全一致，各有其发展动力引致；另一方面，两者在发展阶段很容易受外在政治经济环境因素影响，进而导致最终发展趋势的相异。作者以香港、鹿特丹、伦敦等港口城市为案例进行研究，即可看出各案例间演变趋势的分歧所在。通过分析，建议港口城市所在区域各级主管机构制订港口城市发展方向时，应注重统筹区域全局利益并以局部港口发展的总体利益最大化为中心；决策者在拟定或选择发展战略时，应以港口城市与整体区域的可持续发展为战略发展目标，根据各港口与港口城市发展要素可能出现的变化，主动积极地配置调整资源投入，以适应自身的发展特色，避免有限资源重复性配置造成的损失。

系统动力学的运用，为港城关系的研究提供了新的理论基础，打开了新的视野，以系统动力学原理分析港城关系渐渐成为港城关系研究的新热点。

刘丽娜等(2006)基于系统动力学分析港口经济，是该领域出现较早的研究文章。作者以系统动力学模型为主体，结合投入产出法、乘数法和计量经济学模型，进行了港口经济影响分析，并将该模型应用到大连市的港口经济系统中，通过模型的基本模拟和政策模拟，得出 2020 年之前大连市港口对社会经济影响的动态变化，并提出了大连市港口发展的建议。确定动态港口经济影响模型主要包括：国内生产总值、港口吞吐量、GDP、港口通过能力、港口自然资源、港口压力和港口固定资产投资等六个状态变量，此外还包括：港口拉动的国内生产总值(GDP)、港口拉动就业、港口收入和港口自身投资等四个辅助变量，通过动态港口经济影响模型对大连市的模拟，发现系统动力学方法和投入产出法以及计量经济学模型相结合可以很好地模拟港口竞争、港口压力等因素对港口经济的影响，并可以利用它作为政策模拟分析思路的理论依据，具有其他方法难以替代的作用。

许长新等(2006)将系统动力学方法应用于港口吞吐量预测模型,考虑了各种主要因素对港口吞吐量的影响,较好地解决了港口吞吐量预测方法中考虑系统因素较少的问题以及经济社会发展水平的不确定性等影响港口吞吐量预测所产生的误差问题。与传统方法相比,该模型不仅考虑经济、人口等常规因素,而且考虑资源及综合运输网等更多的影响因素,能较系统地反映系统各影响因素间的相互关系,通过对宁波港口吞吐量预测系统进行仿真分析,验证了该模型的实用性和有效性。

傅明明等(2009),选用系统动力学模型,构建港口—区域经济系统,分析系统内港口子系统、区域经济子系统和社会子系统之间的因果关系,构建系统动力学流图和变量关系体系。港口—区域经济系统是自然系统和人工系统组成的复合系统,该系统既存在于国家或国际区域的宏观范畴下,又非具体针对某一微观经济个体,属于中观层面,具有动态性和复杂性的特点。港口—区域经济系统的三个子系统既表现为相互促进,又表现为相互阻碍。通过对某港口与其所在经济间关系的模拟,计算出现阶段该港口与区域经济之间相互促进和阻碍的程度,结果证明了该模型的有效性。

袁旭梅、华艳(2009)阐述了港城系统的内涵和构成,运用系统动力学方法构建港城系统仿真模型,构建了港城系统的因果关系图和仿真模型,通过仿真运行,得出2015年之前秦皇岛市港城系统的动态变化情况。运用系统动力学方法并以秦皇岛市港城系统为例进行了案例研究,验证了此方法的可行性。从仿真模型运行结果及数据的综合分析可以得出,提高水运货运量、降低港口自然资源消耗和合理规划港口固定资产投资是实现秦皇岛港城系统发展的三个最重要的方面。

侯剑(2010)在分析港口动力学的基础上,分析了港口经济可持续发展的动态机制,利用系统动力学 Vensim 软件实现了对港口城市子系统、区域经济子系统、资源环境子系统、港口功能子系统、临港产业子系统和综合运输子系统等六个子系统因果关系的分析,从而建立了港口经济可持续发展的系统动力学模型。该模型主张的是对港口经济发展方向和特性的研究,希望从趋势和规模上对港口经济各子系统的行为趋势进行把握。通过模拟发现,港口经济的发展依赖功能的拓展,由于港口功能所带来的辐射效应,使得与港口相关的航运服务业获得持续发展,从而缓冲了城市人口就业压力。但临港产业的发展对港口功能的过度依赖又容易使其陷入过度开发的境地,对区域 GDP 反而带来副作用。由于港口的建设与发展是一项具有长期效应的系统工程,因此,对其趋势与特性的强调和把握,比在数值上的一味求解精确,可能会更符合实际,也更具有应用价值和指导意义。

上述研究成果为深化新时期港城关系研究奠定了基础，指明了方向；但也存在一定的不足，主要是研究视野不够开阔，特别对新世纪新阶段工业化、信息化、城镇化、市场化、国际化整体推进、后危机时代以及生态文明时代背景下港城关系缺乏定性、定量的深入研究。本书基于系统动力学原理分析港城关系，既吸收借鉴了前人的研究成果，又尽量避免前人研究中出现的不足和理论滞后，在运用新理论研究港城关系的方面做出了大胆的尝试。

第三节　研究意义与研究方法

当前港口城市发展进入新阶段。在新的背景下采用多种研究方法开展港城关系研究具有重要的理论意义和实践意义。本书主要着眼于以系统动力学原理分析港城关系。

一、研究意义

本书从系统动力学的内涵和机理分析出发，通过数据比较、数学建模、实证分析等方法，立足于研究与探讨港口与城市相互关系，在我国着力推进经济转型升级的背景下，对进一步优化和协调港口与城市关系、把握港口城市发展规律、转变港口城市发展方式、提升港口城市竞争力，具有十分重要的现实意义。同时，对于拓宽港口与城市相关领域的理论与方法体系具有一定的指导意义。具体来看，本书研究的意义主要有以下几个方面。

（一）理论意义

随着国民经济的飞速发展，我国港口城市的发展进入了新的历史阶段，港口经济在国民经济中发挥着越来越重要的作用，在后金融危机时代，如何让港口与城市的关系更为协调，进一步提升港口城市的竞争力，为经济转型升级服务，是新时期港口城市面临重要课题。在现有国内外关于港城关系的研究中，尽管从区位、空间关系、历史演进等方面均进行了不同程度的分析，也取得了一系列的研究成果，但对一个经济成长迅速的发展中大国的港口城市的港城关系缺乏定量的研究，对影响港城关系的指标因素还鲜见明确的表达。

本书系统分析了后金融危机时代，影响港城关系发展的因素，提示了港城关系互动发展所依托的外部环境和内部条件，对港城关系的内在机理进行了新的梳理，探讨了影响港城互动的指标，通过数学建模的方法建立港城关系评价体系，并以宁波为例，运用建立的评价体系对宁波的港城关系现状进行了实证研究，在选择吸收前人研究成果的基础上，在港城关系理论研究的层面实现了创新和突破，为科学评价港城关系提供了一种基于定量分析的评价工具和方法。

（二）现实意义

"以港兴市、以市促港"是港城关系良性发展的目标，在新时期，港城关系具有了许多新的特点和表现，主要体现为：港口内涵更为丰富，经济社会的快速发展，产生了无水港、物流港、生态港等新的内涵与外延；港口与城市互动范围已扩大至港口与多个城市或城市群、与整个区域的互动，空间联系更加广泛；港城互动已拓展到港口与港口之间、港口与产业链之间、港口与空间链之间，港口与城市互动形式与途径更加多样。这些新的特点和表现，是港口城市转型升级的集中体现，在港口与城市发展的新阶段，本书着重对影响港城关系的重要指标进行分析，研究指标之间的相互联系及内在影响，建立港城关系的定量评价体系，对港城关系的研究从个别性拓展到群体性，从一般性拓展到系统性，对在新的经济发展阶段，更好地研究港城关系的内涵和机理，对于推进港城关系的新发展、实现港城关系发展的新路径、加深认识港口城市发展规律与趋势具有重要的现实意义。本书的研究，同时也为政府及相关部门推进港口城市新的发展提供了一定的决策参考。

二、研究内容

本书围绕港城关系，以系统动力学研究分析为基础，从理论与实践两个角度开展港口城市发展规律研究，主要内容分为以下八章：

第一章为港城关系理论概述。从世界经贸发展及格局的变化、海洋经济时代的到来、区域合作竞争格局趋势明显等三个层面，分析了港城关系研究的背景条件；对国内外有关港城关系研究，尤其是以系统动力学原理分析港城关系的主要成果进行了全面梳理，并作出适当评价；研究探讨了新时期基于系统动力学原理开展港城关系研究的理论意义与实践意义，介绍了港城关系的各种研究方法。

第二章为港城关系内涵与趋势分析。通过研究探讨港口、港口城市各自概念、分析其相互关系，进一步阐述港城关系的内涵和本质特征。根据不同管理体制之下，港、城的经济发展，港、城的冲突与互利，把港城关系发展分成四个阶段。从国内外港口城市发展实践出发，概括出港城互动的新趋势。充分吸取鹿特丹、新加坡、东京、香港、上海、深圳等港口城市实现港城良性互动的经验，借鉴利物浦、千叶、基隆等港口城市港衰城败的教训。

第三章为港城互动机理研究。基于港城互动关系的演变历程，分析了港城互动的必然性及其阶段性演进特征，研究港城互动发展中的相互制约和相互促进机制，分析了港口与城市之间的经济、资源、产业等的内在联系。构建了港口与城市的互动系统，依据系统动力学的相关理论，对港城系统中各个要素之间的因果关系进行了分析，并在此基础上提出了港城系统的优化路径。最后，从发展阶段、区位和资源三个方面探讨了港城互动的差异性。

第四章为港口影响城市发展指标体系研究。通过分析港城互动的相关理论和发展趋势，从港口影响城市发展的角度探讨建设港口影响城市指标体系的重要意义，依据港口城市一体化理论，借鉴国内外实践探索，从港口规模、港口货物结构、港口基础设施三个层面建立对城市经济的影响指标体系。

第五章为城市影响港口发展指标体系研究。从城市影响港口发展的角度探讨城市发展影响港口指标体系的重要意义，依据港城一体化和港城互动演进理论，借鉴国内外实践探索，从多个方面建立城市影响港口指标体系。

第六章为港城互动模型构建研究。在港城互动发展评价指标体系的基础上，按照科学性、全面性、独立性、可行性、可操作性、可比性原则，应用数学建模的方法，建立港城互动评价模型。

第七章为宁波港城互动数据采集研究。按照已建立的指标体系，通过统计调研多种方式，运用科学可行的统计方法，以宁波市为研究对象，搜集指标体系所对应的具体数据，为课题的实证分析提供定量依据。

第八章为宁波港城互动实证分析。以宁波市港城互动为研究对象，通过运用港城互动评价模型，对宁波港城互动现状进行全面评估，着重分析存在的问题，探讨其产生的原因，并提出促进宁波港口与城市协调发展、进一步推进宁波港城深层次互动的对策建议。

三、研究方法

本书以系统动力学原理为理论指导，开展全方位的港城关系研究。

系统动力学（System Dynamics，简称“SD”）是由麻省理工学院的 Jay W. Forrester 教授于 1956 创立的一门研究系统动态复杂性的科学。它以反馈控制理论为基础，以计算机仿真技术为手段，主要用于研究复杂系统的结构、功能与动态行为之间的关系。系统动力学强调整体地考虑系统，了解系统的组成及各部分的交互作用，并能对系统进行动态仿真实验，考察系统在不同参数或不同策略因素输入时的系统动态变化行为和趋势，使决策者可以更好地观察模拟结果，打破了从事社会科学实验必须付出高成本的条件限制。

系统动力学模型是一种因果机理性模型，它强调系统行为主要是由系统内部的机制决定的，擅长处理长期性和周期性的问题；在数据不足及某些参量难以量化时，以反馈环为基础依然可以做一些研究；擅长处理高阶次、非线性、时变的复杂问题。由于系统动力学在研究复杂的非线性系统方面具有无可比拟的优势，已经广泛应用于社会、经济、管理、资源环境等诸多领域。

在具体的研究方法上，本书主要运用了以下几种研究方法：

1. 文献研究法。文献研究法是根据一定的研究目的或课题，通过调查文献来获得资料，从而全面地、正确地了解掌握所要研究问题的一种方法。本书主要全面查找国内外有关港城关系相关文献，参阅《港口与城市经济发展》、《中国沿海港口城市》、《港口城市发展的动态研究》、《海港城市、国际贸易与现代化》、《中国港口城市互动与发展》、《港口—腹地和中国现代化进程》、《改革开放30年中国港口经济发展》等近80部著作以及近100篇论文，了解目前学术界对港城关系研究的现状及最新进展。同时赴浙江省档案馆、宁波市档案馆，了解、掌握宁波港口城市发展的历史文献，更深入地了解宁波港口城市的由来、现状及今后发展趋势。

2. 实地调研法。实地调研(Field Research)是对在实地进行调研活动的统称。实地调研法便于搜集、取得第一手资料和情况，在一定程度上可以弥补文献研究法之不足。课题组成员利用暑期先后赴宁波港集团、宁波梅山保税港区实地调研，了解宁波港最新发展进程，与有关部门探讨宁波港发展存在问题及解决问题的办法与措施。赴杭州、上海、舟山等地，与省社科院专家、上海市社科院专家探讨上海“两中心”建设对宁波的影响，研究宁波港、宁波城市发展的对策。参观上海洋山港、舟山港，了解周边港口发展最新进展情况。

3. 统计调查法。统计调查法是指根据调查的目的与要求，运用科学的调查方法，有计划、有组织地搜集统计数据资料的过程。通过普查、抽样调查、统计报表、重点调查和典型调查等调查方法，形成统计报表，并通过统计报表，完成相关数据的采集。本书通过统计调查法，着力采集了自2005年至2009年宁波港口对城市发展作用、宁波城市对港口发展作用等两大指标的相关二级指标数据。

4. 实证分析方法。实证分析方法是在分析有关问题时，撇开对社会经济活动的价值判断，研究、揭示经济活动中各种经济现象之间的客观联系，分析和预测人们行为后果的研究方法。本书以宁波市为实例来研究宁波在现代化港口城市建设过程中港城关系的现状，并在建立指标体系的基础上，对宁波港城关系的现状进行评价，以宁波港口城市发展的实践来总结规律，并探索加强港城关系的实践路径。

5. 规范分析法。在以实证分析为主的同时，本书也注重运用规范分析法。所谓规范分析法是以一定的价值判断作为出发点和基础，提出行为标准，并以此作为处理问题和制定政策的依据，探讨如何才能符合这些标准的分析和研究方法。本书运用现有港城关系的理论框架，来分析港城关系的内在机理、特征和发展规律，并对宁波如何推进现代化国际港口城市建设进行研究。

6. 数学模型法。数学模型法是指当需要从定量的角度分析和研究一个实际问题时，人们就要在深入调查研究、了解对象信息、作出简化假设、分析内在规律等工作的基础上，用数学的符号和语言，把它表述为数学式子，也就是数学模型，然后用通过计算得到的模型结果来解释实际问题，并接受实际的检验，本方法也是系统动力学研究中重要的一环。本书运用系统动力学中的建模程序，分别选取港口与城市相互影响的指标，建立研究的指标体系，确定各指标权重，并在此基础上，利用数学模型法建立港城互动的评价模型。

第二章 港城关系的内涵与趋势

认识港城关系丰富内涵，把握港城关系发展趋势是本章的主要任务。目前世界上的国际性都市90％以上位于海岸线和大河口的三角洲上。重要港口城市带动了临海、临港产业和区域经济的发展，许多以港闻名的城市同时也是工业发达、经济繁荣的世界名城，以港兴城、港城互动成了近百年来国际性都市发展的共同规律。

目前，我国正处于经济快速发展时期，港口吞吐量连续多年居于世界前列，但港口城市发展却相对落后，这与港口的快速发展形成不和谐音调，并成为限制港口进一步发展的瓶颈因素之一。究其原因，对港城关系缺乏全面、深入认识，以致港城之间不能形成良性有效互动是重要方面。从系统动力学的角度去看，港城作为一个系统的整体，如果缺乏相互理解和联系，不能形成有效的平衡互动关系，那么两者的和谐与进一步发展将成为泡影。因此，科学认识港城关系的内涵与趋势具有重要的意义。

第一节 港城关系的内涵与特征

港城关系作为港口城市发展的主线，具有丰富的内涵。同时也可从多个角度认识和把握港城关系的特征。

一、港城关系的内涵

从历史沿革、空间布局、功能互补、产业联动、经济发展、文化依托等诸多角度去看，港口与城市之间的关系非常密切，港口的发展与城市的发展休戚相关，因此，要深入探究港城关系首先应明确港口与港口城市的相关概念。

（一）港口与港口城市的概念

1. 港口的概念与发展

一般来说，港口是位于江、河、湖、海沿岸，具有一定的天然和人工建设的设施和条件，供船舶进行作业性的及在恶劣气象条件下的靠泊，旅客上下，货物装卸，生活物料供应等作业的地方。它的范围包括水域和陆域两部分。一般设有航道、港池、锚地、码头、仓库货场、后方运输设备、修理设备（包括修理船舶）和必要的管理、服务机构等。港口按所在地理位置分，有海港、河口港、河港、湖港、水库港等。另外，从港口的历史发展和功能变化来看，又可把港口分为：

第一代港口——具有一般的物流、人流运输功能，其发展主要依靠港口城市的自然资源及港口条件，加上密集的劳动力资本，为比较纯粹的散、杂货的“运输中心”，提供船舶停靠、海运货物的装卸、转运和仓储等作业，也就是所谓传统的装卸码头。港口与运输活动、贸易活动相分离，只是一个运输枢纽，只是实现货物转运的一个场所。另外，由于其作业和发展的独特性，它往往同当地政府，甚至是货运客户的合作关系很少，甚至港口中不同的业务也彼此孤立。

第二代港口——具有第一代港口的流通功能和新兴的临港产业，同时又有城市社区功能的工业港。也就是具备“运输＋服务＋社区”功能的港口，除了提供货物的装卸仓储等，还增加了工业和商业服务活动，使港口不仅具有了货物的增值功能，并且与运输和贸易之间形成伙伴关系，同时又加强了与港口城市的密切联系。其发展的决定因素是港口资源与工业资本，其发展特点是拥有了临港物流。

第三代港口——现代综合交通运输体系五大运输方式的主枢纽，是面向全球供应链，成为链接世界经济和贸易、生产和消费的重要纽带，港口城市成为取得生产要素，进行有效配置最便捷的地域（或称要素市场网络中枢结点），各类产业分类集聚，向规模化、集群化、集约化、国际化方向发展，进而形成新空间经济增长极，成为地区未来振兴的战略支点。其发展特点是：除具有第一代、第二代港口的功能以外，更加强与所在城市以及用户之间的联系，使港口的服务超出以往的界限，拥有发达物流产业，成为“国际物流中心”。

第四代港口——以资源整合，组合港为特征，是港航之间联盟与港际之间合作联盟的信息化、柔性化、智慧型的综合性港口。港口在兼容“第三代港口”功能的基础上，作为全球供应链中的一个环节，强调港口之间互动以及港口与相关物流活动之间的互动，满足运输市场对港口差异化服务的需求，提供精细化的作业和敏捷的服务，以形成柔性港口，促使与港口相关的供应链各环节之间无缝连接。港口功能的日益综合化，使海陆一体化成为必然趋势。第四代港口以城市为主体，以自由贸易为依托，成为主动策划、组织和参与国际经贸活动的前方调度总站、产业集聚基地和综合服务平台。在地理布局上，港口正在向网络化方向发展，以全球性或区域性国际航运中心的港口为主、以地区性枢纽港和支线港为辅的港口网络，已经或正在形成。

第五代港口——指绿色港口或低碳港口。其主要功能在包括前面四代港口的功能的同时，还着眼于港城、港镇的结合，其主要特征就是高效、绿色、低碳。从港口的功能来看，第五代港口在前面四代港口功能的基础上侧重于港口的生态功能和港口的可持续发展。

当前，国外的许多港口已进入第三代港口发展的成熟阶段并已经或正在向第四代港口发展，而我国的大部分港口正处在第二代或由第二代向第三代港口发展的进程当中，其中的佼佼者如上海港和深圳港。但是，港口的发展并非是完全按照格式化的进程进行的，许多港口的发展呈现出由第二代港口向第三、四代港口交叉跳跃式发展的特点，如组合港在我国已经出现，但港口发展的特点仍在许多方面还停留在第二代和第三代港口的程度。任何一个港口的发展，都不能仅仅从简单的一时、一港、一代去看，而应以宏观的、整体的、发展的眼光去进行综合对比分析。

由此可见，当今的港口，已不再是简单的地理、运输、贸易、物流与综合功能的概念，而是一个满足绿色环保要求，满足港口与城市、港口与区域科学发展、并辐射全球的基础与平台。

2. 港口城市的概念与发展

港口城市为位于江河、湖泊、海洋等水域沿岸，拥有港口并具有水陆交通枢纽职能的城市，与普通城市相比具有明显的开放型与外向型的特点。

港口城市按地理位置可以分为海港和内河港两大类。前者，国际上有鹿特丹、纽约、神户、马赛、新加坡、悉尼等；国内有上海、广州、天津、宁波、深圳、青岛、大连等 23 个。在国内海港城市中，按地区生产总值排列，超过 1 万亿元的城市有上海、广州等 2 个；地区生产总值介于 10000 万亿元至 5000 亿元的，有深圳、天津、青岛、大连、宁波等 5 个；地区生产总值介于 5000 亿元至 1000 亿元的，有唐山、烟台、温州、连云港、台州、福州、泉州、厦门、威海、湛江、珠海、汕头、营口等 13 个；地区生产总值低于 1000 亿元的，有秦皇岛、舟山、北海、海口等 4 个。在国内内河港城市中，按地区生产总值排列，超过 5000 亿元以上的，有苏州、杭州、武汉、无锡、南京等 5 个，界于 5000 亿元至 1000 亿元的，有南通、扬州、湖州等 3 个（详见表 2－1）。此外，还有湖港城市，如德卢斯、多伦多等；运河港城市，如苏伊士等。

港口城市按职能特点可以分为专业性和综合性两类。专业性港口城市多形成于资源输出地、货物中转地、渔业生产区和海防要地。例如：以输出煤炭为主要职能的秦皇岛；以输出原油为主要职能的麦纳麦（沙特阿拉伯）、哈尔克岛（伊朗）。综合性港口城市不仅港口有多种专业码头，而且城市职能往往也具有综合性，综合性港口城市按其规模和影响范围分为：地方性港口小城市，如北海、海口、汕头、台州等，其港口年货物吞吐量往往只在5000万吨以下;地区性中等港口城市,如湛江、烟台、汕头等,其港口年货物吞吐量处在5000万～30000万吨之间;全国性港口大城市,如上海、广州、天津、大连、青岛、宁波等,其港口货物吞吐量往往在30000万吨以上(详见表2-1)。

某些拥有自由港和自由贸易区的海港城市如纽约、香港,具有国际贸易、金融、信息中心的职能。

表2-1　2010年我国主要港口城市基本情况对比

	面积(公里)	人口(万人)	生产总值(亿元)	三大产业结构(%)			地方财政收入(亿元)	港口货物吞吐量(万吨)	集装箱吞吐量(万标箱)
				一产	二产	三产			
1.海港									
天津	11760.2	1228.16	9108.83	1.60	53.10	45.30	1068.81	41325	1008.60
唐山	13472	735.00	4469.08	8.70	58.90	32.40	195.84	25000	22.7
大连	12574	586.4	5158.1	6.70	51.30	42.00	500.80	31399	526.2
营口	5402	235.5	1002.4	7.70	55.30	37.0	100.10	22579	333.8
秦皇岛	7467	298.28	930.49	13.60	39.40	47.0	72.02	25877	33.98
烟台	13746	651.14	4358.46	7.67	58.89	33.44	237.80	20852.5	154.1
威海	5436	253.61	1944.7	7.92	55.89	36.19	118.27	4866	69.5
青岛	10654	763.64	5666.19	4.90	48.70	46.40	452.61	35012	1201
连云港	7446	497.73	1150.81	15.30	47.40	37.3	141.39	13506	387.1
上海	6340.5	1921.32	16872.42	0.68	42.32	57.00	2873.58	65339	2906.9
宁波	9816.23	574.1	5125.82	4.20	55.60	40.20	530.90	41216.76	1300.4
温州	11784	779.11	2925.57	3.20	52.40	44.40	228.49	6408	41
台州	9413	583.14	2415.12	6.60	52.30	41.10	164.88	4706	12.16
舟山	1440	96.77	633.45	9.90	45.50	44.60	61.04	22084	14
福州	12153	645.90	3068.21	9,21	44.54	46.26	247.82	7124.8	147.05
厦门	1565.09	180.21	2053.74	1.10	50.00	48.90	289.17	13930.5	582.43
泉州	11010	786	3564.76	3.70	60.20	36.10	181.53	8455.4	136.95
广州	7434.3	1033.45	10604.48	1.80	37.20	61.00	872.65	42341.1	1255
深圳	1952.84	891.23	9510.91	0.10	47.50	52.40	1106.82	22097.7	2250.9
湛江	12490	699.43	1402.77	21.00	41.10	37.90	66.23	13638	32.02
北海	3337	158.97	397.6	22.02	42.22	35.76	27.5	4925.4	23.6
珠海	1952	149.12	1202.58	2.70	54.80	42.50	124.53	6056.27	70.27
汕头	2065	524.11	1203.25	5.30	56.40	38.30	72.65	3509.5	93.5
海口	1304.8	198.93	590.55	6.50	23.70	69.80	50.37	4795.4	61.3
2.内河港									
武汉	8467.11	836.73	5515.76	3.10	45.90	51.00	390.19	10000	65
南通	8544	762.92	3417.88	7.70	55.80	36.50	290.81	15069.80	46.23
南京	6600	629.77	5010.36	2.80	46.50	50.70	518.80	158000	145
扬州	6638	459.12	2207.99	7.20	55.70	37.10	167.78	7384	31.9
苏州	8488.42	637.66	9000	1.80	58.80	39.40	900.6	32876.87	364.4
无锡	4787.61	639.78	5758	1.80	55.70	42.50	511.89	20053.39	102.83
杭州	16596	683.38	5945.82	3.50	47.80	48.70	671.34	8753	
湖州	5818	259.98	1301.56	8.00	54.90	37.10	97.27	1435	

其中:上海、天津、广州、深圳、珠海、北海采用2009年常住人口统计口径,其他城市采用2010年户籍人口统计口径。

资料来源:各城市国民经济和社会发展统计公报及统计年鉴。

与港口飞速发展相类似，改革开放以后，我国港口城市也呈现出快速发展的态势。由于港口城市所在区域、政策、管理、基础条件等多方面的差别，我国各个港口与港口城市的发展很不平衡，港口与港口城市之间在发展速度和规模上也有较大差异，港口发展往往更早、更快，港口与港口城市的关系及其对港口城市发展的贡献也不断发展变化。总的来说，根据时代发展、体制改革、港城关系和港口城市经济发展速度与水平等因素，可以把我国港口城市的快速发展分成以下三个阶段：

第一阶段——1978 年至 1991 年，我国经济和社会进入快速、大力发展的阶段。1984 年，青岛、大连、秦皇岛、天津、烟台、连云港、南通、上海、宁波、温州、福州、广州、湛江、北海等 14 个沿海港口城市，被国务院批准为全国首批对外开放城市。港口城市的发展迎来难得的机遇，产业、经济和社会发展成绩显著，城市化水平逐年提高。港口城市通过其聚集效应逐步成为人流、物流与信息流的集散地，极大地促进了商品交换和社会分工水平的提高，带动和促进了港口城市经济的发展。但是，此阶段城市与港口的发展不协调、不平衡的缺点也很明显。城市与港口发展缺乏统一规划，城市的经济发展与港口的关联度很低。城市虽然占有港口资源，但由于我国港口管理体制的限制，作为运输中心的港口对城市而言很大程度上只是一个地理的概念，城市的经济发展不具有港口经济的特色，城市与港口可以说是“各自为政”、“各自为战”。

第二阶段——1992 年至 2002 年，邓小平同志在南方讲话中提出进一步扩大改革开放的要求，我国经济和社会得到跨越式发展，尤其是外贸发展速度和水平飞速提高，港口集装箱运输快速发展。在这一阶段，港口城市的软、硬件建设速度和水平提高很快，城市的集聚效应更加明显，吸引和利用外资规模不断扩大，国际化、信息化水平不断提高，三次产业同步发展，经济结构逐步优化，城市经济与港口发展联系起来，尤其是集装箱运输的发展对城市产业的发展作用明显。

第三阶段——2002 年至今，世界经济全球化、区域经济集团化加上我国港口管理体制改革的全面推进，港口城市得到迅猛发展。各港口城市紧靠各自的资源和优势，不断加强城市和港口的基础设施和软件的建设与更新。城市的空间分布和功能发生重大调整，城市载体功能、商业功能、服务功能明显增强，城市与港口的关系不断发生本质的改变，城市与港口的关联日趋紧密，发展港口经济的必要性和重要性已成为港口城市进一步提升和发展的必然，港城一体化进一步凸显。在这一发展阶段，港口城市全面优化经济结构，物流业与临港工业发展迅速，高新技术产业和现代服务业成为城市经济的重要支撑，经济整体素质明显提高，国际竞争能力进一步增强，经济水平、城市知名度和影响力进一步提高。城市更加开放，各种资源和资本进驻，充分发挥了优势互补、强强联合、组合发展的作用，使港口城市成为跨国公司投资集中的地方，成为国际性的现代化物流中心，成为面向世界的加工制造基地。经济、社会协调发展,群众收入快速增长,生活水平不断提高,现代化国际港口大都市的构架进一步形成,城市与城市之间、城市与区域之间的联系与合作更加广泛、频繁和密切。同时,港口城市在推进城市现代化的过程中,在科学发展观的指引下,紧跟国际和国内形势,不断发展特色、绿色港口经济,并通过其辐射效应和关联效应对本城、本区域和本国发挥影响,促进人口、资源、环境的良性互动和经济、社会的协调发展,港口城市建设进入可持续发展的轨道。

在全球范围内,港口城市类多数广,究其发展历程和现状,港口城市与无港口的城市相比,在各方面都有较大不同,港口城市的发展总是和港口的变迁和发展有着千丝万缕的联系,港口城市的出现和发展是自然、历史、政治、经济、社会诸因素综合作用的结果。

(二)港口与城市的相互关系

江泽民同志曾经指出:“港口和城市有着十分密切的关系。自有人类以来,人们就利用天然河流创造出一代一代的人类文明。世界发展到今天的时代,港口如何依托城市现有的经济、技术条件,达到自我完善、自我发展,而城市经济又怎样利用港口门户走向世界,港为城用,城以港兴,应该是我们在世界经济新的挑战面前所要研究的主要课题。”① 由此可以看出港口与城市之间有着密不可分的关系,它们既是系统的整体,也是系统的两极,两者互为动力、休戚相关、相生相伴,就像人类文明的渊源总是伴随着河流一样,港口城市发展的脉络总是在港口的变迁和历史发展中清晰可见。同时,由于港城发展的差异性,带来了发展过程中不可避免的矛盾、冲突、取舍,也正是由于两者在发展过程中相互间的必然影响与冲击,决定了港城关系对港口和城市发展的重要性。

1. 港城关系的概念

一般而言,港城关系泛指港口与所在城市之间的关系。它既包括港口对城市的依赖和影响,城市对港口的依托和拉动等作用;同时也包括港口和城市在时间的、空间的、经济的、产业的、功能的、文化的不同关系。纵观国内和国外、历史和现状,港口与城市之间表现出一种明显的互动关系,即使在不同历史阶段,这种关系的表现或程度有所不同,不断发展变化,但很显然两者之间的发展有着不可分割的联系。

2. 港城关系的具体内容

港口作为运输的枢纽促进了城市的形成,港口不断地变迁发展,促进了城市区

---

①《从“哥德堡号”透视欧洲航海文明》,人民网,http://world.people.com.cn/GB/42356/4597449.html。

位的调整和城市空间的不断扩大；港口的开发和开放是港口城市社会文化多样性和外向型发展的催化剂；港口产业的发展可以改变或影响港口城市的产业结构，进而改变城市的功能布局；港口的集聚和辐射作用是奠定港口城市区域中心地位的基础。港口城市是港口的最直接经济腹地，其经济活动的扩张、经济规模的扩大，对港口生产提供源源不断的支持；港口城市为港口提供人力资源、土地、集疏运等硬件设施和金融、贸易、服务等软件的支持。港口与城市作为一个统一体，两者的良性互动关系将会推动港口和城市的共同发展。

(1)空间布局关系。从自然形成及历史发展来看，港口城市的出现和发展与港口的使用及变迁直接相关，港口城市的空间布局演变与港口的活动、分布与规模密切相关。

一方面，港口的发展引发港口功能、规模、区位的变化，进而带动港址地区城市的功能转化、空间扩展和布局调整。港口向水深、陆域条件更好的河口下段方向推移，再从入海口沿海岸推移或向海岛推移，形成河口港、海岸港或海岛港，相应城市空间也随着港口的推移而向入海口、海岸或海岛方向发展。另一方面，城市的经济活动与发展促进了城市规模及空间布局形态的变化，进而对港口各方面的发展提出了更多、更高的要求，从而促使港口的规模、布局形态发生变化。

由于历史原因，我国港口城市港城混杂，空间布局混乱的情况较严重，且随着城市与港口的发展、规模的扩大和职能的复杂化，空间布局上的混乱还在日益凸显和加剧。要根本解决这个问题，必须从现实和发展的角度，把港口和城市的空间布局要求结合起来，综合考量，本着科学发展、可持续发展的基本思路，逐步地进行调整和优化。合理的港城空间布局关系，是港口和城市可持续发展的基础。

(2)功能定位关系。港口的功能主要是运输、贸易和服务，港口作为运输的枢纽，为城市提供对外交通的通道并利用其资源配置功能，带动港口城市相关产业的发展。港口城市作为港口的依托，具有为港口提供金融、信息服务，贸易活动的空间和转运通道等功能。

现代港口不但能汇聚所在城市的生产要素，给城市经济注入活力，而且能吸引国内外优秀资源与资本在本城配置，给城市带来新的经济增长极，并进一步引导城市优势资源进行合理转移与重新配置，大大提升港口城市的经济水平、素质和区域影响力。而港口城市作为港口的最直接腹地，其经济和产业结构的不断发展变化，给港口生产带来源源不断的动力，也使港口的功能、服务等相应发生变化；同时，作为港口重要依托的港口城市，在港口的转型与发展过程中不断地为其提供各种支持和服务。

总之，港口和城市功能的合理定位、无缝衔接、优势互补是港口和城市可持续发展的必然要求。

（3）产业联动关系。作为综合运输枢纽的港口，其运输、贸易和服务功能使港口成为现代生产要素的最佳结合点、重要的信息中心和供应链的重要节点，并使港口在国际生产、贸易和运输系统中的地位不断上升，带来港口各项产业如：工业、商业以及金融、贸易、科技、交通、信息、旅游等不断生成和飞速发展。同时，港口产业的发展不断要求建设和提升城市的基础设施条件，而良好的城市基础设施条件的建成，又为城市更好地吸引和集聚了众多的资源及关联产业，并促使港口城市原有的产业进行调整、重组和提升。如：港口作为综合运输枢纽，可带动港口各种运输方式和其他相关产业的发展，如水运、陆运、物流业、仓储业、中介代理业等的发展，而这些港口产业的发展，需要城市产业的配合与衔接，从而使城市产业结构呈现港口城市独有的特点。

很显然，港口产业的繁荣和发展带来了所在城市产业的繁荣和进步，同时反过来又进一步促进了自身更长远的发展，这种良性循环使城市和港口的产业关联更加紧密，同时更加多元和合理。

（4）要素配置关系。现代港口经济的发展使资本、贸易、科技、航运、仓储、金融、商业、信息、旅游等经济要素向区域中心港口和中心城市集聚，以达到区域内资源优化配置，成本最低，资源消耗最少，效率最高，竞争力最强的目的，这给区域港口和城市发展带来挑战和机遇。经济和贸易的全球化，竞争的多元化和白热化，使得这些经济要素的流动在不断加强、加快，港口要吸引和留住这些要素并进行集聚配置，除了需要在经营管理、产业发展、服务提升等方面下足工夫外，也要求港口城市在政策、法律、基础设施等要素方面进行积极配合，成为港口和城市发展、能力提升的“助推器”。

（5）经济互利关系。港口在城市经济发展中起着重要的作用。第一，港口城市的自身物流占港口吞吐量的比重一般都比较高，城市对港口条件利用较大，城市经济发展的运输成本、基本建设支出与土地的利用与增殖都更加优化合理。第二，港口作为海陆交通枢纽，具有连接国内外市场的作用，使城市经济辐射范围更广、更远，使港口城市经济外向型程度明显高于非港口城市。第三，现代港口集聚了资本、贸易、科技、航运、仓储、金融、商业、信息、旅游等诸多经济要素，可以为港口城市的贸易、金融、物流、仓储等产业的发展带来许多机会和便利，使城市的经济更加多元化，各类市场更加活跃。随着港口与城市的一体化发展，港口和港口城市正成为跨国企业、国际贸易和服务业的集聚场所，成为新的经济增长点。

反之，港口城市对港口的经济发展提供支援和动力。作为港口的大后方，港口城市为港口提供水、电、人力、财力、土地、工业产品和服务等支援，同时港口城市对港口运输、物流等需求又为港口经济发展带来动力。

（6）文化渗透关系。港口及城市的全球化竞争，除涉及经济、贸易、服务等方面之外，港口和城市的个性特色、文化魅力成为当前竞争的新军。一方面，港口城市因港口而生，因港口而兴，因港口而名，港口城市的个性特色、社会文化的形成及内在特征与港口的发展及变迁不可分割，带着明显的港口烙印，港口城市文化的多样性和外向性明显。另一方面，现代港口作为城市整体的组成部分，在地域上和生产、生活上与城市呼吸相闻、休戚相关，并依托其所在的城市不断壮大和发展，城市先进的企业文化、管理理念等不断地影响着港口文化的内涵与发展，不断地与港口文化相碰撞、融合，形成港口与城市政府、社区、市民、其他企业或团体、保税区、岛之间的密不可分的联系。

3. 影响港城关系良性发展的因素

由以上港城关系的内容可以看出，建立和发展良性的港城关系牵涉许多方面，主要有区位及自然条件、理念、政策、硬件、软件等因素。

众所周知，区位及自然条件对港口或城市发展的影响显著。在经济全球化的今天，经济发展已经超越了一港、一城和一国的界限，一个港口或一个城市如果处在全球交通要道或要塞，那么它发展的机会就完全可以与其重要性成正比，发展的时机也相对要更早，这也是当前我国沿海港口城市在经济发展大潮中冲在前方的重要原因。

具备了良好的区位及自然条件，港口或城市有了发展的原动力，但是港、城的持续发展与港城关系的发展息息相关，一味地强调港口发展或只强调城市利益，那么再好的区位和自然条件也只能带来一时的港、城繁荣，当港口和城市发展带来的矛盾、冲突扩大到难以调和的地步时，它们都将失去可持续发展的机会。而发展良好的港城关系的前提在于理念开拓和政策支持。只有在理解和掌握了港城关系的内涵、内容和发展变化的特点的基础上，建立发展良性港城关系的一系列先进理念，才能在港、城发展的过程中把握和调节各种冲突或矛盾的发展变化，更好地促进港、城可持续发展。当然，先进的理念必须要有良好的政策支持，否则就会成为空想或空谈，而在具体建设和实施的过程中则离不开各种硬件和软件的支持。

二、港城关系的特征

港城关系是开放式的系统，它具有以下几个方面的特征。

（一）动态性

港城关系是一个不断发展变化的概念。

辩证唯物主义认为：物质世界处在永恒的运动、变化、发展之中。在历史长河中，港口和港口城市有发展也有消亡，有繁荣也有衰落，这既是历史事实，也是事物发展的客观规律。在港口和港口城市不断发展、变化的过程中，港城关系也在随之不断地发展、变化。从依港建城、港为城用，到港兴城兴、港衰城衰，从港城分离到港城初始联系再到港城一体等，可以清楚地看到人类在认识、实践和发展港城关系的过程中，不断经历失败、摸索和成功的反复与循环，港城关系在一时一空的合理、良性并不代表在未来的时空中还是合理、良性的，而应顺应时势，因时而变、因势利导，港城关系发展的动态性这一特点将始终贯穿在港城关系发展的过程之中。

（二）阶段性

全球范围内，现代港口发展出第一代、第二代、第三代和第四代，当前还提出了建设第五代港口的要求；在我国，有许多学者为我国港口发展总结出清晰的年份层次。世界港口发展呈现出明显的阶段性特点。而港城关系在不断的发展过程中也呈现出非常明显的阶段性特点，人们也已经总结出各种阶段性的说法，如港城分离、港城初始联系、港城一体、城市自增长四阶段或生长期、发展期、成熟期、停滞期四阶段等，本书在前面也根据我国港城发展的具体情况总结出了我国港城关系发展的三个阶段。

（三）互动性

港城关系相互依存、相互促进。

首先，人类的经济社会活动依赖于水流，而港口依托江、河、海洋来为人类提供运输、贸易等服务，并衍生和带动了其他产业，从而使人类聚集而形成港口城市。所以，港口在城市发展上具有非常重要的先导作用和带动作用，没有港口就没有城市。

其次，城市的经济和社会活动不断发展壮大，需要通过运输和交通与外部世界建立广泛的联系，港口就成为其首选方式和重要节点，港口也因此产生了大量的人员、物资、信息、资金的流动，并直接产生了港口产业，使港口得以不断成长、繁荣。因此，没有城市，港口就失去了依托，成为无源之水、无本之木。

再次，港口的不断成长、繁荣，港口与国内和国际联系的不断加强，使港口城市与外界的联系更加广泛和紧密，不仅进一步提升了港口城市的形象、知名度和地位，同时也使港口城市获得了更多的发展机会。因此，没有繁荣发展的港口，就不可能有快速、持续发展的港口城市。

由此，可以看出：由于城市和港口在人类经济、社会活动中紧密依存和相互促进的关系，依港建城、港兴城兴、港衰城衰、港城一体是世界各大港口及港口城市几百年来的普遍现象，并且，在未来也依然会是港城发展的主旋律。

（四）经济性

港城关系中的一个很重要的内容即为港城之间的经济互动关系，因此港城关系的经济性明显。无论是在生产力落后的漫长的历史时期，港口和城市的经济水平未发展到一定高度，港、城发展靠的是原始的区位和资源条件，还是在生产力高度发展，港城一体的21世纪，港城之间的联系都与经济密切相关。无论是港口和城市的出现、发展、繁荣，还是港城的衰退与消亡，也都与港口和城市的经济发展有关。无论是港口还是港口城市在建设良性港城关系的过程中，都无不把港口和港口城市的可持续的经济发展作为其最重要的工作内容和最终目的。经济不发展，港口和城市的存续成问题，港城关系则成为空谈。

（五）社会性

在研究港城关系时，强调较多的往往是经济互动性，而对港城关系的社会性却涉及较少。尤其是我国，由于处在经济发展的特定历史阶段，对资源、环境的破坏性利用限制不够，在规划布局，产业选择等方面就也忽视了社会性、可持续性的要求。尽管经济性指标能更直观的表明港口在城市发展中的地位和作用，但是随着能耗、环保日趋成为我国和全球经济发展瓶颈，强调港城可持续发展、科学发展、良性互动的社会性要求就显得更为重要，港城关系的社会性特征会随着我国和全球经济发展的科学化、合理化、绿色化而日趋明显、重要。

（六）多样性

由于各港口和港口城市的区位、自然资源、政策条件、历史发展等因素各有不同，因此港口与其城市的关系也有所不同，呈现出多样性的特点。如占大多数的以发展临港产业为特点的港口，对城市的发展有良好的推动作用，由于临港产业的迅速发展，带动了港口城市的经济繁荣，港口经济成为了城市经济发展的加速器，同时临港产业也成为港口城市的主要支柱产业，港城关系有着良好基础和前景。而对于一些专业性、通过型、中转型的港口，如果不能像新加坡港或香港港一样找到适合其发展的方向和道路，则会因其发展主要集中于港口业务本身，对城市经济的贡献小，更多的是占用城市资源，城市单方面配合港口发展，而非港城经济互动。如秦皇岛作为全球最大的煤炭港，对我国华东、华南地区的经济发展提供了重要的能源支撑，而对于秦皇岛市自身，由于港口位于城市中心区，城市不得不下大力采取各种措施，治理港口煤炭运输产生的煤尘和噪声污染，城市居民对此也颇有微词，港城关系长期以来都不和谐。

（七）复杂性

港城关系错综复杂、内容丰富。

从宏观上看，港城关系既包括港口对城市的依赖和影响，也包括城市对港口的依托和拉动作用；从微观上看，港城关系既包括港口和城市之间综合规划、整体布局的大方向，也与港口或港口城市近期的局部经济发展等微观利益密切相关。

具体来说，港城关系不仅与港口或港口城市各自的区位、资源、环境、理念、政策、法律、医疗卫生、软件、硬件等诸多因素有关；还与港城之间时间的、空间的、经济的、产业的、功能的、历史的、文化的因素相关。这些因素多而复杂，合理协调很难，会受到历史的、理念的、政策的、利益分配等诸多因素的影响。

（八）系统性

系统指由若干个相互联系、相互作用的要素组成的，具有特定功能的有机整体。港城关系可以理解为以建立良性港城关系，促进港城可持续发展为目标，把港口及港口城市的多样的、复杂的各项因素进行合理规划、安排及运作，互相配合，化解矛盾，互相促进，并与其他参与者及外部环境构成的一个有机整体。事实上，无论是港口还是港口城市，它们本身都是由多个子系统构成的，具有特定结构和功能，并同外部环境不断进行物质、能量和信息交流的开放系统。对港城关系这个系统而言，只要把港口和港口城市两个系统中的子系统进一步进行整合，以港城共同发展繁荣为目标去规划和安排，使之达到优势互补、资源共享，成为有机循环、生生不息的有机系统。

（九）有效性

港城关系是影响港口和城市协调且可持续发展的关键因素。

港口和港口城市的发展固然离不开其区位、自然资源、理念、政策、硬件、软件等诸多因素，但港城关系的良性与否对港口和港口城市的发展也有着至关重要的作用，它是港口和港口城市可持续发展的重要基础。当港口或港口城市发展到一定阶段时，港口和港口城市对土地、资源和环境的利用与破坏带来的矛盾冲突会越来越凸显，没有良好的港城关系做基础，这种矛盾冲突在上升到一定程度时必然会难以调和，容易使港口和港口城市的发展陷入瓶颈，这必然是以经济或社会发展变慢、停滞和倒退为代价的。而良好的港城关系基础建立后，必然在港口和港口城市共同利益发展的基础上合理规划和利用各种资源，并辅以相应的法律和政策来保障其发展，使港口和港口城市的各种矛盾冲突内化并合理解决，减少内耗，提高发展效率，为港口和港口城市的可持续发展积累后劲。

（十）标志性

港城关系是衡量港口和城市发展水平的标准之一。

在我国，港口的发展水平总是着眼于港口的吞吐量及其增长速度等数字，港口城市的发展水平也总是单纯联系其各项经济指标的高度。其实，港口和港口城市的发展水平还应综合考虑其科学性、环保性和可持续性，否则一时的辉煌只会是昙花一现、表面风光，在这些数字之外，港城关系就成为一个有效的衡量标准。因为良性的港城关系是在充分考虑港口和城市综合、可持续发展的基础上，通过综合规划、宏观布局、合理分配和利用资源并保护环境、不断完善和建设港城共同发展所需的硬件软件等手段建立起来的。通过港城关系良性度的考察，不仅可以衡量出港城发展的水平，还可以计算出港城发展的关联度、合理度及前景。良性的港城关系成为港城发展高水平的标志。

第二节　港城关系的发展阶段与发展趋势

作为有机统一体的两个推动极，港城关系的发展始终与港口及港口城市的发展有密切的联系。当港口城市发展到一定程度或阶段时，港城之间的各种竞争关系、连带关系就会凸显出来，并且随着港口和城市发展方式、水平的不断变化或提高，这些关系也会越来越成为影响港口和城市进一步发展的关键因素。在全球经济发展方式和重心位置不断变化和转移，在经历了能源危机和经济危机的当下，能否认识、理解这些关系，总结其发展中阶段性的规律和预见其未来发展变化的方向，对港口和港口城市的进一步可持续发展是非常重要的。

一、港城关系的发展阶段

从历史来看，港口是港口城市形成和发展的最初动力，而港口城市的出现和发展又进一步促进了港口运输、贸易的繁荣，港口及城市的发展靠的是原始的区位及自然条件优势，其经济的水平及辐射能力很小，很少或根本没有所谓的国家行政参与其组织、协调与扶持，对应的全球科技水平、经济规模都比较落后，一港或一城的贸易、经济发展仅在某一小区域可算是有影响，港城关系是自然形成的，也显然是紧密相连、互相依存的。一旦港口及城市的区位及自然优势下降或消失，则港、城就会衰败甚至消失，港城关系则也无从继续。这种格局与现代社会近百年的发展区别很大，属于港口、港口城市及港城关系发展最初阶段的表现，是一种原始的、自觉的表现。而现代港城关系的发展是建立在科技、信息、服务高速发展，能源、环保压力逐步加大，贸易、经济规模不断扩大，区域化、全球化背景不断加深的基础之上的。因此，本书对港城关系发展阶段的划分是针对港口及港口城市近百年的发展变化来进行的，对我国而言则是以新中国成立后港城的发展变化为研究对象。

在诸多阶段性理论中，可以明显地看出，港城关系与港口和港口城市的区位、理念、政策、经济发展规模、水平及外部环境变化等很多因素相关，其中，港口及城市的经济规模及发展程度对港城关系阶段性发展的影响尤为重要。港口与港口城市的经济未发展到一定规模与程度，港口与港口城市之间关于土地、资源、环境等方面的摩擦与争夺不会凸显、升级，港城关系的重要性就无法显现。而港口和城市的经济发展不仅与其区位、资源相关，更重要的是其管理体制的影响。对港口而言，区位优势、自然条件优势、优惠政策、粗放式的发展是可以带来港口经济增长的，但这只会是一时的繁荣，科学的管理体制才能提供港口可持续发展的长效动力。而港口管理体制涉及方方面面，从宏观到微观，从眼前利益到长远利益，从国家到地方，从国情到历史发展，从政治到法制、从体制到运行机制，等等。港口发展到今天，港口管理体制经历了很多变化，不同的管理体制下，港口发展表现不一，由管理体制问题带来的许多矛盾、冲突在程度和性质上也有所不同，因此，港口对港口城市的影响，港口与港口城市的关系也不一而同。我国港口管理体制先后经历过（有时同时交叉存在着）三个类型，即交通部直属港口、交通部与地方双重领导的港口和地方港口。由于我国港口管理体制的改革是顺应国家整体改革的进程进行的，对港口本身的性质、功能特点，港口管理本身的规律和内在要求以及世界上港口管理的基本模式，还缺少系统、深入的研究，因此我国港口管理体制的科学性、稳定性不够。本章根据不同管理体制之下，港、城的经济发展，港、城的冲突与互利，把港城关系发展分成以下四个阶段。

（一）体制限制、港城分离阶段

在我国，海岸线长、地域广大、港口众多，港口条件各有差异。1978 年以前，我国港口管理体制是典型的计划经济体制下的公有国营模式。长期以来，在计划经济体制下，我国港口管理一直处于中央政府各部门和地方政府分割的部门管理，所有制单一、政企不分的状态，港口的规划、建设、投资、管理、经营都由交通部统管，地方政府基本上不参与上述决策管理过程，港口的经营发展状况基本上与地方无关，港城之间的规划、经营、管理不能很好地衔接，这极大地抑制了我国港口与城市的发展。同时，由于港口规划建设主要是从国家全盘需求出发，基本上没有考虑对城市的发展问题，所以港口对城市经济贡献不明显。另外，由于港口行政级别的问题，当港口与城市之间出现各种矛盾或冲突时，城市在行政管理上很难或根本无法进行协调、处理。在传统上，老百姓也把港口看成“啃不动、惹不起的硬骨头”、“高级别的大单位”。港口的发展靠的是本身的区位及自然条件优势，港口功能比较单一，仅作为一般的物流、人流运输枢纽，为比较纯粹的散、杂货的“运输中心”，且能力和规模也不大。城市的经济发展与港口的关联度很低。城市虽然占有港口资源，但港口对城市而言很大程度上只是一个地理的概念，城市的经济发展不具有港口经济的特色，城市与港口可以说是“各自为政”、“各自为战”。城市更多的只是为港口提供劳动力及基本的生产、生活资料。港口对城市的影响与这一阶段的功能相对应，主要以港务、集散部门的活动为主，港口与城市之间的矛盾主要在于港口生产对城市用水、用电、道路交通、噪声等影响。由于此阶段国际贸易还未全面开展，我国港口发展水平不高、规模不大，港口对城市的负面影响和两者的矛盾冲突对两者的经济发展还没有明显的阻碍作用。

与我国情况有所相同的是,国外一些港口也曾因管理体制的问题,导致港口城市对港口的管理不畅,不仅港口发展受阻,港城关系也不协调。如:法国的港口由国家管理,20 世纪 60 年代初因管理体制不顺制约了港口的积极性,导致了港口竞争能力下降,许多货物跑到其他国家的港口,这样迫使政府于 1965 年制定了《自治港法》,给予港口城市较大的主治权而充分发挥地方积极性以恢复竞争能力,同时该法使得港口的竞争能力加强。日本在战前是个典型的中央集权国,港口由中央政府控制,港口和城市关系很不密切,城市居民普遍认为港口是中央的港口,与自己的切身利益关系不大。第二次世界大战后 1950 年首次制定的《港湾法》,其重点就是为了解决体制问题,把港口由中央管理变为地方管理。战后这一法律的实施有力地调动了地方政府的积极性,促进了港口向健康方向发展。

(二) 体制调整,港城联系阶段

1984 年 6 月,以天津港下放到地方政府管理为试点为标志,我国港口管理体制进行重大改革。2001 年 11 月,国务院作出了《关于深化中央直属和双重领导港口管理体制改革的意见》,明确港口下放地方城市政府管理,港口发展、建设纳入城市政府经济社会发展规划和年度计划,中央政府进行宏观调控,并实行政企分开的制度,只保留秦皇岛一个能源港。2002 年推行的港口体制改革则是一次彻底的改革,明确地规定了地方港口行政管理机构的职能。

港口管理体制改革给我国港口带来了跨越式的发展。在这 30 多年的时间里,随着我国全面改革开放的逐步推进,世界经济全球化的日益转变,国际贸易的不断发展,我国港口发展的契机不断显现,由此也带来港口城市突飞猛进。具体表现在:

第一,港口下放到地方,港口基础设施建设取得重大进展。港口无论是数量和规模,还是专业化程度和管理水平,都迈上了新的台阶,大量的外部资金得到运用,港口流通功能大大加强,新兴的临港产业开始出现。同时,随着贸易的发展,经济水平的提高,城市产业结构开始调整,工商业规模跨越式发展,进出口量日益增加,城市为港口发展提供持续动力。同时,城市空间布局也不断进行调整,以更好的适应港城进一步发展的需要。此时,港口发展的优势和机会比城市更明显,港口城市开始思考在大力发展港口的同时,应如何处理城市对港口发展的各项具体配合问题并同时带动城市的经济发展,港城关系密切起来。

第二,临港产业高速发展,临港物流特色明显。港口的工业和商业服务活动使港口不仅具有了货物的增值功能,并且与运输和贸易之间形成伙伴关系,港口和港口城市在世界贸易的知名度和地位日益提高,同时又加强了港口与港口城市之间的联系。港口城市通过港口的聚集效应逐步成为庞大的人流、物流和信息流的集散地,极大地促进了商品交换和社会分工水平的提高,带动和促进了港口城市经济的发展,港口城市的经济发展有着明显的港口特色。此时,港口和港口城市都呈现出高速发展的态势,港口和城市经济的关联度较高,港城关系更加密切。

但是,在港口和港口城市持续发展的过程中,由于传统体制的长期影响,历史形成的诸多问题以及多年来的重复建设,此阶段城市与港口的发展不协调、不平衡的缺点也很明显:

第一,港口管理体制改革后,港口得到了较大的发展。但是,一方面由于许多管理细节并未明确,因此政企不分、政出多门、港航合一等现象还是或多或少的存在。另一方面由于过于注重港口吞吐数量的增长,忽视港口吞吐质量的提高,因此许多港口的吞吐量虽然大大增加,但实际上却暴露出了码头泊位能力不足、结构不合理、港口作业机械化程度不够、集疏运体系能力严重不足和不合理、通信导航等安全保障和支持系统脆弱等许多港口硬件设施不足的问题,使得港口运输功能不能充分发挥,同时,由于港口工业、商业、服务的功能没有被大多数港口及港口城市所认识,港口高速发展难以持续。

第二,由于缺乏经验,港口管理体制虽然改革了,但是港口城市在很长一段时间里仅仅是在认识上把港口看成了城市的功能区,而未把城市的发展与港口发展更密切地联系起来。一方面,很多港口城市没有充分利用港口发展临港工业,改善城市的工业结构。另一方面,城市在发展上也不够注重对港口良性发展的促进。如城市交通基础设施建设没有更好地考虑港口发展需要;港口城市没有充分发掘和利用水运优势,客货运输中水运比重不合理;缺乏统一发展规划和机制,使港口城市及港口各自发展,重复建设;港口城市功能定位盲目、布局混乱,影响了港口及港口城市的功能发挥,影响港城互动。

第三,由于长期以来城市与港口建设缺乏统一规划、协调,早期对港口功能、规模发展认识上的局限和城市建设用地的布局盲目性,有限空间内被迫共存的两个空间实体形成了大量与港口关联度较低的工业用地、非港口工业用地甚至居住用地与港口功能区空间交错,港口和城市区域各方的利益交错的局面,再加上当前土地和房产的高价格,使得城市和港口面临这种局面明知有问题却解决无力。一方面,临港的居民生活不断地被港区的各项功能作业侵扰,环境破坏日益严重,交通问题日趋紧张,生活质量不断下降。另一方面,由于与居民区交错,港口生产的作业受限,港区功能调整、规模扩张受限,港口的集、疏、运体系散乱、能力不足,严重阻碍了港口的进一步发展。港口与城市争土地、争交通、争水、争电、争环境等,且随着港口的发展、规模的扩大,这种交错和竞争带来的后果也会越来越严重。

而在国外,港、城脱节的港口管理体制带来的问题也日渐突出,各国纷纷开始进行港口管理体制的改革，以期促进港城之间的经济联系，使港、城乃至整个国家的经济走出瓶颈，快速发展。如：日本从20世纪50年代起开始将原属中央政府管辖的港口逐步下放地方。法国于1966年将原属公共工程与运输部主管的6个重要港口确定为自治港，使这些港口在经营管理上具有很大的自主权。80年代，英国和加拿大先后成立了联合港口公司，取代了原来的国家运输码头局和国家港口局。联合港口公司所属港口都具有独立法人资格，在经营上完全自主。从当前的情况来看，显然改革取得了巨大的成效。

（三）体制协调、港城互动阶段

随着港口管理体制改革的进一步深入和协调，港口的发展呈现出既重数量也重质量的双提高趋势，港口从粗放式向资源节约型、环境友好型、质量效益型发展转变，同时港口城市对港口的领导作用也进一步规范化、科学化、合理化。港口作为城市的功能区域及特殊资源，在城市发展规划和建设中得到更好的体现。城市发展的同时也考虑港口的共同发展，这不仅体现在城市发展规划中，也在具体实施上体现出来，如城市的综合交通发展就把港口集疏运考虑在内，使港口和港口城市无论在空间布局还是在功能定位等各方面都逐渐科学化、合理化。港口不仅作为城市的一个功能区，更是城市、社区的组成部分，更为重要的是港口成为城市的著名标识，成为城市对外开放的重要窗口，许多港口城市提出了“港为城用，城以港兴”的口号，并在进一步深入而有效地贯彻实施这些口号、方针。港口城市经过多年的努力和积累，在征地拆迁、组织港口集疏运等方面做了大量的工作，解决了很多港、城区交叉影响的问题，也开辟了一些新港区或新城区，有力地促进了港口的规模化成长和经济发展，同时也使城市有了更好的发展空间和发展方向。随着港口与城市进一步发展中暴露问题的一个个解决，港口和城市发展的障碍逐渐消除。

在这一阶段，港口面向全球供应链，拥有发达的物流产业，成为“国际物流中心”，成为链接世界经济和贸易、生产和消费的重要纽带。随着港口功能向多样化、综合化发展，港口产业链不断延长，不断吸引关联产业在港口城市集聚，形成强大的临港产业群，并辐射扩散到周边区域，带动区域经济的发展，使海陆一体化成为必然趋势，加强了与所在城市以及用户之间的联系，并以资源整合，组合港为特征，向港航之间联盟与港际之间合作联盟的信息化、柔性化港口发展。港口必须以城市为主体，以自由贸易为依托，成为主动策划、组织和参与国际经贸活动的前方调度总站、产业集聚基地和综合服务平台。港口城市作为取得生产要素，进行有效配置最便捷的地域，其良好的基础设施条件产生的空间集聚引力不断增大，不断吸引与港口无直接关系的产业在港口城市的集聚，并不断向规模化、集群化、集约化、国际化方向发展，进而形成港口经济以外新的经济增长极，港口城市产业体系渐趋完善，城市进入多元化经济发展阶段，成为地区未来振兴的战略支点。港口与其所在城市的各项产业逐渐融为一体，呈现出规划、建设与布局一体化的发展趋势，港口与所在城市充分融合，港城关系朝更良性的方向发展，从港城互动、港城共兴到港即是城、城即是港、港城一体的势头强劲。

（四）港口城市自增长阶段

城市自增长是指城市发展到一定水平以后，其自身的规模通过循环和累积，就能促使城市继续发展。港口城市随着其产业结构的优化升级、多元化产业的形成和发展，港口经济成为其整体经济的一个组成部分，优势地位、主导地位将逐渐失去、转移，港口城市的发展在很大程度上将取决于多元化产业发展及城市经济的自增长发展。同时，城市通过加强硬件和软件设施的建设，为港口的进一步发展提供更有利的支持。此时，由于港城一体，从职能上看，港口仅作为港口城市的一个部门发挥着作用，并将随着港口城市经济重心的转移而进行战略调整，以使城市的整体综合实力不断提升并实现其自我良性循环。在此阶段，港口和城市高度发展，以港口为中心的港城一体关系开始向以城市中心的港为城用、港为城动转变。但从区域发展角度、总体角度来看，港口发展往往更多的是要符合区域或总体发展的整体利益和步伐，这样看来，港城又是分离的。

二、港城关系的发展趋势

当前在经济全球化和信息化加速推动下，港城关系呈现以下几个方面发展趋势。

（一）港城关系内涵更丰富，港城互动范围更大、形式与途径更多样

一般情况下，港口都是与江、河、海联系在一起的，主要划分为河岸港、河口港、海港。但是，随着社会分工的细致化，科技进步的超前化，竞争加剧的严重化，时代发展的跳跃化，港口的范围变得更广了，港城关系的内涵变得更丰富了。“无水港”、“物流港”、“生态港”、“空港”、“信息港”等概念不断涌现且快速发展。这些概念无疑与传统的港口概念有较大的差别，但是无论从它们的自然形态去看，还是就它们的功能进行剖析，或者从它们的发展形式去比较，就会发现这些概念与传统的港口还是一脉相承的。如“无水港”的兴起就是为了更有效地拓展港口的经济腹地，降低货物运输的港口费用；“物流港”与“生态港”则是为了拓展港口功能，加大港口综合开发利用，实现港口资源循环综合利用，适应低碳时代需要，实现港口的可持续发展，是港口发展的趋势；“空港”可以更系统、更全面、更有效地服务于港口发展，实现港口功能的有效利用和补充；“信息港”的建立与推广，突破了时间、空间的局限，大大完善和提高了港口和城市的全方位服务能力和水平，同时也成为港口

城市新的增长点。由此可见,港口概念的进一步拓宽,将改变人们的生产与生活,拓宽人们的思路与认识,对当前及今后的港城关系产生重要而深远的影响。

在以往阶段,港城互动主要局限于一城一港之间,空间范围比较有限;港口与城市互动形式主要局限于港口与产业、港口与城市等方面,互动的途径也相对较少。随着“无水港”、“物流港”、“空港”、“信息港”的出现和发展,港城互动的范围不断扩大,形式和途径也变得更丰富。港城互动的范围从过去单纯的港口与港口城市的互动,拓展到范围更大的港口与周边城市的互动、港口与内陆其他城市的互动。同时港城互动的形式和途径也变得更丰富多样,各种层次港口联盟的建立加强了港口与港口之间的互动,对进一步整合港口资源,提升港口竞争力具有重要的意义;港口与城市产业互动的链条得到充实与延伸,向高端化、高效化、环保化发展;港口与城市空间一体、功能分开,城市框架进一步拉大,港口与城市互动的空间链得到充实与拓展,城市向多中心化发展,港口和城市功能得到提升。

(二)海、港、城联系更密切

随着高新技术产业化和经济全球化的进展,各沿海国家和地区将加大港口开发规模,加快利用海洋资源步伐,使海洋经济成为各国经济新的增长点。由于海洋产业与陆域产业之间有着较强的相互依存性,随着海洋开发的全方面深入,海陆关系将越来越密切,海陆资源的互补性、产业的互动性、经济的关联性将进一步增强,港口经济将朝更深层次、全方位发展,由过去的城—港、港—城两点一线更多地向海—港—城三点一线发展。由此,各海港城市将进一步加大各项投入,加强港口基础设施和综合服务能力的建设,提高港口作业、集疏运速度及水平,提升港口管理、港口经营能力,增强临港和海上物流企业竞争力,加快新兴海洋产业的培育、结构优化和合理布局,拓展城市新空间,打造城市衔接海洋经济的各项核心功能。以海港为核心基地,以海洋开发为目的,更深层次地开发、利用港口资源,发展港口经济,进一步推进海港和海港城市的工业化进程,进一步拓展、加强、完善港口和港口城市的产业结构、空间布局,进一步促进港口、港口城市、区域、乃至整个国家经济的持续、稳定、高效发展。港城关系也将向以海港城市为重点,以海、港、城一体化为目的,以海洋高新技术开发为支撑的一体化方向发展。

(三)港城发展更适度、更高效、更生态

自2008年下半年开始的国际金融危机已逐渐硝烟散去,但是,由于经济危机的根源并没有消除,因此世界经济等方面仍存在很多的不确定性和不稳定性,全球进入后危机时代。当前,国际金融区域发生结构性调整,全球经济格局发生变化。经济重心、金融中心东移,不断向东京、香港、上海等亚洲区域拓展,全球供应链从出口导向转向内需导向,各国外贸进出口锐减,经济发展将更多依赖本国消费。同时，由于全球气候变暖导致工业生产和消费模式将会有一个结构性的变化，会出现大量投资能源、水和其他资源的新举措，能源消耗型生产方式将会被绿色科技生产方式所取代。

在这种背景下，一方面，国际航运市场曾一度低迷，港口货物吞吐量直线下降，世界各大港口遭遇严重威胁，不得不作出各种调整，港口城市深入思考应对危机及发展这两个重大问题。另一方面，随着港口城市自身发展的不断完善，自增长能力的不断提高，港口对城市的贡献呈下降趋势，港口规模扩张往往会给城市发展带来负面效应。因此，港口建设应朝适应性、合理性转变，港口发展将更适应区域发展的方向与速度，向自动化、专业化、大型化、高效化、环保化运营和发展。随着印度、俄罗斯等新兴经济体的崛起，亚太地区各港口和港口城市的竞争将会更激烈、更白热化，港口综合性、服务性，有优势、有特色的要求将更高。同时，由于内贸发展的需要，港口城市将更进一步利用和挖掘港城内部资源与优势，加速城市自增长步伐，提高城市综合实力，把握港口和城市发展的方向、规模和速度，以国内、国际两个背景为参照，以区域为核心，以经济发展、社会进步、生态环境不断改善为基本内容，适度和高效结合，进一步整合港口和城市的空间、功能、产业等要素的布局和发展，港城关系将进一步朝更密切、更联动、更科学、更适度、更有效的方向发展。

随着气候和能源问题日益严重，全球化的“低碳革命”正在兴起，“低能耗、低污染、低排放”、“可持续发展”、“绿色化”、“环保化”成为全球共识。港口作为城市耗能大户和温室气体排放大户，是城市的污染源之一。因此，建设绿色港口，低碳、节能是今后港口发展的必经之途，也是港口可持续发展的基础。绿色、环保、低碳成为港口综合实力发展必备条件之一，也是港口城市向绿色化、环保化、低碳化发展的基础。在能源危机、环保危机、经济危机可能再次爆发或激化的后危机时代，转变生产方式、生活方式、思维方式、发展方式，推进科技进步，调整管理结构、能源结构、工艺水平，提高能源利用效率，加快创新步伐，发展低碳经济，加快产业升级和优化，打造资源节约型、环境友好型绿色港口和城市迫在眉睫。港口在重视自身可持续发展、科学发展的同时，会更加认清并重视其作为城市组成部分的角色，为城市绿色、低碳发展服务。港城关系发展也必将以港口和城市共同可持续发展为重点，向集约化、生态化、低碳化发展。

第三节　经验与教训

当前，国际经济形势逐渐好转，各国经济正在缓慢复苏，世界各大港口及城市也在逐渐走出困境，金融危机带来的恐慌也在逐步平复当中。但是，由于国际金融危机的根源并未完全消除，且此次金融危机对各国经济发展，尤其是各大港口和城市的发展都造成了严重影响，因此对于各国、各大港口及城市来说，总结经验、吸取教训就显得非常重要。我国作为发展中国家，港口及城市正处在高速发展的过程当中，问题和矛盾还有很多，应对各类危机的能力也不够，与许多高度发达的港口及城市相比还有很大差距。概括和总结国内外港口及城市发展的规律、港城关系发展的重要经验、教训可以为今后我国港口城市的发展、提高应对各种危机的能力和水平提供有效的方法和启示。本节选取国内外较为典型的港口城市逐个进行分析。

一、港城互动的经验

纵观国际上鹿特丹、新加坡、东京以及国内香港、上海、深圳等，港城互动是世界各港口城市发展的成功之道。

（一）鹿特丹

鹿特丹是荷兰第二大城市，欧洲第一大港口。它位于欧洲莱茵河与玛斯河汇合处，港区水域深广，内河航船可通行无阻，外港深水码头可停泊巨型货轮和超级油轮。鹿特丹港是连接欧、美、亚、非、澳五大洲的重要港口，素有“欧洲门户”之称。2008年鹿特丹面积1193平方公里，人口102万人。2008年港口货物吞吐量达4.20亿吨，集装箱吞吐量达1078万标箱，生产总值达756亿美元。

1872年通过新水道和北海相接，作为港口城市的鹿特丹从此迅速发展起来。城市市区面积200多平方公里，港区就有100多平方公里，可以说港口是鹿特丹城市最大也是最重要的功能区域。鹿特丹港直接雇员达70多万人，港口及相关辅助产业总产值占当地城市GDP的40%。由此可见，鹿特丹的港城关系是非常密切的，是充分体现港城一体，港荣城兴的典范，没有港口就没有鹿特丹的今天。

1. 以港口为龙头，带动城市工业高速发展

港口城市以港口发展为依托，以港口城市为载体，以港口及临近区域为中心，发展港口相关产业，展开港口城市生产力布局，带动城市各种工业高速发展。鹿特丹市是西欧的工业基地和贸易中心，拥有包括炼油、石油化工、船舶修造、港口、机械、食品等临海、临江工业带，具有现代港城的多种功能。鹿特丹港发展早已进入第三代港口阶段，正向第四代、第五代发展，港口工业已经形成集储、运、销一条龙服务的完整物流链，是国际物流中心的领军者。高速发展的港口工业，为鹿特丹城市整体工业的发展铺平了道路。从运输业到建筑业，从石油加工到食品和粮食加工，从造船到汽车组装和销售，港口带动了整个城市经济以及相配套的服务业的发展，鹿特丹市经济中一半的增加值都来自港口工业，进而使整个鹿特丹成功发展为

重要的石油化工、装备制造型工业城市。

2. 以国际航运中心为纽带，打造港口城市国际贸易中心的地位

图 2-1　鹿特丹港

高速发展和高度发达的港口，使得鹿特丹港成为国际航运的枢纽，同时鹿特丹市也成为欧洲重要的国际贸易中心。自 19 世纪初开始，法、德等国商人纷纷在此开设公司的分支机构，因此有“小伦敦”之称。以鹿特丹为中心，半径为 500 公里的范围内是西欧工业发达的区域，总人口达 1.6 亿人，有 4 万家较大公司从事工商活动。鹿特丹成为西欧经济活动的主要城市和国际商业活动的主要集会地点，也是石油转运集散的中心港之一，有世界著名的石油现货市场。此外，它还是西欧的粮食贸易中心。

3. 港口城市打造完善的集疏运体系，为港口发展奠定基础

欧洲许多发达港口的后方集疏运走的都是多式联运的路子，公、铁、水集疏运体系都比较完善，不仅有发达的高速公路直达港区，还有高速铁路直达港区，有的甚至内河驳船运输也深入港区，都在尽可能减少公路集疏运的比重，大力发展铁路集疏运、内河驳船集疏运和内支线运输。只是根据各自国情，有的内河驳船运输比例高，有的铁路运输比例高，但都是综合运输，而且各种运输方式衔接的都比较顺畅，运输效率比较高。鹿特丹港地处莱茵河和玛斯河的交汇口，直通大海，鹿特丹市内纵横交错的水路、公路、铁路和管道网把鹿特丹和欧洲内陆紧紧连在一起。

4. 新兴经济体崛起，区域经济重点转移，港城发展面临问题和考验

对港城关系密切，城市经济的港口关联度很高，经济严重依赖外贸的鹿特丹城市而言，由于近年全球金融的风云变幻，区域经济增长重点的转移，世界贸易的频繁涨落，新兴经济体的迅猛崛起，鹿特丹港口经济面临了前所未有的困难和严峻的考验，由于鹿特丹城市已经形成与港口经济环环相扣的产业链，使得鹿特丹城市的各项工业发展也受到了很大的影响。虽然这只是阶段性的波动现象，经济复苏后自然会好转或恢复，但是，由此可以看出，港口城市发展过于依赖港口经济，在全球经济变化莫测，危机并不能完全消除的后危机时代是非常危险的。城市工业结构和重点的构建与选择非常重要，港口城市应该进一步深入挖掘自增长的长效机制和效应，走多元化工业和服务发展的道路。

（二）新加坡

新加坡是一个因港而兴的岛国，境内自然资源缺乏，粮食的全部和蔬菜的半数均依靠进口，可以说是一个除了港口以外没有任何自然资源优势可言的国家。但经过40多年的经营和发展，已成为世界海运中心、电子中心、炼油中心、外汇交易中心、金融中心，取得了举世瞩目的成就。

新加坡港是全国政治、经济、文化及交通的中心，该港扼太平洋及印度洋之间的航运要道，战略地位十分重要。其主要工业以电子电器，炼油及船舶修造为三大支柱部门，还有纺织、食品、交通设备、建筑等也较发达。2008年新加坡面积680平方公里，人口400万人，生产总值1819亿美元，港口货物吞吐量达5.11亿吨，集装箱吞吐量达2991万标箱。新加坡还是欧洲、亚洲及大洋洲的航空中心。旅游业也是主要外汇来源之一。从全球范围来看，新加坡城市与港口的关系可算是最密切的了，城市依托港口才得以发展，港口是城市最重要的经济命脉，充分体现了港即是城、城即是港、港城一体的特点。

1. 港口产业发展是新加坡城市发展的基础

新加坡由于城市面积较小且资源匮乏，作为港口最直接腹地与其他港城相比可以说是捉襟见肘的。但是，新加坡的港口资源优势和地理位置优势却特别明显。其连接大洲、大洋的独特综合区位优势，以及天然水深、便利的交通体系和宽阔的土地资源优势，同时其作为物资集散中心各项生产要素非常集中，发展临港工业、贸易的条件非常优越。因此，新加坡城市政府非常重视港口、重视临港工业的开发和发展，大力发展与港口有紧密联系并为之服务的各类港口业务、金融保险事业等，使自己独特的港口资源优势发挥出了最大的经济效益，使新加坡港成为全国的经济中心，新加坡的外贸收入也成为国家经济收入的重要来源。可见，新加坡城市的发展，得益于这些港口资源，得益于临港产业的发展。

2. 港口发展带动城市综合服务功能发展

港口的快速发展和临港工业的高度发达，使新加坡城市经济水平迅速提升，其物流、金融和贸易服务等能力和水平也得到了全面的发展，产生了明显的集聚效应，使新加坡成为重要的国际金融和贸易中心。新加坡还在空运、炼油、船舶修造等方面不断积聚产业优势，又利用这些优势条件，围绕集装箱国际中转，衍生出了许多附加功能和业务，丰富和提高了新加坡作为现代意义上国际航运中心的综合服务功能。由于新加坡港的业务90%以上采取水水中转的形式进行，因此，港口对城市交通纾解的压力较小，对城市干扰少，污染也小，还使得本来就寸土寸金的城市土地能够更大限度地服务于城市。

3. 城市制造业发展促进港城进一步发展

新加坡一贯重视发展制造业，从20世纪80年代就制定了长远的经济政策，把生物科技、药剂工业和石化工业作为制造业发展的支柱。制造业的发展，尤其是临港工业的发展，带动了港口的发展与繁荣。反过来，港口的发展与繁荣，促进了新加坡现代物流业的发展，明显降低了制造业成本，提升了制造业的竞争力，促进了制造业的发展。另外，由于新加坡港城关系密切，发展制造业可以降低城市经济对港口的依赖度，使城市抵御金融危机的能力大大增强。

（三）东京

东京是日本国的首都，是亚洲第一大城市，世界第二大城市，全球最大的经济中心之一，不仅为世界流行设计产业中心，亦为世界经济最进步富裕、商业活动发达度第一位之城市，并有全球最复杂、最密集且运量最高的铁道运输系统和通勤车站群，为全球最大的都市经济体。东京面积2186平方公里，人口1269万（相当于全日本的十分之一），GDP连续多年稳居世界首位。

东京是日本的经济中心，其主要工业有钢铁、造船、机器制造、化工、电子、皮革、电机、纤维、石油、出版印刷和精密仪器等。东京金融业和商业发达，对内对外商务活动频繁，还是日本的文化教育中心。东京港靠近东京市，位于东京湾湾底、城市东南部，有两条人工疏浚航道与太平洋相通，东京港外贸主要出口货种为机电、化工、汽车、可再生材料、纸、橡胶、金属等；主要进口货种为机电、农副产品、食品、化学、纺织、轻工、日用品等。2008年东京港集装箱吞吐量为415万标箱。

700年来，东京港和东京市相互依靠、相互促进、共同发展、共同繁荣，一起迈入了现代化。东京港已成为一个现代化的港口，东京市也成为一个现代化的国际港口城市，其港城关系的表现应该可以总结为港为城用、城兴港兴。

1. 树立大港为大城服务的理念

2005年东京都政府制定了东京港第七个发展规划。该规划在强化港口枢纽作用，不断提高东京港的国际竞争力的同时，要求东京港为东京都市圈生活、生产提供优质服务。将现代物流、港城一体、环境改善、港口安全作为此轮规划建设重点。东京作为国际级的一流大城市，人口众多、交通便利、工业发达、商业繁荣，城市经济自身的增长能力雄厚。东京港虽然具有得天独厚的政治、经济和地缘上的战略优势，早已成为举世闻名的、拥有现代化集装箱码头、堆场和高科技港口设施的日本国际贸易的主要门户，但是，与鹿特丹和新加坡不同的是，东京城市经济中港口经济的比例要小得多，港口发展对城市发展的影响也小得多，准确地说，港口只是为城市发展服务的部门之一。

2. 建立港城共享的高速公路交通主干网络

东京港与城市共享交通主干网络。其中道路分为高速公路和一般道路两个层次,高速公路主要承担都市圈及以外的集疏运,一般道路主要承担东京市区集疏运。东京市高速公路以城市为核心形成了"两环六射"的布局。其中外环高速公路已覆盖到港区,四条高速公路深入到港区,从而在港区形成了纵横交错的高速公路网络。

3. 实施科学合理、和谐共建的港口建设及管理体制

在划定的港口范围内,东京都港湾管理局负责以港口为主,成片综合开发,不仅负责港口设施,还负责配套设施,包括道路、水电气、商业、住宅、公园、展馆、安保等,在一个较大空间范围内实现了统一规划、统筹建设、统一管理。政府与民间合理分工,发挥各自优势。政府职能定位于规划、公共基础设施建设及管理,港口商业性设施主要发挥民间积极性。

4. 高度重视环境保护,打造港口旅游资源

港口充分利用城市的建筑垃圾围海造地,既保护了城市环境,又避免了开山取土和远运填料,节省了造地资金。除了港口及配套设施用地,还将大片土地用于建设海上公园和绿化,建设了港口博物馆和海洋博物馆,因而美丽、雄伟的港区已成为东京市的一个观光旅游点,每年吸引600万市民和周边城市居民来此观光旅游。

(四) 香港

香港是亚洲重要的金融、服务和航运中心,也是全球最富裕、经济最发达和生活水准最高的地区之一,是有"东方之珠"美誉的国际大都会,主要产业包括地产业、银行及金融服务业、旅游业、服务业等,也是成衣、钟表、玩具、游戏、电子和某些轻工业产品的主要出口地,出口总值位列全球高位。香港面积1104平方公里,2009年人口达到700万人,生产总值达到16817亿港元,约合2166亿美元。香港港地理位置优越,是一个优良的深水港,曾被誉为世界三大天然海港之一,以吞吐量计算,香港的货柜(集装箱)港口更是全球最繁忙的货柜港口之一。2009年香港货物吞吐量达2.73亿吨,集装箱吞吐量达2104万标箱。

可以说,香港是因港口、贸易的发展而繁荣起来的,并在此基础上不断发展与之相关的服务业、工业,从而发展成为今天的贸易、金融、旅游等高度发达的国际大都市。当前的香港经济中港口所占的比例已逐渐下降,港口对城市的影响也逐渐变小,港城关系从早先的港兴城兴,转变为现在的城市自增长阶段,香港成在港口,兴在多元发展。

1. 以港为名,港即是城,城即是港

作为全球为数不多的自由港,香港港的角色远远超越了任何一个普通的港口。

100多年来,港口一带在位置及地貌上来说都是香港的中心,是香港重要的天然资源,也是香港市民生活的重要组成。香港港作为世界上最繁忙的集装箱港口之一,见证着香港的商贸、经济和旅游业的变迁,同时,在文化上,港口及周边的建设、发展影响着作为东方之珠的香港的历史和文化内涵。香港以港为名,港即是城。一方面,香港实行对外完全开放的自由港政策,其自由港的范围包括整个香港地区,可以说城即是港。这种最自由、最开放的自由港政策使得香港不仅在航运上为国际中心,且在金融、贸易、工业、旅游、信息、仲裁等多方面均为国际中心,城市内的商业、房地产业、建筑业和饮食服务等行业也都很发达,成为一个综合发展的自由港城。

2. 发展转口贸易,以港兴城

香港地处东亚大陆海岸中部,位于南亚与东北亚航线要冲,向东横跨太平洋可抵达美洲大陆,向西经印度洋是通往欧洲最便捷的通道,地理位置十分优越。由于香港地域狭小,自身天然资源匮乏,因此,对外贸易一直是经济不可忽略的一环。凭着便利的地理位置以及水深港阔的海港,并以高效率和可靠性吸引了大批航运、物流企业成为其长期客户,香港逐渐发展为转口贸易航运中心。尽管第二次世界大战后由于我国大陆遭遇联合国实施的禁运,导致香港作为转口港而大受打击,一度转型发展轻工业型经济。但是,随着我国实施改革开放,制造业开始北移,香港又重新定位为亚洲区的转口港,并取得了巨大的成功,香港的经济突飞猛进。

3. 多元化改革扩大香港的经济基础

多元化改革即工业多元化、经济结构多元化及市场多元化三项改革计划。这些计划改变了以往集中发展单一行业的情况,多个行业如金融、贸易及房地产迅速发展,扩大了香港的经济基础。与此同时,我国大陆经济的高速发展也使香港的经济发展获得了强大的推动力。香港一直作为南中国的主要对外窗口,依仗广阔的华南地区作为其货源腹地,不仅港口吞吐量保持了二十几年的增长,作为全球为数不多的自由港,香港还一直扮演着国际中心枢纽港的角色,地区集聚效应不断提高,成为全球航运、金融中心之一,旅游业也获得了长足的发展,并进一步吸引了各种国际工商业、金融业进驻,使香港在工业、商业、金融、转口贸易、旅游等方面都取得了惊人的成就,成为亚太地区的金融中心、贸易中心、航运中心、信息中心和旅游中心,真正实现了城市多元化发展的目标。

(五)上海

上海是我国大陆第一大城市,是我国经济、金融、贸易和航运中心,其工业主要以轻纺、重工业、冶金、石油化工、机械、电子工业为主,其他还有汽车、航空、航天等。上海也是全球第二大股票市场中心,全球第二大期货市场中心,全球最大的黄

图 2-2　上海洋山港

金现货交易中心。2010 年上海港货物吞吐量完成 6.53 亿吨，居世界第一；2010 年上海集装箱吞吐量达 2906 万标箱，已超越新加坡而居世界第一。2010 年上海生产总值达到 15046.45 亿元，地方财政收入达到 2540.30 亿元，进出口总额达到 2777.31 亿美元。在 2010 年社科院发布的《2009—2010 年度全球城市竞争力报告》中，上海仅次于香港，位于台北之前，三个城市共同进入全球前 50 强。上海创造和打破了多项中国之最、世界之最。今日的上海已经发展成为一个国际化大都市，并致力于建设成为国际金融中心和航运中心。

1. 港口为城市发展初动力，城市工业为港口发展后盾，港兴城兴、港城互动

自古以来，上海就是中国对外交通和贸易往来的重要港口。1853 年起，上海就超过广州成为中国最大的外贸口岸。19 世纪 70 年代后，上海港成为中国的航运中心，黄浦江和苏州河两岸逐渐形成了近代工业聚集区。到 20 世纪 30 年代，上海港已经成为远东航运中心，是世界上重要的港口城市。特别是改革开放以来，上海港在上海市政府和交通部支持下，港口吞吐能力不断扩大，对上海市的建设和长江流域以及中国经济发展发挥了重要的促进作用。

上海港位于长江三角洲前缘，居我国 1.8 万公里大陆海岸线的中部，扼长江入海口，地处长江东西运输通道与海上南北运输通道的交汇点，是我国沿海的主要枢纽港，是我国对外开放，参与国际经济大循环的重要口岸。其自然条件优越，腹地经济发达，集疏渠道畅通。上海港依江临海，以上海市为依托、长江流域为后盾，经济腹地广阔。上海工业发达，外贸繁荣，外贸物资中 99%经由上海港进出，每年完成的外贸吞吐量占全国沿海主要港口的 20%左右。全国 31 个省、自治区、直辖市(包括台湾省)都有货物经过上海港装卸或换装转口。主要经济腹地除了上海市以外，还包括江苏、浙江、安徽、江西、湖北、湖南、四川等省和重庆市。上海港的水陆交通便利，集疏运渠道畅通，通过高速公路和国道、铁路干线及沿海运输网可辐射到长江流域甚至全国，对外接近世界环球航线，处在世界海上航线边缘。十几年来，世界经济增长重心向亚太地区转移，我国经济迅速发展，上海港口发展迅猛，已成为世界第一。港口发展完善了港口的产业集聚功能和对区域经济的辐射功能，培育发展了上海中心城区的金融、保险、船代、货代、咨询评估、工商、法律、信息等综合服务功能，促进了新兴产业形成，带动了区域经济的整体发展。形成“港为城用、城以港兴、港城互动”的良好城市规划架构，使上海与世界各地的经济、贸易联

系更深、更广，成为推动上海经济和社会发展的切入点、增长点和亮点，使上海成为集运输、贸易、商业、物流、工业和服务功能于一身的综合性现代化国际港口城市。

2. 上海国际航运中心战略和洋山港区的开发建设为港口和城市发展带来新动力

经过半个多世纪的建设和发展，上海港已建设成为一个综合性、多功能、现代化的大型主枢纽港，并跻身于世界大港之列。1995 年 12 月，党中央、国务院作出了建设上海国际航运中心的战略决策。这既是一项国家战略，也是上海进一步完善城市功能，提高城市国际竞争力，加速建设国际经济、金融、贸易、航运中心城市的关键性举措之一。2005 年 12 月 10 日，洋山深水港区一期工程建成投产，洋山保税港区同时启用。洋山深水港区一期工程建成开港、保税港区封关启用，既适应了集装箱船只趋向大型化、深水化发展的要求，也大大提升了航运基础设施的能级，有利于促进目际航运中心建设的产业布局和综合性政策环境，为中外投资者提供更加宽松和广阔的投资发展机会，扭转了我国与周边国家港口竞争的政策劣势，对显著增强上海国际航运中心的集聚辐射和国际中转功能，具有非常重大的促进作用。它标志着上海国际航运中心建设取得了重大突破，为加快确立东北亚国际航运中心地位，推进我国由航运大国迈向航运强国，创造了更好的基础和条件，同时也为上海港口和城市的进一步发展带来了新的活力。

3. 港口发展是城市和区域发展的战略要求

作为东方大港大城、世界大港大城，上海的发展是现代化、多元化、全面型的，从总量上看，港口对上海的影响有限，城市自增长能力强劲；从港城关系发展的阶段去看，上海港应成为上海城市发展的功能部门之一，港为城用。但是，上海城市作为我国重要的经济金融中心，上海港作为区域和国家航运体系的领军者，国家和国际航运中心建设战略的重心，上海的发展很重要，上海港的发展也很重要。在这种特殊背景下，上海港口与城市的关系就显得与众不同，与世界上其他大港大城相比，无论从地位上还是效应上，港口对城市而言仍是重中之重。当前，从数字上看，上海港已取得了辉煌的成就，但实际上，上海港口发展还不到位，功能开发还不足，阶段性差距仍然较大，建设国际航运中心的任务还很重，国际金融危机爆发显示和暴露出许多结构上、经营管理上的问题，但同时也说明上海港发展的潜力巨大，可做的文章还很多，上海港口的发展任重道远。上海因港而名、因港而兴，也将继续以港口、航运为主题之一，创造世纪辉煌。

（六）深圳

深圳是中国最早对外开放的经济特区，与香港山水相连，是中国口岸最多和唯一拥有海陆空口岸的城市，是中国与世界交往的主要门户之一，以出口外向型经济为主，有着强劲的经济支撑与现代化的城市基础设施。港口是其重要的交通基础设施，对外开放的门户。深圳港的建设与深圳经济特区同步发展，从无到有，从小到大，目前已成为我国综合运输体系中的主枢纽港和华南地区集装箱枢纽港，在推动各行业的发展、改善投资环境、吸引外资、扩大对外交流等方面，发挥着重要的作用。

在短短的30年里，无论是深圳的港口发展水平，还是城市进步速度，都令人钦佩，深圳从一个小渔村发展成为现代化、国际化城市，创造了世界城市化、工业化和现代化的奇迹。2010年深圳港货物吞吐量、集装箱吞吐量分别达到2.2亿吨、2250万标箱。2010年深圳生产总值、财政收入分别达到9510.91亿元和1106.82亿元。相比国内其他的港口和港口城市，由于深圳港及深圳经济特区享有着我国独有的经济特区政策、体制和机制，因此无论在港口建设和经营上，还是在城市管理和发展上都有着鲜明的深圳特色。同时，深圳港城关系的发展也在具有典型性的基础上，显示出较鲜明的深圳特色。可以说，深圳这个城市是因特区而名，因特区而兴的，而非港口，但其港口发展无论从国内还是国际角度去看都是名列前茅的，深圳城市的发展离不开深圳港的发展。

1. 港口建设发展外资比例高，市场化运作效果好

在港口发展初期，深圳就确立了利用外资、按照市场经济要求运作的港口建设与发展模式，极大地调动了港口企业建设、发展港口的积极性，企业充分理解和实现了“自筹资金、自我建设、自主经营、自找货源、自负盈亏”的建设经营模式，推动了深圳港跨越式发展。近30年来，深圳累计投资475亿元建设港口航道设施，其中外资（主要是港资）占了70%以上。外资的引入不但解决了深圳建设国际现代化港口所需的大量资金，而且引进了先进的管理技术、经验和人才，使企业按国际惯例运作，加速了深圳港口向国际化、规模化、现代化目标迈进的步伐，港口企业的经营管理水平得到迅速提高，港口竞争力持续提升，港口效率达到国际先进水平。

2. 港口城市重视港口管控，政策支持力度大

为实施“以港强市”的发展战略，推动深圳港向强港的转变，在充分动员市场力量和发挥市场机制的作用发展港口业的同时，深圳市政府高度重视对港口业的调控、管理和协调，并实施有效的港航发展支持政策。深圳不但重视港口硬件的建设，也十分重视港口软环境的建设，大力提高港口综合服务水平，加强港口营商环境的建设，加大对港航产业的财政资助力度。深圳加大对港口基础设施特别是集、疏、运道路系统等配套设施建设的资金投入，逐步形成了港口、公路、铁路、机场客货运联成一体的综合运输体系，扩大了深圳港经济腹地、提升了港口的集聚力和辐射力、确立了深圳港在珠三角港口群中的核心地位。深圳充分发挥毗邻香港的优势条件，加强与香港港口的合作，通过两地港口的优势互补，推动深圳港发展、壮大

并走向国际化,与香港一起共同打造国际航运中心。

3. 港口快速发展,对城市及周边地区的经济贡献大

深圳是新兴的金融城市,具有良好的金融和信息服务体系,高科技基地。信息产业非常发达,拥有一大批从事港口、航运服务的优秀人才,良好的港口建设、管理体制,确保了深圳港快速跨越式发展。深圳港在不断提高国际影响力的同时,对深圳市国民经济发展的推动作用日趋明显,已成为深圳市的一个重要基础产业。深圳港作为国家确定的华南地区集装箱枢纽港,广泛服务于珠江三角洲地区、省内外其他地区,为这些地方的对外开放和发展外向型经济作出了重要贡献。深圳港不仅为深圳,而且为广东省、华南地区、香港特别行政区以及国际集装箱中转运输发挥了重要作用。深圳港的发展为深圳市、广东省乃至全国对外贸易的发展起到极其重要的推动和促进作用,已经成为深圳市改革开放成果的重要标志。

4. 城市多元化发展,构建现代产业体系

改革开放以来,深圳港口发展取得了巨大的成功,与此同时深圳城市也一直在努力建设一个能有力支持经济发展、有机配套产业结构、有效防范化解风险的金融体系,并积极培育和发展下一代互联网、生物医药、新材料、新能源、海洋经济等新兴高新技术产业集群,构建以高新技术、金融、物流、文化等为四大支柱产业,高新技术、先进制造业为基础,现代服务业为支撑的现代产业创新体系。当前,无论在金融业、证券业、保险业、投资业还是对内对外贸易方面都取得了不菲的成绩,深圳已经成为了我国一流的现代化、国际化的港口城市。

5. 港口发展遭遇瓶颈,金融危机考验城市

随着深圳港的快速发展,港口总体通过能力不够、后方陆域严重不足、港口集疏运系统不畅、港口功能开发不够、港口经济结构性矛盾突出、相邻港口竞争激烈等问题逐渐凸显出来,成为制约深圳港进一步向前发展的瓶颈。与此同时,国际金融危机也使外向依存度较高的深圳港和深圳总体经济遭遇了严峻考验。因此,无论是对港口还是深圳城市而言,都应审时度势、因势利导,从政策、体制、经营管理等多方面考虑港城可持续发展的问题。进一步增强港口通过能力,进一步加大港口功能开发,进一步加强港城功能定位研究,理顺港城空间布局关系、产业配套联动关系、基础要素配置构建关系等就成为当前和今后很长一段时间的主要任务。

总之,通过以上对各港口及港口城市发展历程及特点的归纳,可以看出,港口作为优势资源对港口城市的发展有着非常重要的作用。不同港口城市由于区位、资源、政策、管理、历史发展的不同对港口的依赖程度不同,港城关系发展变化的过程和结果也有所不同。根据这些特点,可以总结出以下几点:(1)港口发展要以城市为载体,以政策、管理、体制、法律、交通、科技、人才、服务等为支撑。(2)依托港口发展港口城市工业是以港兴城的必由之路,对港口依赖度高、非资源性城市来

说，尤其应大力发展城市工业，打造多层次、优结构、高附加的城市工业体系。(3)城市发展到一定阶段后，其自增长效应和能力明显，对港口的依赖度下降，港口成为城市功能设施的一部分，在发展方向、速度等方面需要服从城市与区域发展的总体目标和总体利益。(4)城市多元化发展是后危机时代港口和城市可持续发展的必然要求。

二、港城互动的教训

纵观利物浦、千叶、基隆的港城变迁，充分证明港衰城败的道理。

(一) 利物浦

利物浦是英格兰西北部的一个著名港口城市，曾经是英国著名的制造业中心。利物浦港位于英国西部沿海的默西河口，利物浦湾的东岸，濒临爱尔兰海的东南侧，是英国主要海港之一，也是英格兰中部兰开夏工业区的出海门户。借助得天独厚的港口优势和工业革命的推动，利物浦曾是英国最兴旺、最大的海港城市，是英国工业和海外运输业的巨大支柱。作为一个主要的英国港口城市，码头在历史上曾是利物浦城市发展的中心，并帮助这个城市成为世界上最重要的港口城市之一，充分体现了港兴城兴的特点。

但是，到 20 世纪中期，由于长期的泥沙淤积，利物浦港航道严重堵塞，由于清除泥沙的成本相当于再建一座新港，航道清理工作困难重重，港口发展严重受阻。另外，1941 年的“英国大轰炸”让利物浦的工业成就彻底化为废墟，战后重建也未使利物浦重新振作。由于利物浦没有及时地发展新兴产业，进行产业转型，利物浦城市对港口发展的依托作用严重削弱。因此，到 1993 年，不仅利物浦曾经引以为豪的船坞和传统制造业不复存在，还沦为欧洲最贫困城市之一，曾经的历史遗迹则沦为城市前行的沉重躯壳，使得这个著名港口和工业城市步入衰落。另外，由于 20 世纪以来英格兰南部安普敦港的作用上升及飞机运输业的出现，新兴的大规模远洋运输业务开始向英格兰南部转移，使得利物浦大部分与港口运输相关的行业迅速萧条，再加上临近的欧洲其他港口飞速发展的竞争与影响，使利物浦港的发展呈现出明显的落后甚至负增长的态势。港口功能严重萎缩，港口经济逐渐退出城市发展舞台，港口对城市经济发展的作用锐减，港口城市的发展也遭受严重打击，港衰城败。

(二) 千叶

日本的千叶港具有很多天然优势，为东京湾内最深港口，港口最大水深 18 米，可开发利用的海岸线长达 76 公里，沿海适于工业及发展港口用地面积广阔，加上距离日本首都仅 40 公里的位置优势，因此，受到日本政府和各地企业的高度重视。

1958年日本政府制订了建立京叶工业地区计划，千叶县以钢铁、化工和汽车制造为主导的重化工业取得了巨大发展。伴随以大规模原料进口和产品出口为特征的重化工业的发展，千叶港迅速崛起，1965年被日本政府指定为重要特定港口。此后，千叶县开始成为日本最重要的重化工业县，千叶港成为日本最重要的工业港。

但是，20世纪70年代以后，随着工业化进程的加快，由于工业布局过分集中，出现了用地紧张、地价暴涨、地盘下沉、用水不足、交通拥挤、公害严重等一系列社会问题，产业集聚负效应越来越明显，成为经济社会进一步发展的障碍，千叶港的发展速度开始放缓，进入21世纪后甚至出现了倒退，港城共衰。这主要是因为：第一，由于大规模的填海建设港口和城市临海工业园区，造成海水严重污染，渔业损失惨重，海洋生物资源退化，湿地大量萎缩，港口和临港产业进一步发展受限。第二，港口和临海工业的飞速发展，导致城市人口的高度集中和急速城市化发展，一方面使土地和劳动力等生产要素价格上涨，导致生产成本加大，企业的收益和生产恶化，城市产业不得不逐步向外部转移、扩散，城市经济发展放缓；另一方面也造成工业和城市排放急剧增加，严重破坏了城市的生态环境，空气污染、水污染等环境问题越来越突出，港口建设和作业要求提高、成本上升，港口和工业进一步发展受阻。第三，由于产业高度聚集使得生产趋于专业化，区域产业链趋于简单化，一方面导致产业链创新机制不足；另一方面也强化了企业发展的路径依赖，导致企业创新乏力，经济进一步发展能力受限，港口和城市发展遭遇瓶颈。

（三）基隆

基隆市位于台湾岛最北部，是一个著名的港口城市。基隆港是台湾地区四座国际港之一，为台湾北部重要的天然良港，世界著名的货柜港。该港依托台北市，隔台湾海峡与福建省相望，东面和东北面隔太平洋西部海区与日本及其琉球群岛相峙，使其成为东海、台湾海峡、太平洋西部海区航运要道，为中国南北航线和太平洋航线及环太平洋航运要冲。航运地理位置，相当重要。在20世纪60年代前一直是台湾最大的港口。港区紧临基隆市中心，早期基隆市民的生计更是与基隆港息息相关，呈现出港兴城兴，港城一体的港城关系状态。

但是，进入20世纪90年代之后，依赖港埠维持城市运作的基隆市遭遇发展瓶颈，作为基隆市发展核心的基隆港的总运量开始衰退，港口发展逐渐落后，港口排名也在10年内由世界前十名迅速跌到三十名以外，港口城市发展趋缓。首先，基隆港除了要面对岛内传统港口的竞争之外，还要应付我国东南沿海各新兴港口的快速崛起，港口大型化、规模化竞争日益激烈。其次，由于基隆港的港区规模已达到极限，却因为港城空间过于紧凑，港埠用地紧邻市区及山区而导致无法扩建，港口建设和发展严重受阻。第三，由于船舶向大型化、深水化发展，基隆港内大部分码头的吃水深度不够，无法停泊巨型货柜轮，导致许多船只被迫转靠高雄港与台中港，基隆港的重要性逐渐降低。第四，由于产业的快速变迁，基隆港腹地缺乏，导致港口货物进出口量逐年衰减，港口发展受阻。综上，由于基隆港发展受到严重影响，使得经济对港口依赖度很高的基隆市的建设和发展也开始趋缓，严重影响了基隆的城市竞争力，港衰城败。

总之，导致上述三个港口城市港衰城败的因素有很多，各个港口城市情况也不尽相同，但以下几个方面教训值得引起重视：(1)港口优势条件丧失是港口城市衰败的首要因素。港口是港口城市最大、最重要的要素资源，如果不能及时消除影响港口发展的制约因素，就会赶不上国际航运业发展的步伐，将会造成港口在竞争格局中的落伍。而这种落伍将对港口城市发展产生极其不利的严重后果。(2)不能及时调整临港产业发展是港口城市衰败的重要因素。临港工业是发挥港口优势、促进港口城市经济发展的有效途径。从国外港口城市发展历程来看，发展临港工业必须强化规划，发挥规划的统领作用；必须及时升级，不断延伸临港工业产业链，加强与港口的产业配套，以提升港口经济竞争力。如果产业滞后(类似利物浦)、规划不当(类似千叶、基隆)，就会造成无序发展，在国际竞争格局中处于不利地位。(3)城市功能不能有效发挥也是导致港口衰败的因素之一。从国内外实践经验来分析，港口与城市有着相互影响、相互促进关系。如果城市服务业落后，城市功能滞后，不仅直接影响城市生产与城市生活，也会直接影响到港口的发展。

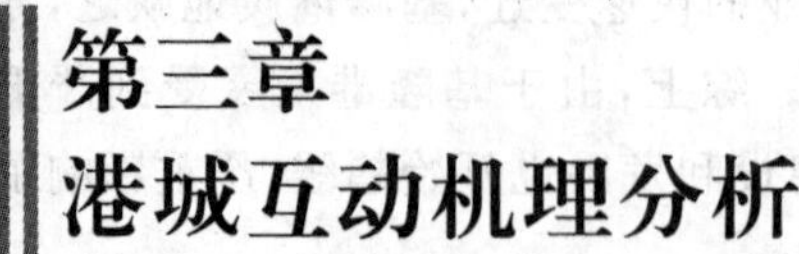

第三章 港城互动机理分析

本章主要从机理角度阐述港城互动的作用过程，揭示港城互动的内外动因及发展轨迹。所谓机理是指事物变化的原理。机理分析是指通过对系统内部原因、内在机制的分析研究，从而找出其发展变化规律的一种科学研究方法。港城互动机理分析就是通过对港口与城市相互影响、相互作用内在机制的分析研究，揭示港口与城市相互影响相互作用的内外动因及演变轨迹，从而认识港口城市发展规律的科学研究方法。

本章首先探讨港城互动的动力机制、相互促进机制和相互制约机制。其次运用系统动力学原理，揭示港城互动复杂机理，并探讨港城互动系统优化的路径。最后，从发展阶段、区位和资源三个方面，探讨不同类型的港口城市之间港城互动机理的差异性。

第一节　港城发展的互动机理

港口与城市的发展有着非常密切的关系。港口城市的历史就是一部“港城共生”的历史。据统计，我国外贸进出口90%以上的货物是通过港口实现的，沿海200公里范围内的62个地级以上城市占全国总人口的24%，GDP占全国的42%，外贸进出口总额占全国的85%，长江沿岸35个城市占全国总人口的14%，GDP占全国的27%。

港口与城市相辅相成，相互促进。一方面，港口的发展离不开城市的产业、资源、人才等的支持；另一方面，港口城市经济的发展也得益于港口的带动。本节将从港城间的相互制约机制和相互促进机制两个方面，分析港口与城市之间的经济、资源、产业等的内在联系。

一、港城互动发展的动力机制

从经济学角度来分析，无论是需求和供给，还是投入和产出，港口与城市之间的互动是必然的，也是港口与城市发展和融合所必需的。

（一）港城互动发展的必然性分析

港口最基本的功能就是货物装卸和转运功能。后来由于社会经济的发展、流通的扩大，港口所在的城市逐渐发展成为商业集散地即所谓的商埠，港口也发展成为商港。随着港口的商业的发展，运输业的发展，商品流通的便捷性促进了工业的发展，并促进了临港工业的蓬勃兴起。现在，随着社会经济和城市的发展，港口功能的不断完善，港口的含义进一步丰富。港口已成为一个地区和一个国家社会经济发展的基础设施，是城市和腹地经济发展的支柱，具有交通运输、工业、仓储、物流商贸、旅游、信息、科技等多功能的综合作用。

在中国古代，"城"的基本功能就是防守，《墨子·七患》中说："城者，所以自守也。""市"则是商品交换的场所，从原始的物物交换，到货币出现后的商品买卖，商品交换日益繁荣。而在"城"内或者"城"的附近设"市"以后，城市便产生了。人口聚集和市场是城市的基本特征。

由此可见，城市与港口都与市场密切相关。城市是商品交易的中心，而港口则是商品流通的枢纽。随着商业的不断发展，商品流通日益频繁，港口必然成为商品的交易中心，即港口必然发展为城市，成为港口城市。港口城市是城市的特定的表现形式，具有港口和城市的双重内涵。港口城市是港口经济发展到一定程度的结果，港口本身具有的区位优势是城市经济快速增长的决定性因素。

港口和城市功能的差异导致这两个活动中心存在冲突，这主要体现在资源利用和相互影响上。一方面，随着经济的发展，城市的土地、能源、人力等资源日趋紧张，而港口的发展也需要城市提供大量的资源，导致港口与城市在发展过程中的资源冲突；另一方面，港口的发展必然给城市带来环境污染、交通拥挤等负面影响，给城市的管理带来巨大压力。

随着港口功能的转换，社会经济的发展，港口城市功能也在发生着变化，使得城市与港口的关系变得越来越密切。港口的竞争能力不仅依赖其内部功能，而且也日益依赖于相关城市的经济效率，包括城港的共同发展政策，港口同时也是城市发展的基础和动力。因此，港口与城市的发展相辅相成、相互制约，任何一方都不可能不受另一方影响而单独发展。因此，统筹规划港口与城市的定位于发展战略，强化资源的配置与整合，双方取长补短，相互融合，是港口与城市发展的必然选择。一方面，港口的发展能够带动城市的仓储、运输、物流、加工、贸易、金融、保险、代理、信息、口岸相关服务等多个行业的发展，并为城市参与全球竞争提供了高速便捷的通道；另一方面，城市也为港口提供土地、交通、信息、人力等各种资源和服务，为港口的发展奠定基础。

在当代经济全球化、市场相互依存和多式联运占优势的情况下，港口与城市两大系统之间的互动更具有必然性。港口与城市如果能够作为一个整体的概念，在文化、经济和空间的明确框架下协同合作，充分发挥港口城市的资源优势，以港兴城，以城促港，必会促进港口与城市经济的共同发展。

（二）港城互动发展的经济学分析

1. 从产出角度

法国经济学家弗朗索瓦·佩鲁于20世纪50年代提出："增长并非同时出现在所有的地方，它以不同的强度首先出现于一些增长点或增长极上，然后通过不同的渠道向外扩散，并对整个经济产生不同的最终影响。"港口的增长极效应，是港口城市经济发展的主要因素。对城市经济的增长与发展变化趋势，可用输出基础理论来预测。根据输出基础理论，经济可分为两个部门，即输出基础部门和自给性部门。输出基础部门包括所有的区域外部需求导向的产业活动，而自给性部门包括所有的区域内部需求导向的产业活动，假定自给性部门不具备自我增长的能力，但随着外部需求的扩张而扩张。区域的经济增长主要由该区域的输出产业来决定。

假定Y表示总产出，Y_c表示输出基础部门的产出，Y_z表示自给性部门的产出，则

$$Y=Y_z+Y_c$$

根据假设，自给性部门随着外部需求的扩张而扩张，则：

$$Y_c=k(a+bY)$$

其中，a为常数，$0<b<1$为边际系数，k为两个部门的协同系数，$0\leqslant k\leqslant 1$，表示自给性部门与输出基础部门之间的系统性，$k=0$表示二者完全不协同，$k=1$表示而这完全协同。k值主要取决于两个部门的产业结构，并受产业规模、自然条件等因素的影响。

根据以上两式可得：

$$Y=\frac{ka}{1-bk}+\frac{Y_c}{1-bk};\quad Y_z=\frac{ka}{1-bk}+\left(\frac{1}{1-bk}-1\right)Y_c$$

即：

$$Y'=\frac{1}{1-bk};\quad Y'_z=\frac{1}{1-bk}-1$$

根据结果，可得出如下结论：

(1)总产出和自给性部门的产出均随着输出基础部门的产出增大而增大，并同时达到最大值。

(2)总产出和自给性部门的产出增长速度随着边际系数的增大而增大，且产出增加。

(3)总产出和自给性部门的产出增长速度随着协同系数德增大而增大，且产出增加。

由以上分析可知，总产出的总量和增速取决于边际系数和协同系数。实际上，边际系数与协同系数并不完全独立，协同系数高，则意味着自给性部门与输出基础部门之间具有较高的互补性，则同样的总产出下，输出基础部门对自给性部门的拉动作用更为明显，边际系数就越高，反之亦是如此。

因此，对于港口城市来说，一方面，水运这一得天独厚的运输方式，使得它在发展对外贸易方面具有内陆城市所不具有的优势，大大增加了输出基础部门的产出，进而带动了自给性部门的产出；另一方面，港口与城市的统筹规划与协调发展，使得港口与城市相辅相成，能够提升港口与城市的协同水平，进而实现双赢，带动港口与城市经济的共同繁荣。

2. 从供需角度

城市的总产出取决于总供给和总需求曲线的交点(均衡点)的位置。根据经济学的理论，需求的增加将带动供给的增加，进而引起总产出的增长。而供给的增加也会导致价格的下降，进而引起需求的增加，最终的结果也是导致总产出的增长。显然，由于市场的不断变化，需求与供给总是在不断地调整以寻求平衡的过程中。而导致市场不断变化的因素主要是由技术进步带来的成本降低，另外还有城市人口增加而带来的需求增加等。

因此，总产出增长的一个最重要的因素就是城市经济系统中的集聚经济效益。集聚经济效益带来企业生产成本的下降，进而引起供给能力的增长。在经济规律的作用下，资源总是趋向于最优配置，即资源总是流向使其增值效率最高的地方，现出的结果为规模经济和集聚经济。显然，由于港口城市资源流通的便捷性，使得港口城市具有资源集聚的得天独厚的优势。资源的集聚推动第二产业的快速发展，进而使城市实现产业和人口的集聚。而第二产业和人口的集聚产业又能够促进第三产业的发展，从而实现经济的快速增长。同时，港口城市的信息和技术优势又能够提升各个企业的竞争能力，降低产品成本，实现规模效益。因此，相比内陆城市，港口城市对周围地区更具有集聚效应，所有这些方面的综合作用使得企业和人口大量移入港口城市，从而企业的生产成本下降、生产率提高，并最终导致供给曲线右移引起供给能力的增加，从而引起港口城市经济的增长，同时城市经济的增长、产业的发展又促进了港口的发展，实现了资源、人口、产业、经济的良性互动，也充分体现了港口与城市经济的互动作用。

二、港城互动发展的促进机制

港口对城市经济和社会的发展具有巨大的推动作用，而城市的发展又提升了港口的功能和规模。港城之间相互促进、相互融合，是港城发展的主要推动力。

（一）港口对城市的促进机制

港口是城市的重要资源，是多功能的基础设施，是城市工业、商业、金融业及其他服务业发展的重要条件。港口的区位条件决定了城市的形成和发展。城市作为港口的载体，要与港口之间形成有效的关联，才能达到港城互动发展。

1. 港口对城市经济发展的影响

港口具有独特的交通优势和大范围、大规模的集散功能，拓展了市场，促进了运输规模经济和聚集效益的实现，推动各种物质资源、人力资源以及资金资源向港口聚集，使市场得到了拓展，同时促进了运输规模经济的实现，进而推动城市规模不断扩大，城市用地规模快速扩展，实现城市经济总量的快速扩大。纵观港口城市的发展历史，不难看出，港口在港口城市发展中的决定性作用。运输业的发展形成了港口，随之对外贸易兴起，港口城市规模快速扩展，在此基础上城市经济日趋发达。

首先，港口的区位优势使得港口城市经济的辐射能力大大加强。港口作为物流网络的枢纽，可以有效吸引大量的资源的集中，产生人才流、物流、资金流、技术流和信息流等，使各种资源不断得到优化配置，为城市的经济发展注入了强大的动力。其次，港口的区位优势提高了城市经济的竞争力。在经济全球化的浪潮中，科学技术扩散速度极快，标准化生产方式日益普及。一方面，港口的信息优势使得港口能够及时获得最新的科学技术，并转化为生产能力。另一方面，港口城市发达的物流业也降低了成本，同时，港口对外贸易的便捷也促进了港口城市相关产业的快速发展，提高了相关产业的竞争能力，进而提高城市经济的竞争能力。

2. 港口对工业发展的影响

(1)实现产业聚集

港口具有创建和发展大都市得天独厚的优越条件。港口是联结海陆的节点，是联结内外两个区域的枢纽，能通过海陆交通网络、良好的自然以及人文环境吸引区内外先进的技术、资金、人才在这一地区聚集，资源的聚集必然带来产业聚集。而产业聚集之后形成的规模优势又将促进城市产业链的不断完善和规模的扩大，进而实现城市工业的繁荣。

港口的发展首先带来了利用港口发展的工业的发展。一是利用岸线资源发展的工业，如建设造船厂、热电厂等。二是利用河海运输条件的工业，如利用进口矿石、原油发展钢铁、石油化工工业等。三是服务于河海运输和港口的工业，如修船厂、起重机械修造厂、捕捞用具厂等。四是利用内陆原材料或进口原料及零部件在港口加工并以出口为主的工业，以至建立专门的出口加工区。

(2)优化产业结构

港口具有的资源优势和流通优势，使得港口城市会在主动和被动中实现产业升级，从而保持城市经济的高速增长。根据经济学的理论，资源配置将依据效率获得优化，当港口的获得的资源较为充足，港口将对资源进行选择，此时产业将实现升级。这时港口吸引的主要产业是高新技术产业和高附加值的产业。同时，以物流为核心的产业发展，也能逐步形成独特的产业链体系，包括轻工业、重工业、服务业等较为完备的产业体系。这些产业主要分布在港口和市区，与港口发展密切相关，使所在地区的产业经济具有明显的港口特色。

(3)临港产业的蓬勃发展

所谓临港产业，是指依托港口的货物中转功能，由集聚在港口内的港口航运、临港工业及其配套产业、商贸等相关产业有机组合而成的一种产业综合体系，是临港经济的重要支柱。临港产业主要包括以港口装卸业为主的港口直接产业，包括制造加工业、运输仓储业以及相关的服务业。港口的发展促进了临港产业的聚集，一系列与港口相关的相互独立的企业，聚集在同一港区域，以获得相对于集群外部的联合竞争优势。通过一体化内部的生产要素的集聚与扩散，充分发挥要素的经济效益，进而产生一体化的生产效益。临港产业的发展，不仅为城市经济的发展作出直接的贡献，而且带动了港口城市相关产业的发展，为城市产业的发展提供了良好的发展条件。

3. 港口对城市基础设施建设的影响

作为物流枢纽，港口的交通体系必然要与城市相融合。港口与其他“节点”和“线路”的组接是通过城市以及区域发展，尤其是城市基础设施建设实现的。港口离不开城市区域这个载体，而港口城市为港口及海运业提供综合物流活动的空间和连接内陆运输的通道。港口交通不仅受到海岸线、航道、腹地的限制，还受到机场、公路、铁路等城市交通体系的限制。

同时，港口及港口产业的发展，依赖于城市基础设施的建设，包括交通、通讯、电力、供水等设施，都必须同时考虑城市和港口的协调发展。因此，城市基础设施的建设又要与港口及港口产业的需求相匹配。城市基础设施的配套发展，是港口赖以存在和发展的主要外部条件。

4. 港口对城市社会发展的影响

港口及相关产业的发展，是推动港口城市经济、文化和社会发展的催化剂。首先，港口及相关产业创造的税收，为城市公共事业和城市财政收入提供了资金来源，为城市交通、环境、水电等基础设施以及城市公共文化设施和市政公共设施的建设提供了资金。其次，作为重要的基础设施，港口能集聚生产要素，给城市带来新的投资、新的产业和新的贸易，从而为城市创造大量就业机会，对于维护城市的社会安定和构建和谐社会，具有重要意义。再次，港口是港口城市对外开放的门户和对外交通的主要通道，是城市正常运作的重要物质前提和必要条件，对城市环境和城市形象有着积极的影响。港口开发和建设提升了城市投资环境，增强了港口城市对外资的吸引力，加快了外向型经济发展的步伐。同时，港口独特的地理位置和产业，塑造了与其港口密不可分的港口文化。港口文化具有通达性和开放性的特征，频繁的对外贸易历史，使港口城市易于形成浓郁的传统经商意识，"以商为业"、"以商为荣"成为人们普遍的价值取向。

（二）城市对港口的促进机制

城市是港口正常运转和蓬勃发展的物质基础。城市的管理服务功能、政策机制和良好的文化氛围，为港口发展提供了必需的环境保障。同时，城市的发展又促进了港口功能的提升。

1. 城市对港口发展的资源支持

港口的发展离不开港口城市各种资源的提供。港口的发展与人力资源、土地、集疏运等硬件设施息息相关，还需要金融和贸易等软件环境的支持。城市为港口及港口产业的发展提供土地，同时集疏运交通体系的建设为港口提供综合物流活动的空间和内陆连接通道，这些软硬件设施为港口发展提供了必需的外部保障。除此之外，港口城市综合运输网的发展程度、通讯网络的发达程度、交通设施的管理水平、口岸设施的先进程度以及金融、贸易等城市现代服务业的发展，也会对港口运转产生一定的影响。

2. 城市对港口发展提供经济、政策支持

港口城市对港口的管理功能主要通过制定各种政策来体现。各级政府通过采取适当的经济政策，可以对港口与城市经济之间的关系起到良好的调节作用。港口运输作为服务性行业，对城市产业政策的走向十分敏感，城市相应的产业政策进行调整或更改，或对港口设施条件、技术水平等标准出台新的规定，都会给港口的发展带来一定的影响。例如，为发展外向型经济，建立自由港，我国设立保税区，不仅促进了港口和港口工业的发展，还带动了科学技术的转移和管理方法的引进，促进了国际市场的开拓。

3. 城市发展对港口功能的提升

城市的发展也会对港口的发挥发展战略、功能、服务范围、生产特点和地位作用产生重要影响。随着城市经济的发展，城市有更多的资金投入港口及其集疏运系统的建设，为港口提供综合物流活动的空间和内陆连接通道，从而使港口不断适应城市经济更高层次发展的需求，实现港口与城市发展的良性循环。同时，信息化的应用、通关速度的提高、配套设施的完善等，为港口发展创造良好的环境，推动港口逐渐由人流、物流的单一运输功能，拓集运输功能、发展物流业、临港工业和现代服务业等港口配套服务业为一体的综合功能。许多港口逐步形成了面向海洋，以信息化、生态化为主的综合流通枢纽海洋经济基地，并从一般基础产业发展到多元功能产业，有效地提高了地区产业的整体竞争实力。

三、港城互动发展的制约机制

港城互动是一系统工程，其发展受到资源、环境等制约。

(一) 资源

港口的发展必定要求港区的空间扩大，渴望得到新的运营土地和大量新的注入资金。港口的发展也会吸收大量的人才、科技等，其他产业发展也需要的基础力量。如果资源总量一定，那么，港口与有相同基础需求的企业之间在土地、资金方面不可避免会发生竞争。

1. 岸线资源

港口岸线资源的开发和利用为港口建设项目提供了陆域与水域空间，而成功的港口建设项目必然带动城市经济的加速发展。这一发展使港口占用岸线的比例不断增加，造成岸线资源尤其是优良的深水岸线越发紧缺，但需求增长却日益强劲。同时，这种对城市岸线资源的开发利用偏重于其港口功能的片面性，往往会影响岸线其他功能的发挥，进而与城市其他方面的建设和发展产生矛盾。

2. 海域资源

对于海港来说，港口的发展和养殖业的发展存在着对海域资源利用上的矛盾。随着海洋开发活动在广度和深度上的不断拓展，海域、海岸资源开发利用强度、密度的进一步加大，港口发展和海洋渔业在海域资源开发中的矛盾日益突出。如何协调好港口业发展与渔业发展之间的关系已经成为目前我国各沿海城市亟须解决的问题。

3. 土地资源

随着城市经济的发展以及港航业的繁荣，港口发展突破了原有的港口规模，增加了港口对城市土地的占用程度。而城市经济的快速发展使得土地资源日益紧缺，城市产业和基本建设，以及港口发展都需要土地资源作为支撑。在国家实行严格的土地保护政策约束下，对于一些港口业较发达地区，严控的土地政策成为港口快速发展的障碍。

4. 能源

能源是城市和港口赖以生存和发展的基础。随着我国工业化、城市化进程的加快，许多大中型城市的水资源、电力供应不足，能源短缺已成为制约经济社会可持续发展的瓶颈。而港口能源消耗巨大,给城市的发展带来一定的负面影响。一方面,需要推进产业转型,降低能耗;另一方面,需要在港口和城市之间统筹规划,促进两者的协调发展。

(二)环境

从城市的角度看,港口作业带来的污染、噪声等环境污染和交通拥挤等问题。从港口角度看,港口要进行正常的运转,却常常受到城市交通基础设施不完善、城市空间及其他城市活动的限制。城市出于环境的考虑,一般反对港口扩张,强调港口要合理地利用现有设施,而港口的基础设施十分有限,海上的扩建又耗资巨大。在与城市有限空间的摩擦中,港口往往被就近安置在远离城市中心的地区。

第二节 港城互动系统分析

港口与城市的相互促进和相互影响,构成了复杂的港城互动系统。本节依据系统动力学的相关理论,构建了港口与城市的互动系统,对港城系统中各个要素之间的因果关系进行了分析,并在此基础上提出了港城系统的优化路径。

一、港城互动系统的理论架构

许多学者已经对港口与城市的互动系统进行了分析,系统动力学被认为是能够揭示港城系统动态的重要理论。以此为基础建立的港城互动系统,能够为系统分析打下良好的基础。

(一)建立港城互动系统的理论基础

1. 系统理论

系统是基于一定的目标,由相互联系和相互作用的若干组成部分结合而成的统一整体。系统的内涵包括几方面重要的内容:首先,系统由多个要素构成,而且不同要素之间存在着或多或少的联系;其次,系统内的各要素之间并不是孤立存在的,而是相互联系的;再次,由于系统目标和结构的变化,系统处于不断的动态变化中。

系统理论的基本思想,是把若干相互联系与作用的要素组成的要素集合,看作一个有机整体,这些要素集合具有相应特定结构和功能,同时要求全面地、开放地、持续地、发展和动态地看待问题。系统理论有如下基本特点:(1)整体性:强调要从系统整体及其整体运动规律层面上去认识、考察和把握一个系统及其分要素和子系统。(2)联系性:强调要以普遍联系的观点和方法去认识、考察和把握一个系统及其分要素和子系统。(3)有序性:认为系统的有序性越高,结构与功能就越优化,这就要求人们应该尽最大努力改善与提高系统的有序性。(4)动态性:强调要以动态的和发展的眼光与思维去认识、考察和把握一个系统及其分要素及子系统。(5)自适应性:认为任何稳定性有序的系统都具有自我调节、自我控制的能力。

2. 系统动力学

系统动力学(System Dynamics,简称 SD)出现于 1956 年,创始人为美国麻省理工学院(MIT)的福瑞斯特(J. W. Forrester)教授。系统动力学是福瑞斯特教授于 1958 年为分析生产管理及库存管理等企业问题而提出的系统仿真方法,最初叫工业动态学。

系统动力学是一种研究信息反馈系统动态行为的仿真方法,是认识和处理高阶次、非线性、多重反馈的复杂时变系统极为有效的认识工具和模型方法,有效地把信息反馈的控制原理与因果关系的逻辑分析结合起来,从研究系统内部结构入手,建立系统的仿真模型,并对模型实施各种不同的政策方案,通过计算机仿真展示系统的宏观行为,寻求解决问题的正确途径。从系统方法论来说:系统动力学是结构的方法、功能的方法和历史的方法的统一。它基于系统论,吸收了控制论、信息论的精髓,是一门综合自然科学和社会科学的横向学科。它在企业经营管理方面的应用,自 20 世纪 50 年代开始经久不衰,还与 60 年代城市动力学、70 年代世界动力学和始于 70 年代初而结果于 80 年代的美国国家 SD 模型和经济长波理论研究驰名于世。

系统动力学的研究点是那些源自反馈机制的动力学问题,强调系统的行为模式主要根植于系统内的信息反馈机制。运用系统动力学提出并解决的问题有两个共同特点。首先,系统动力学问题是动态的问题,这些问题通常用随时间连续变化的量来表示,可用变量随时间变化的图形曲线来定义。其次,系统动力学问题使用反馈来揭示原因和寻找解决问题的办法。复杂系统中的反馈回路(feedback loop)形成相互联系、相互制约的结构。就社会经济系统而言,反馈回路联结了关键变量(决策的杠杆作用点)与其周围其他变量的关系。决策导致行动,行动改变系统周围的状态,并产生新的信息——未来新决策的依据,如此循环作用形成反馈回路。

3. 因果关系图

系统动力学的建模过程是从因果关系图→流图→数学建模的过程。如果事件 A(原因)引起事件 B(结果),AB 间便形成因果关系。若 A 增加引起 B 增加,称 AB 构成正因果关系;若 A 引起 B 减少,则称负因果关系。两个以上因果关系链首尾相连构成反馈回路,亦分正、负反馈回路。因果关系图是反映系统各个要素之间因果反馈关系的框图。本章将运用系统动力学中的因果关系分析,深入探究港口系统与城市系统各要素之间的互动机制。

（二）港城互动系统的基本框架和特征

1. 基本框架

港城互动的基本框架包括港口运输系统、城市经济系统、城市资源投入系统、港口资源与投入系统（见图 3－1）。

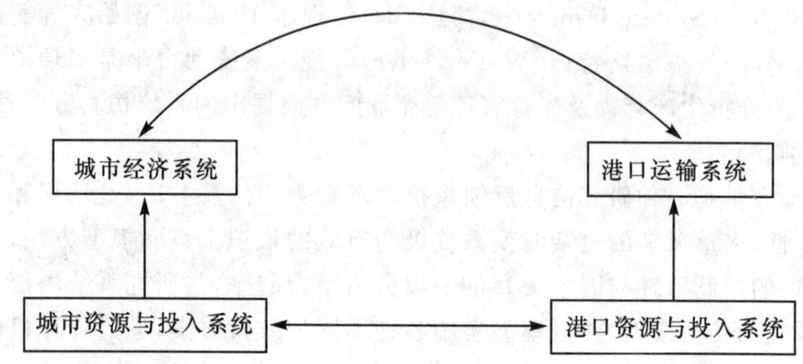

图 3－1　港口与城市系统的基本框架

2. 特征

（1）复杂性和开放性

港口城市系统包括港口子系统、城市经济子系统等多个子系统，各个子系统内部要素间、子系统与外部环境之间存在着复杂的非线性的联系。港口城市系统的开放性，是指港口城市系统与物质、能量、信息等环境之间经过反复的流动、交换和加工处理，推动港口城市系统的经济活动有规律地运行。

（2）资源性

陆域空间、岸线和海域空间等港口资源是港口生存和发展的基础，具有不可替代性。所以，港口岸线资源是港口城市系统的重要组成部分。

（3）动态性和延迟性

港口城市是一个动态系统，其涉及的因素包括城市社会发展、港口建设、产业结构的调整等因素都随时间变化而变化。这种动态变化过程中存在着延迟，比如从城市经济发展战略的制定到具体实施，需要有一个过程，具有一定的滞后性。

（4）反馈性和可控性

反馈是动态平衡系统的一种固有的性质。当系统偏离稳定状态时，负反馈促使其返回原来的状态；而超过这一阈值，正反馈将加速系统的崩溃，而这一阈值可以通过人类活动的参加进行干预。

（三）港城互动系统模型构建的步骤

构建港城互动发展模型的步骤如下：

（1）首先分析港城互动发展所面临的问题，将整个系统划分为城市经济子系统、港口子系统、城市资源与投入子系统和港口资源与投入子系统。港口子系统和临港产业子系统对城市经济的发展起正反馈作用，但是若港口及临港产业对城市环境造成破坏，将对经济起阻碍作用。

(2)在分析系统内部要素以及系统间相互作用关系的基础上，作出其相互影响的因果关系图。

(3)通过系统要素的因果分析，画出系统的因果关系图。根据因果关系图中的反馈环，分析各要素之间的因果关系。

(4)根据因果关系分析，探讨港城互动机制及其动态变化趋势，并分析改善系统的途径。

二、港城互动系统的定性分析

港城互动系统体系可以找出不同的反馈环，在此基础上对港城互动系统进行因果分析，从目标、要素、资源、环境等方面，分析港城互动系统各要素之间、系统与环境之间的相互影响和制约机制。

(一) 城市系统

社会分工和经济的发展促成了城市的产生和发展。在当今社会，城市发展日趋完善，处于政治、经济、文化和社会活动的中心地位。从系统论的角度讲，城市是一个巨系统，也是一个复杂系统，具有可控制性和可观测性。城市系统的主要特点如下。

1. 目的性

城市系统的行为受目的的支配，城市系统的发展方向有着十分明确的目标。每个城市都会拟定其国民社会经济发展计划，各个部门的日常事务也是围绕着它的目标进行。

2. 因果性

城市系统的功能具有时间上的有序性。如城市生产企业的发展带来城市经济的繁荣，同时造成城市环境的恶化。

3. 动态性

城市系统的任何特征总是在变化之中，原因是城市自身不断发展变化，城市所处的环境也并非一成不变。人口的增长，污染的增加，交通状况的恶化等，都是城市系统发展变化的结果。

4. 环境适应性

城市系统在一定范围内具有环境的适应性，系统会通过改变自身来到达与环境的协调和融合。例如城市的污染影响了城市经济的发展和社会生活，城市通过建造污水处理厂、调整产业结构等措施进行调整。

为研究城市与港口的关系，本书将重点放在城市的经济结构上，以经济结构来构建城市系统(见图 3-2)。

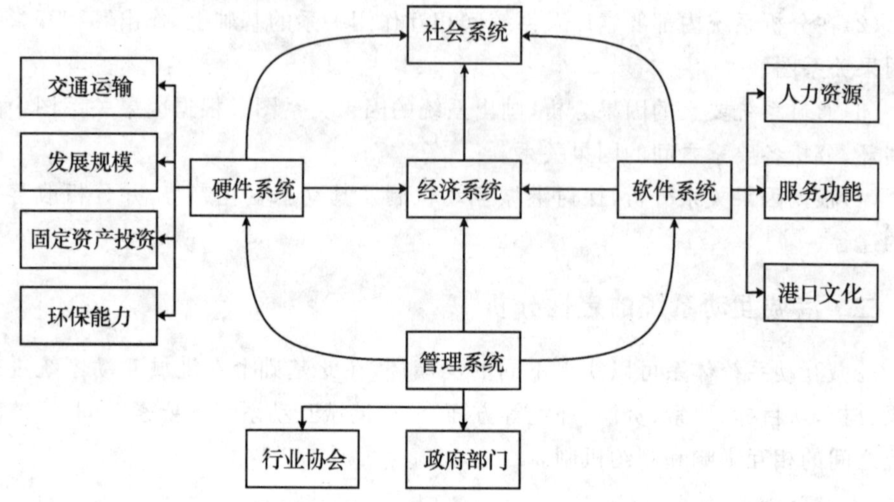

图 3-2　城市系统

城市系统以城市经济为中心，包括经济系统、硬件系统、软件系统、管理系统。经济系统是城市系统最为核心的系统，产业是经济系统的最重要组成部分，包括第一产业、第二产业和第三产业。硬件系统和软件系统构成了城市的发展能力和服务能力，是港口赖以发展的城市环境，为港口的发展提供支持。管理系统主要包括政府部门和各个行业协会。政府部门负责城市战略规划的制定和实施、城市经济、社会、文化的管理等，决定了城市系统发展的目标。社会系统是一个狭义的概念，主要指社会生活系统。社会生活系统依赖于产业系统、社会管理系统的协调发展。所有系统的运行都是在多变的环境下，相互作用、相互影响的动态过程。各个系统不仅需要不断适应多变的环境，各个系统之间也要相互适应，共同构建和谐的社会。

(二) 港口系统

港口的基本功能是货物运输，主要是货物的进口、出口及中转。因此，港口系统以运输系统为核心。随着世界经济的全球一体化，国际分工经历了从部门间分工到产业间分工、再到产品间分工的不断深化的过程。当代国际分工实际上已发展成为一个多层次的国际分工体系。多层次的国际分工，使得国际运输业快速发展，港口在经济发展中处于越来越重要的地位，已经形成了完善的相关服务业。而港口的资源集聚能力，也推动港口工业的繁荣。港口系统的基本结构如图 3-3 所示。

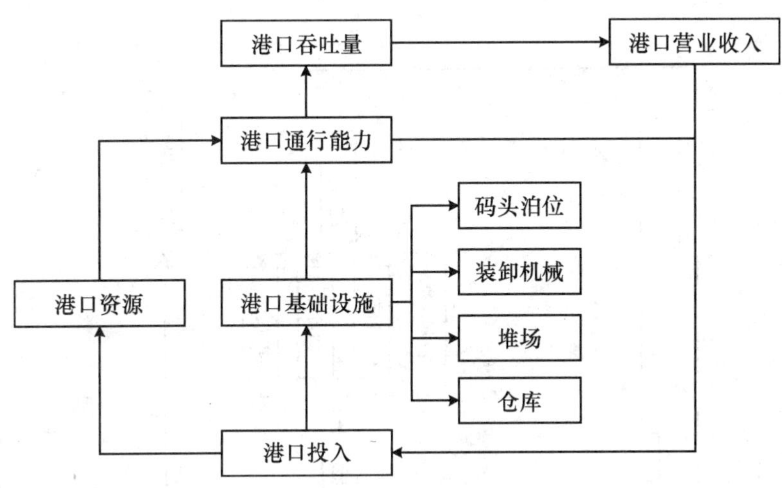

图 3-3 港口系统

港口系统可以分为港口运输系统和港口资源和港口投入。港口资源和港口投入是港口赖以生存和发展的基础。港口资源包括岸线资源、人力资源、资金、临港产业等内容。港口的岸线资源属于自然资源,是港口形成和发展的自然条件,也是港口的根本优势所在。但港口的自然条件在相当长的时期内不会有明显的变化,因此在港城互动系统中可以作为较为稳定的条件,而不作为动态变化的要素。港口基础设施也属于港口资源,且属于港口发展的基础资源,包括码头泊位、装卸机械、堆场、仓库等。

港口每年的投入将带来港口资源的增加和港口基础设施的改善。而港口资源和基础设施的完善也将进一步增强港口的通行能力、服务能力和竞争能力,导致港口吞吐量的增加,进而增加港口的营业收入。港口每年的投入一方面需要考虑到港口吞吐量与港口通行能力之间的差异,努力使港口通行能力满足港口吞吐量的要求;另一方面,港口还要进行服务创新方面的投入,努力提升港口的服务能力和服务水平。

三、港城互动的系统分析

以上分别对港口系统和城市系统作了分析。然而,随着港口与城市的不断融合,系统之间相辅相成、相互影响,构成了更为复杂的港口城市系统。为了更为深入地分析港口系统与城市系统的相互作用和影响,研究港口与城市互动的基本原理,采用系统动力学中的因果反馈环来分析系统各个组成部分之间的相互关系(见图 3-4)。

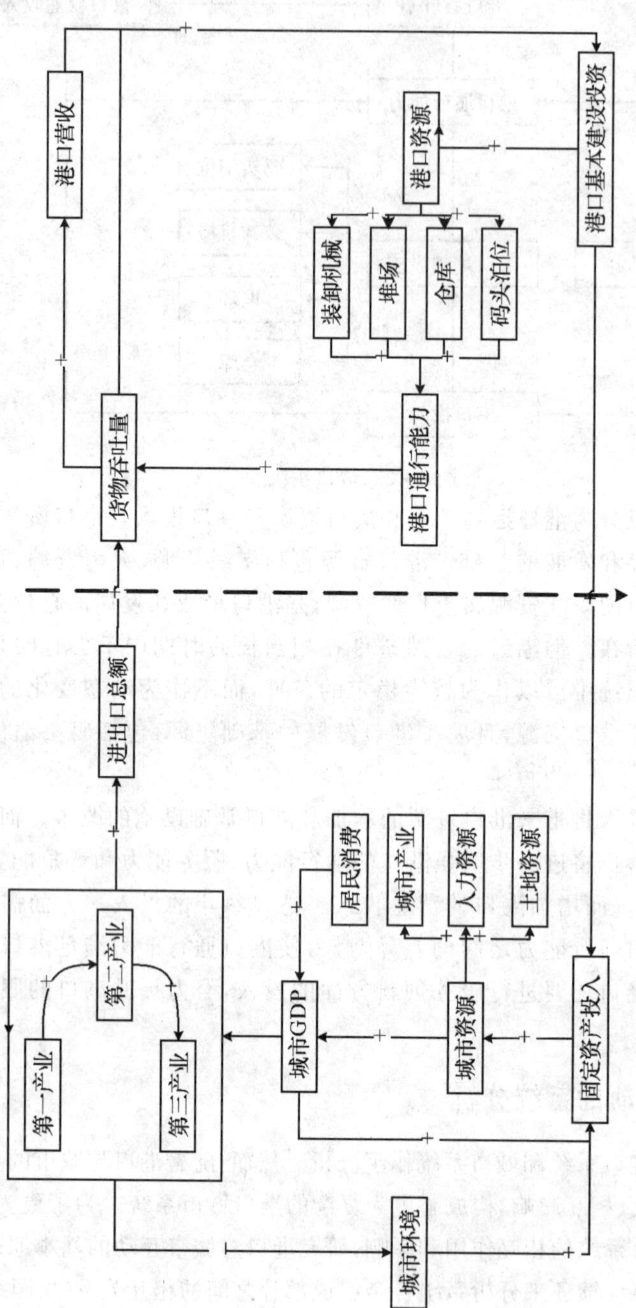

图3－4 港口与城市系统因果关系反馈

港城系统的每个子系统都有自己的结构特点和功能,子系统之间彼此相互联系、相互影响。通过反馈环能够清楚表达系统中各个要素之间的定性关系,是系统动力学研究中的关键环节。以下将对主要反馈环进行分析,以探究港城系统内部各个因素之间的相互影响。

反馈环一:城市 GDP 与货物吞吐量形成正反馈环。城市 GDP 的增长依赖于第一产业、第二产业和第三产业的健康发展,产值的增长带来运输需求的增长,进而提升商品进出口总额和货物吞吐量。由此可以看出,城市产业的发展是港口发展的重要基础。

反馈环二:城市 GDP 与城市基本建设投资之间形成正反馈环。城市基本建设投资为城市产业的发展提供资源,进而提升了提高城市的 GDP 水平,城市 GDP 的增长必然提高城市的财政收入,政府能够进行更多的基本建设投入,包括城市交通建设。另外产业的发展也为城市吸引了大量的人才,这些因素都提高了城市的资源水平。

反馈环三:城市产业和港口吞吐量成正反馈环。城市产业的发展带动了港口运输需求量的上升,因此港口吞吐量必然随之上升。港口业务的增加必然要求港口吞吐能力和港口吞吐量的提升,这就要求港口内部通过加大投入、创新服务等方式来提高港口的服务能力和服务水平。同时,港口服务能力的增长优惠吸引更多的外部资源,带来产业的集聚效应和产业链的前向和后向延伸。由此形成了城市经济和港口经济的良性互动,并促进了人才、技术、资金等资源的优化。

反馈环四:进出口总额和港口基本建设投资之间形成正反馈环。进出口总额的增长势必要求港口提升运输能力和服务能力,并提高港口的产值和收益,促使港口加大基本建设投入,提升港口的综合服务能力和服务水平。同时,港口也会根据进出口产品的结构来调整服务内容,反映了系统的自适应能力。

反馈环五:城市产业与城市环境之间形成负反馈环。城市产业尤其是第二产业的发展,必然给城市环境带来巨大压力。城市产业面对市场竞争不得不努力降低成本,而有些产业成本的降低就要加大对环境的污染。城市环境的恶化严重降低了城市经济的可持续发展能力。

反馈环六:港口货物吞吐量与城市环境之间形成负反馈环。作为港口货物的重要来源之一,城市产业和临港产业的发展使港口货物吞吐量增长,而港口货物吞吐量的增长也造成城市交通状况恶化,进而影响城市环境的逐步改善。

四、港城互动系统的优化

根据对港城系统的因果分析结果,港城系统中既存在正反馈环,也存在负反馈环。港城系统各个因素之间,港城系统与外部环境之间存在着人力资源、资金、信息等的交流，并处于不断变动当中。调整系统结构或者系统的某个要素，或者改变系统的外部环境，将导致系统偏离原来的平衡。根据系统的自适应原理，系统将根据外部环境促使系统自身进行适应性调整，以达到新的平衡。本节将以港口与城市互动系统的因果分析为基础，探讨如何对系统环境或者系统本身作出改变，以达到系统优化的目的。

（一）外部环境

这里的外部环境是指港口与城市系统所处的外部环境，包括宏观的经济环境、社会发展环境、政策环境等。外部环境对港城系统影响巨大，是港城系统发展的基础。港口与城市的发展战略和规划，必然要以港城系统所处的外部环境为出发点，准确定位，充分发挥系统的优势，提出系统发展的方向和目标。

（二）产业结构

城市产业结构是指城市经济中各类产业的构成和各产业间量的比例和质的联系等关系的总和。同样的生产要素在各产业之间的分配比例不同，经济效率存在较大差异。从某种意义上来说，产业结构状况是城市经济发展水平的内在标志。

近年来，随着城市经济的快速发展和社会的进步，我国人口的生存需求已经基本得到满足，发展需求已经成为主流。因此，第二产业和第三产业在城市经济中的比重越来越高。尤其是第三产业比重的不断提高，已经成为城市经济走向现代化的重要标志。

然而，第二产业的发展带来的环境问题不容忽视。城市环境的恶化已经开始影响到城市的可持续发展和城市环境。而第二产业是第三产业发展的基础。因此，提高企业的污染成本，促进资源的优化配置，逐步淘汰高耗能、高污染企业，加快高新技术企业和先进制造业的发展，全面提高企业的核心竞争能力，是当前港口与城市发展的重要课题。

在提升第二产业核心竞争力的基础上，完善第三产业的产业链，并提升服务水平，逐步提高第三产业在城市经济中的比重。这样，就能够逐步推动产业结构的优化，保障城市经济的健康发展。

（三）城市环境

城市经济的发展导致城市资源消耗和城市人口日益增长，给城市的环保、交通、公共服务等都带来严重的问题。在一些人口较为密集的城市，交通拥堵、环境恶化、公共服务严重缺位现象已经成为常态。而在港口城市，一方面，港口的发展带动了城市经济的；另一方面，港口也给城市的资源和交通带来巨大压力。城市应该根据港口城市的优势进行战略定位，加大基本建设投入，建立与城市和港口发展需求相适应的交通和公共服务体系。同时以人为本，提高科教文卫的发展水平和社会保障的投入水平，努力构建和谐、稳定、良性发展的城市社会系统。

（四）港口功能

随着港口的不断发展，港口的功能也趋于多样化。随着国际化分工的不断深化，港口必将在国际经济中占有越来越重要的地位，也将担负更多的功能。首先，港口除了需要着眼港口服务业自身的发展，不断提高运输能力和相关的服务能力，还要推动服务业对制造业的渗透，把大量的人力资本和知识资本引入到商品和服务的生产过程，加快金融保险、创意设计、软件、会展、商贸等产业发展。其次，港口要加强信息化建设。建设数字化港口，以服务拉动临港经济的快速跃升。最后，港口要发展现代物流，完善集疏运、配送、信息服务、口岸查验等系统，提升港口的综合服务功能。

第三节　港城互动机理差异性分析

港口与城市相辅相成，港口带动了城市经济的发展，城市也为港口提供产业和资源支持。港口和城市共同构成了港口—城市互动系统，该系统在港城关系和外部环境的不断变化中持续调整，构成了港口与城市互动的内在动力。

然而，对于不同的港口城市来说，港口的地理条件和历史发展、城市的经济环境和人文环境迥异，港口与城市互动的机理也存在较大的差别。本节将从发展阶段、区位和资源三个方面，探讨不同类型的港口城市之间港城互动机理的差异。

一、发展阶段差异

港口城市是一个复杂的经济系统，存在着生命周期。港口城市的发展分为四个阶段：生长期、发展期、成熟期和停滞期。在不同的发展阶段，港口与城市之间呈现出不同的互动关系，港口与城市的互动关系和港口的发展阶段密不可分。基于港口城市的不同发展阶段，港城之间的互动机理也有较大的区别。

（一）生长期——初级商港型阶段

在生长期主要作用于港口城市的因素是港口的运输中转功能，港口对城市的影响源于港口的运输中转功能。这一时期港口功能比较单一，以货运中转和商业贸易为核心，港务部门和集散部门由这一基本功能诱发产生。在这一阶段中，港口的区位优势十分重要，良好的区位环境能够推动城市的形成和发展。从港口城市内部空间来看，受港口商贸运输职能的影响，商行、银行等密集分布于港口沿线，居住区与之相邻。而就其外部空间发展而言，伴随资金、技术、劳动力等要素的逐步集聚,城市呈现向外扩散的态势。在这一阶段,港口对城市推动作用显著,城市发展依赖港口的发展。

(二)发展期——港口工业型阶段

当港口为港口工业所提供的运输量大到足以形成港口工业的规模经济时,就产生了临港工业。随着港口的逐步发展,集聚国内外生产要素和联结国内外市场的能力会显著加强,此时承接港口的陆域就会因临港工业或港口依存产业的发展而成为优势区位。伴随着港口规模的扩大和临港工业的形成与发展,城市产业结构也发生了深刻的变革,工业化进程快速发展。从港口城市内部空间结构上来看,受利润空间的影响,工业区及高新技术区内的依存产业密集分布于港口周边,原有临港居住区受挤压,被迫远离港口发展,市区 CBD、道路建设等也向外扩散开来。就外部空间结构而言,以产业链为基础的港口产业群初步形成,带动并影响了港口城市的产业布局和发展。此阶段的城市实现了从简单的服务于港口到积极地利用港口的转变。

(三)成熟期——多元化发展阶段

成熟期主要的作用因素是港城集聚效应。在这个阶段,港口功能从最初的货物运输、中转中心发展为集旅游、综合物流、信息技术开发等于一体的综合性港口。城市产业结构也随之进一步优化升级。受乘数效应的影响,金融、保险、商贸等关联产业不断发展,城市职能因此而不断拓展,不再以港口经济作为单一的经济增长点,显现多元化发展趋势。产业发展方面,关联产业的辐射作用沿交通道路向内陆扩散,改善了内陆部分城市和郊区的区位状况,从而刺激了新经济增长点的形成,推动城乡一体化的发展。产业的扩散作用加强了区域间的联系,使得以产业链为基础的港城组群网络化发展模式逐步形成,产业体系渐趋完善,标志着港口城市进入第三个发展阶段——多元化型经济发展阶段。从城市的空间发展来看,城市发展由沿海向内陆呈网络化模式推移,新的居住区和城镇形成。

(四)停滞期——城市自增长阶段

港口城市在进入多元化型经济发展阶段以后,其发展在很大程度上就取决于这种自增长效应,但这种效应并不能成为港口城市继续发展的强劲动力,还必须求助于新的动力才能实现在原有水平上的飞跃。世界海运业中船舶大型化趋势的日益增强和港口城市成长后港口附近土地的紧张,迫使港口向外迁移,港口城市也随之向外拓展,城市由此进入新一轮的发展阶段。

二、区位差异

因为港口的发展是以自然条件为基础的,同时考虑到各个地区经济、社会发展差别较大，因此，区位对港口与城市的互动具有重要影响。

(一) 我国港口城市的分布特征

港口的形成与经济、政治的发展历史密切相关，其分布也是随着历史的发展逐步形成的。以我国为例，港口发展的内部驱动主要是国内经济联系和货物交流，外部驱动则主要是在国外侵略势力下的对外通商，主要发生在鸦片战争至1949年前。此时期广州、厦门、福州、宁波和上海等港先后发展，并渐及天津、大连和青岛等北方港。我国港口城市的分布特征如下。

1. 河港集中于长江港口带，地位衰退

因物资运输需要，中国自春秋战国时期便开始开凿运河，先秦时河港开始形成。此后随着商贸的发展，河港日益繁荣。近代以来，铁路、公路、航空等现代交通体系的不断完善，对我国港口体系产生了重要影响。现代交通运输的快速便捷，对国内航运的发展造成了巨大冲击。我国河港，尤其是运河港口迅速衰退。目前，我国的主要河港集中在长江沿岸，以重庆、武汉、南京、上海为中心，已经形成了层次分明，功能完善的长江港口体系。长江沿岸经济带的快速发展为这些河港提供了机遇，而陆路、航空交通的发展则严重威胁着长江沿线港口的发展。

2. 海港发展迅速，沿海港口群已经形成

随着我国对外贸易的不断发展，海港在我国经济发展中具有举足轻重的作用。虽然国内运输体系的迅速发展曾给河港带来了巨大的竞争压力，而国内铁路和公路运输的发展却为沿海港口的发展注入了新的活力。国内运输体系日益完善，提高了港口与腹地的联系，形成了以港口为中心的国际联运系统，提升了海港的服务能力和服务水平。同时，海港的区位优势使得沿海港口城市的经济发展速度领先于国内平均水平，城市经济的快速发展也为海港的发展打下了坚实的基础。应该说，目前我国海港日益繁荣，已经形成了功能完善的港口群。如长三角港口群、珠三角港口群、环渤海港口群等。

3. 港口区位具有相对的稳定性

随着历史的发展，我国港口经过2000多年的开发，港口分布已经趋于稳定，虽然随着外部经济、政治环境或有增减，但变化不大。沿海地带，珠江、长江始终为中国港口核心区。同时，主要枢纽港的宏观区位具有较强的稳定性，华南中心港口始终位于珠江口，先后经历了广州、香港和深圳等微观区位的布局；华东门户港流移于长江与钱塘江间，经历了“扬州→宁波→上海”的微观区位选择；长江流域则以重庆、武汉、南京为中心；环渤海港口群以青岛、天津、大连为中心。因此，我国的港口体系已经进入比较稳定的发展阶段。

（二）海港与河港港城互动对比分析

由于海港与河港的区位差异巨大，在我国经济发展中的地位差别也日趋扩大，因此，海港与河港的港城互动关系也存在差别。主要差别如下。

1. 区位优势不同

港口依靠独特的交通优势和大范围、大规模的集散功能，促进了运输规模经济和聚集效益的实现，推动各种物质资源、人力资源以及资金资源向港口聚集，使市场得到了拓展，同时促进了城市经济的快速发展。对比河港与海港，因其地理位置和自然条件不同，使得海港与河港的区位优势存在较大差异。首先，港口规模不同。显然，河港依靠的是国内的河流，而海港则依靠海岸线资源。二者相比，海港的运输能力远大于河港的运输能力。且进口商品必然通过海港运输，海港的巨大规模也是河港无法比拟的。其次，港口辐射能力不同。对内，海港的运输可以辐射到全国，对外，海港可到达全球的任一港口。而河港则更趋向于区域性运输，只是作为国内运输的一个重要组成部分。另外，港口积聚效应不同。海港因其巨大的区位优势，可以积聚全球的资金、人才、技术等资源，相比而言，河港的积聚能力较弱。

2. 港口在城市发展中的地位不同

纵观沿海港口城市，港口对城市的发展起到了至关重要的作用，如大连、上海、宁波等。如今，这些城市都已经成为国内较为发达的沿海城市，且因这些海港城市的经济发展已经与港口的发展形成了良性互动，并以此为基础构建了具有城市特色的产业体系。因此，港口依然在城市发展中处于核心地位。

然而，随着国内交通体系的快速发展，水运在国内交通体系中的地位日趋衰落。长江沿岸的重要港口城市虽然也属于较为发达的城市，如重庆、武汉、南京等，但港口对城市的推动力已经弱化。

3. 城市经济对港口促进作用不同

对于海港城市而言，发达的城市经济造就了具有城市特色的港口产业，并构建了完善的交通体系和具有集群优势的产业体系，大大推动了港口的发展。沿海城市的经济实力、独特的人文环境和自然环境，为港口的发展提供了良好的基础。而对于河港，由于受到陆路和航空交通体系的冲击，城市产业和城市建设已经不再以港口为中心，港口的发展受到严重制约。

4. 港口产业发展趋势不同

由于海港与城市已经形成良好的互动，依托港口城市原有的产业基础和海港的区位优势，港口产业得到了迅速的发展，并在不断的发展中优化产业结构，形成了较为完善的产业体系。可以预见，沿海港口城市的港口产业，必将随着国际贸易的不断发展而持续繁荣。相反，由于河港的运输受到来自其他运输方式的严峻挑战，港口产业所依托的港口优势日趋弱化，港口产业的核心竞争能力被严重削弱，河港城市的港口产业发展前景堪忧。

另外，从环境容量角度，海港也具有巨大的优势。随着全球环境问题的日趋严峻，我国对环境保护的要求也越来越严格。港口产业中的化工、机械制造等传统工业需要承担的环保成本也越来越高。相比较而言，海洋的环境容量远大于河流的环境容量，因此海港的传统产业发展环境要优于河港。近年来，大量的化工企业纷纷迁至沿海开发区就是一个明证。同时，从信息和技术的获得角度，海港也比河港有优势，因此，沿海港口城市的高新技术产业的发展也具有较大的优势。

（三）港城的相对规模对港城互动的影响

港口与城市的关系不断地发展变化，港口城市的发展状态和演变周期也不尽相同。法国地理学家 Gucruet 制作了港口与城市组合的关系矩阵，首先从规模角度对港口与城市的组合类型进行了分类，将港口与城市分别按照大、中、小三种规模进行分类，进而将港口与城市的组合类型分为九种。陈航根据该理论，以人口作为城市的规模参数，港口吞吐量作为港口的规模参数，通过构造 RCI（相对集中度）来衡量港口与城市发展规模的相对大小，并在此基础上对港口与城市的关系进行了分析。随着港口与城市经济的不断发展，港口与城市的关系也趋向多元化。本节将港口与城市的规模划分为大港小城、小港大城和港城均衡三种，对不同类别的港城互动关系的差异性进行分析。需要指出的是，这里的港口与城市规模的大小只是相对的概念，是指港口发展与之所在的城市发展的相对规模。

1. 大港小城

大港小城是指港口的规模大于港口城市的发展规模。此时港口与城市的发展处于不平衡状态，港口的发展在城市经济中具有举足轻重的地位，港口对城市发展的带动作用较强。多数城市发展战略是以港口建设为中心，围绕港口开发展开城市的投资和产业发展，城市对港口的依赖性较大。如宁波港属于较为典型的大港小城型港口城市。

此时，如果城市的经济发展缓慢。则无法为港口的发展提供足够的产业支撑，在一定程度上限制了港口的发展。如舟山港，由于经济发展问题，并未完全发挥其独特的区位优势。

2. 小港大城

此类型一般是由于港口的地理位置和自然资源条件所限，港口规模不大，而城市经济的发展处于领先地位。在这种情形下，港口对城市经济的带动作用较弱，没有充分发挥港口的优势作用。此时城市产业的发展更多地取决于城市自身的资源优势和发展战略，港口产业的发展缓慢，以港口服务业为主。典型的城市包括烟台、威海。这些港口面临着沿海中心港口城市的激烈竞争，加上海岸资源并无优势，因此存在运力不足，港口产业发展后劲不足，因此港口整体发展缓慢，对城市经济的推动作用较为有限。

3. 港城协调发展

港城协调发展是港口与城市系统发展的平衡状态，是一种较为理想的状态。这里的港城协调发展，是指港口规模与城市规模相适应。在这种状态下，港口与城市之间形成了较为稳定的良性互动关系。港城协调发展是"大港小城"和"小港大城"两种不均衡状态的发展趋势，但并不意味着必然能够达到平衡。由于内部条件和外部环境的限制，不平衡状态可能是一个长期的过程，甚至导致某些港口的功能日趋弱化甚至衰落。而港城协调互动发展的状态也处在不停的变化中，原有的平衡不断被打破，直至达到新的平衡。港口城市内部经济、产业的调整将对系统平衡的调整起到至关重要的作用。因此，制定与港口和城市发展规模相协调的发展战略并付诸实施，是促进港城协调发展的重要一环。

需要指出的是，以上对港口与城市的规模的分类是比较简单的，并未设置精确的指标进行定性分析。如何判断港口规模与城市规模之间的适应性，是需要进一步深入研究的课题。

三、资源差异

资源是港口和城市发展的基础。影响港口和城市互动的资源主要包括自然资源、产业资源和政策资源.

(一) 自然资源

影响港口的发展的核心资源是港口的自然资源——临海的岸线和土地。我国海岸线总长度 3.2 万公里，其中大陆海岸线 1.8 万公里，岛屿海岸线 1.4 万公里，丰富的岸线资源为我国的港口发展奠定了基础。然而对于沿海港口来说，各个港口的资源禀赋差别较大。显然，港口自然条件的差异直接决定了港口的发展规模和发展潜力，进而决定了港口与城市互动的形势。如我国五大深水港——宁波港、深圳盐田港、大连港、福建湄州湾和在建的河北曹妃甸，均具有良好的港口资源条件。这些自然资源的优势必然转化为港口快速发展的基础，对港口规模的扩大，港口产业的繁荣至关重要，以港口产业带动城市经济，形成港城良性互动的格局。

另外，随着港口与城市的发展，土地资源已经成为港城互动的一个瓶颈。在港口与城市规模都在不断扩大的情况下，土地势必成为双方资源冲突的焦点。城市必然要为港口的发展提供足够的空间，尤其是土地资源。否则，土地将成为阻碍港城良性互动的重要因素。

（二）产业资源

港口与城市的最重要的互动是港口与城市经济的互动，这种互动主要体现在临港产业与城市产业的互动。临港产业不仅包括大量为港口提供直接服务的物流、运输、装卸、外贸、加工等横向关联的企业，还有为这些服务企业提供机械、信息、金融等产品和服务的供应商。这些企业在港口周围聚集，不仅使其节约运输成本，还能提供更加符合客户需求的个性化产品和服务。对于港口城市来说，城市产业的发展势必受到港口发展的影响，逐步与临港产业相融合。一方面，城市产业是港口的重要的业务来源，城市产业的发展对港口规模的扩大和功能的完善至关重要；另一方面，港口产业链的日趋完善大大提高了城市产业的集群效应，推动了城市产业与港口产业的融合。

（三）政策资源

对于不同的港口城市，国家和各省市都有不同的发展战略定位和扶持政策。不同的定位和政策必然会对港口与城市间的互动产生巨大影响。国家及各省市对港口城市的政策支持，不仅使港口能够直接得到各级政府的资金支持，还能够吸引人才和资本的大量输入，大大加快了港口和城市的发展速度。以长三角为例，2010年6月22日，国务院正式批准实施《长江三角洲地区区域规划》指出，长三角地区将定位成亚太地区重要国际门户、全球重要的现代服务业和先进制造业中心及具有较强国际竞争力的世界级城市群。对宁波的定位是则是“区域中心城市”，“发挥产业和沿海港口资源优势，推动宁波—舟山港一体化发展，建设先进制造业基地、先进物流基地和国际港口城市”。可以预见，该规划的出台，对宁波提升港口规模，构建特色鲜明的城市产业体系和港口产业体系具有深远的影响，必将获得政府层面的资源支持，并吸引大量的国内外资金和人才聚集。

第四章
港口影响城市发展指标体系

要正确认识港城关系，把握港口与城市之间的内在联系和相互作用，就必须选取适当的港城互动指标，建立港城互动指标体系。本章将在研究港口对城市发展影响的理论分析和港口相关指标的基础上，建立港口影响城市发展的指标体系，为模型运算和实证研究提供支持。

第一节　构建港口影响城市发展指标体系的重要意义

港口影响城市发展指标体系是港城互动指标体系的重要组成部分。港口影响城市发展指标体系的确立，将为下一步的数据采集提供理论依据，为港城互动模型的构建提供指标支持。港口影响城市发展指标体系的构建有利于找到港口对城市发展影响的内在机理，对港口产业的发展和转型升级具有重要的意义。

一、转变港口发展方式的需要

随着国际贸易的发展，世界经济结构与产业结构的调整，推动着港口不断向前发展，现代港口已由传统的以装卸运输为主，发展为集装卸、转运、仓储、拆装箱、管理、加工和信息处理为一体的综合物流服务中心，成为商品流、资金流、技术流、信息流的集散地，是现代综合交通运输体系中不可或缺的一环。港口功能的转变要求港口的发展方式必须符合港口的发展趋势。

受经济全球化和国际海运业发展的影响，世界港口的发展呈现以下几个方面的发展趋势。

(一) 港口深水化

集装箱运输作为现代化运输方式之一和先进的运输技术，因其具有运输效率高、便于多式联运、货损率低等优点，在全世界得到迅速发展。在未来 10 年里，随着第七代、第八代集装箱船陆续投入运营，世界航贸界的主型船舶加速向大型化和超大型化发展。这一趋势必然使世界上一些主要的国际枢纽港的建设向深水化方向发展。第三代港口的航道与水深至少在15米以上，已成为世界港口业者的共识。在我国，上海、大连、天津、青岛、深圳等主要港口大力建设第五代以上集装箱深水码头，也反映了这一趋势。

（二）港口集群化

当前，经济全球化深入发展，港口集群化趋势日益明显，港口区域联合已成为世界港口发展的普遍趋势。港口竞争已不仅仅表现为单个港口之间的竞争，而是港口群体的竞争。争夺国际航运枢纽港的竞争日益激烈化，采取港口联盟成为积极应对港口竞争的重要举措。国外的港口联盟，既有国内港口的合作，如美国西海岸六个沿海城市组成的港口联盟、德国的汉堡和不来梅两个港口等，也有跨国界的，如丹麦哥本哈根港和瑞典马尔默港跨国联营，联营后显示出的巨大优势引起了越来越多的关注。在我国，逐渐形成以环渤海地区港口群、长江三角洲地区港口群、东南沿海地区港口群、珠江三角洲地区港口群、西南沿海地区港口群等五大港口群，加快港口资源整合。一些城市组建了港口联盟，也反映着这一趋势。

（三）港口服务物流化

现代港口所具有的货物装卸、存储、运输、商务及信息服务能力，已全面涵盖了现代物流活动对于集中控制、即时信息传递和运输效率的要求，港口的能力影响整个物流活动的全过程。因此，港口已经成为区域物流组织的中枢，并扮演着区域物流中心的角色。而港口之间所面临的激烈市场竞争的焦点，也越来越多地集中在港口是否能够提供更为便利、快捷、低成本、安全、可靠的全方位物流服务，而这种竞争也将成为现代港口今后发展的重要推动力。

（四）港口管理信息化

港口深水化、集群化和物流化的发展趋势，促使了港口管理信息化。以条形码技术、计算机互联网络、全球卫星定位技术、电子数据交换系统为代表的高新技术，成为新时期港口管理的主要手段。港口依靠天然的区位优势、信息中心地位、高效的信息技术，为客户提供高效的增值服务；应用先进的信息技术和手段，使运输、装卸、仓储、包装、流通加工、配送及信息处理等活动实现全程的可视化、自动化、无纸化和智能化。目前，国内外各大港口通过引进先进技术和设备，如EDI、VTS(Vessel Traffic Services System，船舶交通服务系统)以及堆场智能化管理技术等，不断提高其管理水平和运作效率，港口业务逐步向专业化、规范化、标准化迈进。

（五）港口投资多元化

在国外，以港口民营化为载体和途径，推进港口投资多元化。美国率先在弗吉尼亚国际码头和马里兰国际码头的经营中加强商业化因素，更多地引入竞争机制。在加拿大全国548个港口中，除极少数边远港口和客运轮渡外，其他港口都逐步实现了民营化。新加坡港作为公共港口的代表，也已开始组织重构和公司化改造。在我国，随着《港口法》的出台，港口投资主体多元化更加明显。民营资本对港口业的投资热情更加高涨，投资领域也扩大到石化、煤炭、矿石、粮食、汽车、杂货码头建设和经营，港口投资主体多元化趋势日益明显。与此同时，我国港口企业股份制改造和股票上市工作进展也很快，已经在股市中形成颇有影响力的港口板块。

此外，随着可持续发展理念的深入，港口追求生态化、低碳化倾向也十分明显。

构建港口影响城市发展指标体系有利于判断港口的结构和发展趋势，从而判断港口的发展阶段，确定港口发展的方式。金融危机之后，国家提出了要转变经济发展方式，作为与经济息息相关的港口物流业更应当走在前头，根据经济结构的调整，率先转变发展方式，为整个国民经济的结构调整提供物流基础。港口影响城市发展指标体系的构建有助于把握好港口发展定位，正确处理发展规模与质量效益的关系，推进兼顾资源节约和环境保护的“两型”港口建设。

二、提高港口综合发展竞争力的需要

港口的竞争力是指港口企业在竞争的市场环境中为相关企业和行业提供质优价廉的服务的能力和机会，从而实现港口企业价值的最大化。港口影响城市发展指标体系的构建有利于港口了解自身实力和相对水平，针对薄弱环节进行改进，对于我国港口参与国际竞争具有重要意义。

影响港口竞争力的因素很多，主要包括港口的地理区位和自然条件、港口的基础设施、腹地的经济条件、港口的集疏运条件、港口服务业的状况、口岸环境、港口服务能力与服务水平等。良好的自然条件可以大大提升码头的生产能力，缩短船舶在港停泊时间，提高港口装卸效率。港口基础设施的大小、性能以及效率的高低，会直接影响港口对船舶、货物的吸引力，影响港口的竞争地位。港口腹地的经济水平决定港口的商流、物流密度和货源的多少。港口航运市场发育程度及港口的集疏运能力能够影响港口的货物运输能力。高效的经营管理水平能够提高港口的吞吐能力，增加港口的航线，提高港口装卸效率和船舶进港效率。良好的口岸环境能够减少许多繁琐的手续，加速货物流通。政府的支持能够给港口带来政策上的优惠，吸引货源。

世界重要港口城市都十分重视港口竞争力的培育。新加坡港积极发展临港工业，凭借其优越的地理位置和强大的临港工业支持，牢牢地占据了集装箱世界第一大港的地位。港口的竞争力进而成为城市乃至国家的竞争力，使新加坡成为全球化程度最高的城市和最受移民欢迎的国家。20世纪80年代，日本曾凭借其强大的港口综合竞争力,迎来了港口产业的繁荣。横滨、神户港都曾盛极一时。但是,随着此后连续20年的经济低迷和滞涨,日本的港口失去了往日的光鲜,渐渐淡出了世界大港的竞争。与日本港口相比照的是韩国港口的崛起,面对东北亚港口的激烈竞争,韩国釜山港积极发展国际中转业务,利用其处于国际主航道的优越地理区位和优惠的政策吸引了大量的国际货源,尤其是中国北方港口的货物经由其转运至世界各地。目前,釜山港中转业务中有80%的业务量来自中国北方地区,每年为其带来近5亿美元的收益。

我国港口在竞争力培育方面也取得了一定的成绩(见表4-1)。第一,港口发展势头强劲。港口集装箱吞吐量以年均近30%的速度增长,目前已拥有千万级集装箱大港6个、两亿吨大港9个,港口货物吞吐量和集装箱吞吐量连续7年保持世界第一。第二,港口的基础设施建设投入巨大。一大批专业化、大型化、现代化深水泊位建成运营,我国已成为世界上拥有亿吨港口最多的国家。第三,保税港建设不断深化。保税港是指经国务院批准设立的,在港口作业区和与之相连的特定区域内,集港口作业、物流和加工为一体,具有口岸功能的海关特殊监管区域,是自由港在我国的特殊形式。具备港口、物流、加工、展示四大功能,可以全面发展港口作业、中转、国际配送、国际采购、转口贸易、出口加工、展示七个方面业务。这也是继保税区、出口加工区之后,我国优惠政策最多、功能最强、开放层次最高、手续最简化的海关特殊监管区域。目前我国已拥有15个保税港区。

表4-1　2008年我国港口竞争力排名

排名	港口	排名	港口
1	宁波—舟山港	11	烟台港
2	上海港	12	日照港
3	青岛港	13	苏州港
4	天津港	14	福州港
5	广州港	15	南通港
6	深圳港	16	湛江港
7	大连港	17	南京港
8	连云港港	18	珠海港
9	营口港	19	秦皇岛港
10	厦门港	20	唐山港

资料来源:中国国际海运网。

实践证明,港口的竞争力能够为城市带来巨大的经济利益。能够带动港口城市的临港产业的发展,提高城市的国际地位。港口影响城市发展指标体系的建立一方面有助于了解我国港口的主要竞争力指标状况,通过比较,采取措施,提高港口的综合竞争力和为城市服务的能力。另一方面,有助于为我国的港口规划提供理论依据，避免重复竞争和不必要的内耗，提高整个国家的港口国际竞争力。

三、实现港口与城市互动发展的需要

近30年来，中国是全球经济增长最快的国家。尤其是港口城市的发展，成为带动中国经济快速发展的增长极。珠三角、长三角以及环渤海港口城市群已经成为中国最发达的地区。进入21世纪，随着中国工业化和城市化进程的不断深入，中国港口城市进入了一个新的历史发展时期。“建港兴城，以港兴城，港为城用，港以城兴，港城相长，衰荣共济”这一港口和港口城市发展演变的普遍规律已经得到验证。港口的发展带动了城市的发展，反之城市的兴盛又促进了港口的繁荣。这种港城之间的互动关系，无论是对港口的发展还是城市的繁荣都有十分重要的意义。

港口的发展推动了城市经济的发展。中国经济发达城市往往是重要的港口城市(见表4-2)。随着出口贸易的不断增长，海运业得到了快速的发展。2010年我国沿海港口货物吞吐量达54.64亿吨，其中外贸货物吞吐量24.6亿吨，与2001年相比沿海港口货物、外贸货物吞吐量分别增长了283%、272%。2010年沿海港口集装箱吞吐量14500万标准箱，与2001年相比增长了427%(详见表1-6和表1-7，图1-2至图1-5)。

港口的发展带动了石油化工、造船、汽车等一系列临港工业的发展。物流、信息流、资金流汇聚在港口，形成集聚效应，带动了港口城市的经济发展，进而增强了城市竞争力。港口的发展也需要城市的支持，城市经济的增长为港口的增长提供了资金、人才和货源的支持，为港口的创新提供了不竭的动力。港口与城市的互动，既有利于港口的壮大，也有利于城市的发展，良好的互动关系能够促进港口和城市的共同发展，进入良性的循环。

表4-2　2010年我国城市GDP排名

排名	港口	GDP(亿元)	增长率(%)
1	上海	16872.00	9.9
2	北京	13777.90	10.2
3	广州	10604.48	13.0
4	深圳	9510.91	12.0
5	苏州	9000.00	13.0
6	天津	9108.83	17.4
7	重庆	7894.24	17.1
8	杭州	5945.82	12.0
9	青岛	5666.19	12.9
10	无锡	5758.00	13.1

资料来源：各城市2010年国民经济和社会发展统计公报。

港口影响城市发展指标体系是港城互动模型的重要组成部分，是分析港口与城市关系的重要切入口。港口影响城市发展指标体系的建立，有助于发现在港城互动过程中港口影响城市的重要因素和主要影响条件。通过对这些指标的比较和梳理，有助于发现港口对城市的内在联系，了解港口对城市的影响机理，找到提高港口对城市贡献率的途径，对实现港口与城市的互动发展，提高港城互动效率具有重要的意义。

第二节　构建港口影响城市发展指标体系的理论依据

指标体系的构建需要一定的理论支持。要构建港口影响城市发展指标体系，就需要对现有的港口指标体系进行研究，用以借鉴。同时，还需要对港口影响城市发展的内在因素进行分析，并确定指标的选取原则。

一、港口相关指标体系借鉴

要构建港口影响城市发展指标体系，就必须了解港口发展的基本状况和主要的港口指标。通过对港口相关指标体系文献的解读，有助于把握港城之间的内在联系，理清港口的主要经济指标，筛选出适合港城互动指标体系构建的相关指标，实现对港口影响城市发展指标体系的构建。

港口相关指标体系的研究主要涉及港口竞争力、港城互动以及港城协调度三方面。

（一）港口竞争力指标体系研究

吕永波等(2002)通过对影响集装箱运输的各种因素进行深入分析，选取了港口运营条件、港口服务水平、港口环境、港口集装箱吞吐量规模及增长率、港口设备条件以及现代化管理水平等6个指标，建立了评价集装箱港市场竞争力的指标体系，并给出了包含专家权重的模糊综合评价方法，对所得到的评价结果进行有针对性的比较和分析，并通过集装箱运输港未来发展变化的影响因素分析，对集装箱港未来竞争力变化进行了趋势性评价。

张联军、宗蓓华(2003)在研究国际港口竞争力时，将港口竞争力因素分为港口运营条件、港口服务质量、港口综合环境、港口硬件设施条件、港口现代化管理水平以及港口整体形象六大类，并在此基础上建立一级指标。然后选取容纳船舶能力、费率高低程度、集疏运系统功能、港口作业效率、进港时间延滞程度、进港拥挤程度、自由化及国际化程度、费率制度优劣程度、装卸设备能力、仓储设备能力、机械作业效率、设备充足程度、管理效率、业务人员能力、电脑化程度、整体形象、客户导向程度共17个指标作为二级指标。作者利用德尔菲法，通过函询方式，征求专家意见，对专家意见进行统计整理，并利用模糊综合评判法确定综合评分，得到了香港、新加坡、高雄、釜山、上海等5个港口的综合竞争力排名。

王春颖等(2006)通过对影响集装箱运输的各种因素进行深入分析，将影响港口运输的因素分为港口运营条件、港口服务水平、港口环境、集装箱吞吐量规模及增长率、设备条件及现代化管理水平等6个指标，并进一步细分为集装箱班轮密度及航线覆盖面、集疏运条件、港口作业费用水平、装卸效率、通关效率、船舶平均在港停时、信息服务便捷程度、自然环境、经济环境、商业运作环境、上一年吞吐量、五年平均增长率、泊位能力、装卸设备、集装箱堆场、EDI系统、安全监控系统、管理信息系统、海上引航系统等19个具体指标。然后运用熵权值的方法确定各个指标的评价权重值，建立了多级模糊综合评判模型。

陈双喜、戴明华(2006)根据AHP层次分析模型的基本思路，结合港口综合竞争力所包括的各种因素，建立了港口竞争力指标体系层次分析结构。首先是目标层，即港口综合竞争力指数；其次为准则层，由港口腹地经济、港口空间优势、港口硬环境、港口软环境等4个准则组成；最后一层是指标层，包括港城发展程度、腹地经济发展程度、对外贸易总额、港口区位优势、港口建港条件、集疏运网络、港口处理能力、港口基础设施、港口宏观政策、港口经营管理以及港口使用费用等11个指标，这11个指标又进一步细分为88个子指标。之后通过构建比较判断矩阵和数据分析计算、合理性检验以及问卷调查得出反映釜山港、东京港、横滨港、神户港、青岛港、大连港以及天津港等各港口单项竞争力的各项数据，获得上述各个港口的综合竞争力评估指数，最后得出东北亚主要港口综合竞争力指标排序，并针对增强大连港竞争力发展提出建设性建议。

王常达(2006)在研究国际航运中心选址问题时，选取了上海、宁波、广州、天津、青岛、大连、秦皇岛和深圳等8个超过1亿吨的主要港口作为研究对象，对其货物吞吐量、发展速度、外贸货物吞吐量、集装箱吞吐量、发展速度、集装箱吞吐量占货物吞吐量比例、泊位数、万吨级泊位数、码头长度、旅客吞吐量、固定资产投资、万吨级泊位数占总泊位数比例等12个指标进行因子分析，最终得到我国沿海港口竞争力排序，用数据给出了将上海建成国际航运中心的理论依据。

郑辉(2008)将结构竞争力作为港口竞争力的一个重要方面因素，同时将静态指标与动态指标相结合。从港口所拥有的资源、港口结构以及港口能力三方面构建港口竞争力的指标体系。并将这三方面作为互为输入输出系统。用DEA方法从宏观角度相对的评述它们之间的协同发展，并借助于模糊数学中的隶属度概念，通过定义协同度来评判子系统间的协同程度。最后，应用构建的港口竞争力系统协同度评价模型对天津港 2000—2004 年港口竞争力系统协同演化程度进行了评价。

刘志平等(2009)在研究长江内河港口的竞争力时，选取了 6 个典型的内河港口作为分析对象。根据内河港口的实际特点，选取了港口集装箱吞吐量、港口货物吞吐量、港口泊位数、港口最大停靠泊位吨数、港口总资产、港口装卸设备数量、腹地面积、港口投资总额、库存面积、岸线长度共 10 个指标。然后通过因子分析法得出定量综合评价结果，分析长江沿线 6 个港口的优势和劣势。

阚春燕(2009)将港口自然条件与基础设施、港口外部条件、经营管理能力和港口发展潜力作为影响港口竞争力的主要因素，构建了由 18 项具体指标组成的港口竞争力评价指标体系。其中，港口自然条件及基础设施的一级指标由港口岸线长度、万吨级泊位个数、主航道水深、年通行能力、仓库面积等 5 个二级指标构成；港口外部条件一级指标由外贸进出口额、港口城市 GDP、航运市场发育程度与集疏运便捷程度共 4 个二级指标构成；港口经营管理能力一级指标由港口货物吞吐量、外贸吞吐量、集装箱吞吐量、航班密度、装卸效率等 5 个二级指标构成；港口发展潜力一级指标由港口投资额、港口城市 GDP 增长速度、集装箱吞吐量增长速度、港口管理创新能力等 4 个二级指标构成。并选取江苏省内苏州、江阴、南京、镇江和连云港等 5 个外埠港口与南通港在上述影响因素的 4 个方面的定量指标，通过实地相关数据的收集，运用多层次因子分析法，对南通港口竞争力进行了综合评价和态势分析。

大连海事大学世界经济研究所项目组自 2006 年起，每年发布中国港口综合竞争力指数排行榜报告。报告依据迈克尔·波特的竞争优势和经济学原理，划分了 5 个层次，设立 13 个指标，利用统计学软件排序，从中国 60 个港口中遴选出中国最具竞争力的 10 大港口。其 5 个层次分别为：投资趋势、吞吐量、港口作业能力、港口财务状况和港口自然条件。5 个层次所包含的指标分别为：外商直接投资、港口投资、港口集装箱吞吐量、港口货物吞吐量、港口航线、港口装卸率、港口桥吊、港口泊位、港口靠泊艘次、港口总资产、港口总利润、港口吃水和港口区位优势。2006 年报告产生的中国港口综合竞争力排行榜依次为：上海港、深圳港、青岛港、宁波港、广州港、大连港、天津港、厦门港、连云港港和营口港。

(二) 港城互动指标体系研究

陈再齐等(2005)选取了广州城市经济指标和港口经济指标，在系统分析广州港经济发展的基础上，借助相关与回归分析等定量分析方法，对广州港与广州城市经济发展的互动关系，从广州港对广州城市经济的影响和广州城市经济对广州港发展的反馈两个方面进行了系统的分析，为广州的发展和建设提供了一定的理论借鉴和依据。其中港口指标主要包括总体指标、结构指标、货类指标、效率指标、财务指标等5个一级指标和全港货物吞吐量、集装箱吞吐总量、内外贸吞吐量、进出口吞吐量、内贸的沿海与内河吞吐量、煤炭及其制品、石油天然气、金属矿石、钢铁、矿建材料、水泥、木材、非金属矿石、化肥及农药、盐、粮食、机械设备电器、化工原料及制品、有色金属、轻工和医药产品、农林牧渔产品、船舶平均每艘次在港停时、装卸企业的全员劳动生产率、全局营运收入，全局实现利税、全局实现利润等26个二级指标。

陈航、王跃伟(2008)在研究大连市港口与城市关系时，选取了12个城市经济指标和10个港口经济指标，构建了大连城市港口经济与城市经济协调指标体系。其中城市经济指标分别选取了总体指标(国内生产总值)、产业指标(第一产业国内生产总值、第二产业国内生产总值、第三产业国内生产总值)、行业指标(工业生产总值、建筑业生产总值、交通运输仓储生产总值、批发零售餐饮生产总值、交通运输货运周转量、社会消费品零售总额)、对外贸易指标(外贸进出口总额)、固定资产投资指标(全社会固定资产投资)，港口经济指标分别选取了总体指标(全港货物吞吐量、集装箱吞吐总量)、结构指标(外贸吞吐量)、货类指标(煤炭及其制品、石油、钢铁、粮食、木材金属矿石)、财务指标(港口营运收入)。作者通过对所选取的12个城市指标和10个港口指标的相关分析，得出了各指标的相关矩阵，并对指标间是否具有一定的因果关系进行了适当的经验分析，最终筛选出具有较高相关程度的城市指标与港口指标，从而对大连市港口与城市的互动关系进行分析，并提出了促进港城互动发展的建议。

高琴等(2009)以我国2007年集装箱吞吐量排名靠前的港口为特定研究对象，在港口对地区经济贡献度的量化研究上进行探索，通过研究构建包含港口与城市之间的DEA评价模型，定量测算出港口城市发展的有效性以及港口对港口所在城市经济贡献的显著性，并进一步分析了港口与港口城市协调发展所存在的问题及建议对策。在构建港口有效性评价模型时，作者选取了万吨级以上泊位数、铁路专用线长度为输入指标，集装箱吞吐量为输出指标。

薛芳(2010)采用DEA方法，构建港口—区域经济DEA评价模型来研究南通港与南通区域经济发展的规律。模型分为两个子模型，港口腹地区域有效性评价模型和港口有效性评价模型。在构建港口有效性评价模型时，作者选取了生产性泊位数、万吨级以上泊位数、基本建设投资额作为输入指标，货物吞吐量、集装箱吞吐量作为输出指标，用以分析南通港口的有效性，并提出了南通市港口与区域经济互动发展的主要实现途径。

（三）港城协调度指标体系研究

张萍、严以新(2006)选取 GDP、人均 GDP、对外贸易额、第一产业产值、第二产业产值、第三产业产值、公路货运量、铁路货运量作为城市指标，水运货运量、港口吞吐量、港口集装箱吞吐量、泊位数、码头线长度、港口设计吞吐能力等作为港口指标，采用主成分分析与回归相结合的方法建立港口与城市协调度评价模型，然后以上海市为例，对港口与城市的协调发展进行了分析。

陈航等(2008)运用两个系统协调发展的建模方法构建港城系统协调发展模型。其中港口系统选择总体指标、结构指标、货类指标、财务指标等 4 个一级指标和全港货物吞吐量、集装箱吞吐总量、外贸吞吐量、煤炭及其制品、石油、钢铁、粮食、木材、金属矿石、港口营运收入等 10 个二级指标。据此以大连市为例进行实证分析，运用因子分析方法，分析了 1990 年以来大连港口经济和城市经济的主导驱动因子，在此基础上计算综合因子得分，得出 1990 年以来大连港口系统和城市系统的协调状况，并结合现实情况对计算结果进行了阐释。

陈红娟、孙桂平(2009)以秦皇岛市为例，选取 1997—2006 年数据作为分析对象，构建港口和城市两个指标体系，探讨秦皇岛市港口与城市的协调发展程度。作者选取港口货物吞吐量、码头长度、泊位个数、万吨级泊位个数、港口集装箱吞吐量、外贸货运量等作为港口评价指标，地区生产总值、人均地区生产总值、第一产业比重、第二产业比重、第三产业比重、工业总产值、社会消费品零售总额和职工平均工资等作为城市评价指标，利用主成分分析法定量测算了港口和城市子系统的综合发展值，并在此基础上构建港城协调发展指数模型。最后，运用线性回归拟合、绘制协调发展指数变化曲线图等方法对秦皇岛港城发展协调程度进行测算，提出了促进秦皇岛港城协调发展的有效措施。

从港口相关指标体系的选择和构建中不难看出，港口指标的选择主要包括了港口规模、货物结构、基础设施等方面。对港口相关指标体系文献的研究为构建港口影响城市发展指标体系提供了经验借鉴和理论依据。

二、港口影响城市发展的理论分析

在目前研究港口对城市影响的理论中，港城一体化理论研究较为成熟，对港城关系的分析也较为透彻。港城一体化的实质是根据港口和城市的内在联系，通过建立协调机制，在一定程度上，将各自独立的经济实体整合为步调一致、相互共生的利益共同体的过程。[①] 港城一体化概念的外延包括港口与所在城市战略目标一体化、港口与城市其他交通方式一体化、港口与相关城区布局一体化、港口与相关城区项目一体化。

港城一体化研究始于1934年高兹的海港区位论,可以划分为三个阶段:

第一阶段:20世纪30—60年代,主要为海港区位的研究。主要研究包括1960年英国学者伯德对港口区位工业化的研究,继奎因的有关中介区位的假想学说,胡佛的港口、铁路枢纽转运点,是发展工业的理想区位的有关学说。

第二阶段,20世纪60年代末期至80年代初期,主要为港口区域工业化的研究。自法国经济学家弗朗索瓦·佩鲁50年代提出增长极理论以来,不断地被美国区域规划专家约翰·弗里德曼、瑞典经济学家缪尔达尔和美国经济学家赫希曼等加以丰富和发展。70年代,沃纳·松巴特等人在增长极理论的基础上发展了点轴理论,认为在增长极形成后,人们会不断建设连接这些增长极的重要交通干线(铁路、公路等),形成新的有利区位。港口作为增长极核,必须与区域的工业化结合来促进新的区域增长点的形成,港口区域工业化也就亦将形为这一时期港口与区域发展研究的重点。霍伊尔和平德尔主编的《城市港口工业化与区域的发展》把港口发展、城市扩张、工业发展以及亚非等欠发达国家的实证研究,全面分析了自由港、自由贸易区、出口加工区的建设对区域发展的贡献。维格里的《临海工业开发区结构演化及其对区域发展的影响》论文指出,工业化是20世纪60年代以来港口国家实施的最主要的港口发展战略。

第三阶段,20世纪80年代中期以来,主要为港口和城市的协同发展研究。协同发展的理论基础源于70年代赫尔曼·哈肯创建的协同学,通过子系统之间的相互作用,整个系统将形成一个整体效应或者一种新型结构,这个整体效应具有某种全新的性质,而在子系统层次上可能不具备这种性质,其理论核心是自组织理论。80年代,协同发展理论逐步应用于港口和港口城市间的一体化研究中。霍希尔和希令编著的《海港体系与空间变化》探讨了港口、工业与城市、区域的空间结构演变与时间演进变化。[②]

港城一体化的目标是整合区域要素和资源重组,协调各利益集团关系,提供一个和谐的人居环境和产业发展空间。港口对城市发展的影响是多方面的。港口不仅能够给城市带来直接的国内生产总值、税收和就业贡献,还能影响港口城市的工业和经济结构,形成产业集群,同时还会对城市文化和自然生态环境产生重大影

---

① 徐质斌、朱毓政:《关于港口经济和港城一体化的理论分析》,《湛江海洋大学学报》2004年第5期。

② 胡瑞山、沈山:《港城一体化战略研究进展》,《中国水运》2006年第12期。

响。运用港城一体化理论研究港口对城市发展的影响有助于理清港城之间的内在联系，选取适当的影响指标，构建港口影响城市发展的指标体系。

（一）港口规模对城市发展的影响

随着经济全球化和区域经济一体化的发展，港口的规模越来越大，港口在国家和区域经济贸易发展中的地位也越来越重要。港口经济规模的大小，决定了其在整个宏观经济中的地位和在社会管理中的地位。港口规模的增长能够促进港口经济影响地位的提高，从而提高对城市经济的影响程度。

港口往往能够成为城市经济的晴雨表。例如金融风暴、经济衰退往往首先冲击海上贸易最高端的集装箱运输和吞吐量。2009 年全球港口处理集装箱 4.46 亿标箱，与 2008 年相比下跌 11%（见表 4－3）。同期，世界商品贸易总额为 248950 亿元，比 2008 年下降 23.1%。从我国来看，2009 年我国规模以上港口完成集装箱吞吐量 12100 万 TEU，同比下降 6%。同期，我国对外贸易累计进出口总值为 22072.7 亿美元，比 2008 年下降 13.9%。从总体上看，港口的发展规模与城市经济的发展速度成正比。

表 4－3　世界前 10 大集装箱港口吞吐量　（单位：万标箱）

2009 年排名	2008 年排名	港口	2009 年	2008 年	变化(%)	增量
1	1	新加坡	2587	2992	－13.5	－405
2	3	上海	2500	2801	－10.7	－301
3	2	香港	2050	2430	－15.6	－380
4	4	深圳	1825	2142	－14.8	－317
5	5	釜山	1198	1342	－10.7	－144
6	7	广州	1120	1100	1.8	20
7	6	迪拜	1112	1200	－7.3	－88
8	8	宁波一舟山	1050	1084	－3.1	－34
9	10	青岛	1026	1002	2.4	24
10	9	鹿特丹	980	1083	－9.5	－103

资料来源：有关港口的网页。

港口规模对城市的影响主要表现在：(1)港口货物吞吐量的增加能够为城市发展提供更多的货物运输能力；(2)港口航线的增加能够为城市对外贸易发展提供物流支持，提高港口城市的竞争力；(3)港口收入和税收的增加能够扩大城市的财政收入。

（二）港口货物结构对城市发展的影响

港口对城市产生的社会经济效益主要通过经港口运输的货物传导。港口的货物结构能够反映港口城市的发展阶段，反映港口城市经济结构和临港工业的发展状况。

港口货物以外贸货物为主，那么港口城市经济多为外向型经济，临港工业相对比较发达，外贸依存度比较高。以宁波港为例，2009 年宁波港外贸货物比重为 47.4%，同期，外贸依存度高达 98.6%（见图 4－1）。港口货物以中转货物为主，那么港口服务业和转口贸易相对比较发达。货物以散货为主，说明临港经济还处于粗放型的发展阶段。货物以集装箱为主，则说明临港产业已转向高端制造业和高科技产品。

总之，港口货物结构能够反映港口城市的经济结构。两者的变化往往同步，即港口货物结构变化的趋势能够体现港口城市经济结构的变化趋势。随着港口发展到不同阶段和港口功能的转型升级，港口城市也在不断地蜕变和提升自身的功能。

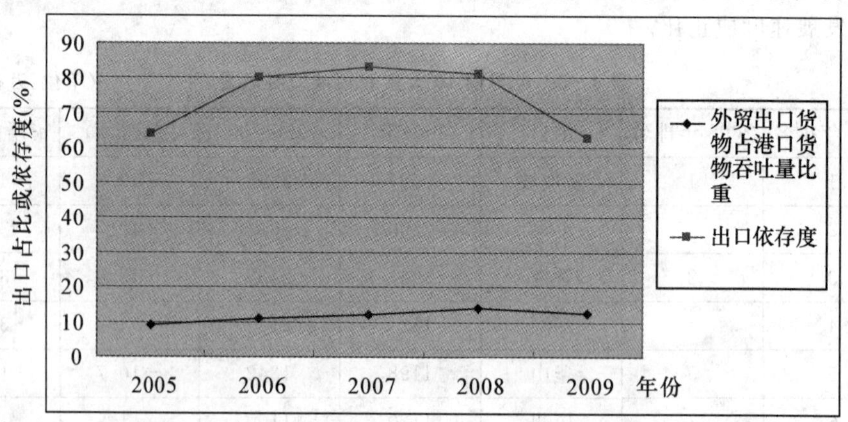

图 4－1　2005—2009 年宁波市外贸出口货物比重与出口依存度比较

注：图中横轴为年份，纵轴为宁波外贸出口货物占港口货物吞吐量比重、出口依存度。

资料来源：《宁波市统计年鉴（2010）》。

（三）港口基础设施对城市发展的影响

港口的基础设施建设是港口建设的重要环节，对港口的发展起着至关重要的作用。自 2004 年《港口法》实施以来，港口管理权下放给港口所在地城市人民政府。各地都纷纷加强了对港口基础设施的投资，无论是原有的港口城市还是新兴的港口城市都提出了“以港兴城”战略，通过港口开发带动整个城市的发展。以宁波港为例，2009 年宁波港集团投入港口基础设施和技术改造投资的资本性支出为 35 亿元，同比增长 14.8%。同期，宁波市实现生产总值（GDP）4214.6 亿元，同比增长 8.6%（见图 4－2）。

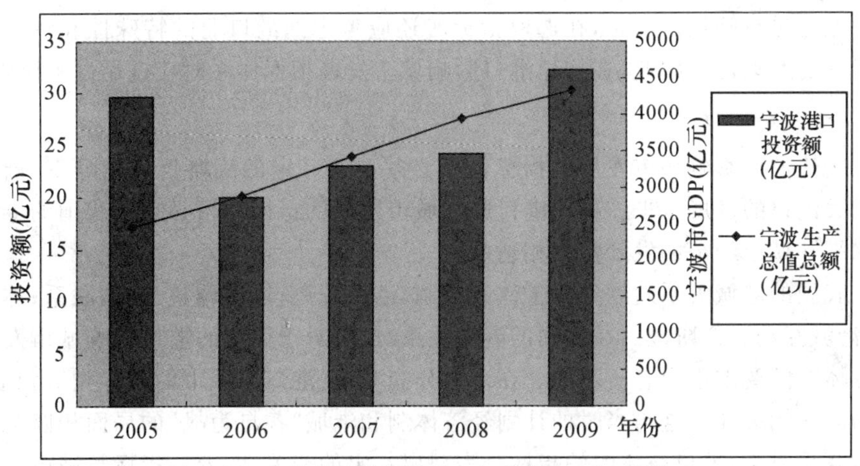

图 4-2　宁波港基础设施投入与宁波市 GDP 的关系

注:图中横轴为年份,纵轴为宁波港基础设施投入、生产总值。

资料来源:《宁波市统计年鉴(2010)》。

港口基础设施对城市发展的影响主要包括三方面:第一,港口的码头航道设施能够实现港口的运输功能,促进货物的流转。城市货物通过水运设施完成物流运输。第二,港口的仓储设施能够实现港口的储存功能。通过仓储调节货物运输时段,完成货物的分拨配送和提供增值服务。第三,港口的集疏运体系能够为城市和临港工业所用,为城市提供物流运输服务。

总之,港口对城市经济发展具有多方面、深层次的影响。港口的建设不仅对城市的工业和服务业的发展帮助巨大,而且对城市吸引外资,改善就业,增加政府税收,提高居民收入都有着重要的影响。临港地区产业布局的变化,产业结构的调整和国家对外开放格局的形成都离不开港口的建设发展。港口对城市发展的影响面十分广泛,许多方面无法用数量关系来体现,因此在研究港口对城市发展的影响指标时,主要选择能够定量分析的方面。

三、港口影响城市发展指标的选取原则

统计指标体系是指各种相互联系的统计指标所构成的一个有机整体,用来说明所研究现象各个方面相互依存和相互制约的关系。根据所研究问题的范围大小,可以建立宏观统计指标体系和微观统计指标体系。根据所反映现象的范围内容不同,统计指标体系可以分为综合性统计指标体系和专题性统计指标体系。港口影响城市发展的指标体系由港口统计指标所构成,用以说明港口各个方面对城市发展的影响作用。

港口影响城市发展的指标选取应当遵循经济指标选取的一般规律和原则,有

针对性地进行筛选。而且，在选取指标时还应考虑到港口业的特殊性和港口与城市指标的互动性。因此，在构建港口影响城市发展指标体系时应遵循以下原则。

（一）目标性原则

构建港口影响城市发展的指标体系必须要在一定的战略目标指导下，港口指标代表港口的发展水平。构建港口影响城市发展的指标体系必须同我国的港口发展水平和城市经济的发展水平相适应。

我国的港城关系发展经历了体制限制、港城分离；体制调整，港城联系；体制协调、港城互动三个阶段。在不同的港城关系时期，对于构建的港口影响城市发展的指标体系的要求也会有所不同。在港城分离时期，港口与城市的指标相对独立，表现为缺乏相关性。这与当时的计划经济体制和港城"各自为战"的局面相匹配。在港城联系时期，港口与城市的指标会表现出一定的相关性，港口指标与城市临港工业关系紧密。这与港口管理体制改革和城市临港工业的发展有密不可分的关系。同时，这一时期的指标也会缺乏系统性，表现出缺乏统一规划和功能单一的港城关系发展状况。在港城互动时期，港口与城市之间的关系日渐清晰，港口不再仅仅为城市提供简单的运输仓储，这一时期主要表现为港口功能的扩张和港口发展方式的转变。应根据我国经济的发展水平和港城关系的发展实际，特别是港口运行的现状，不断完善港口影响城市发展的指标体系，以实现港城互动、共同发展的最终战略目标。

（二）科学性原则

科学性原则是指构建港口影响城市发展指标体系时应该客观、准确地反映港口运行和港城互动的现状，并能以此揭示港口影响城市发展的基本规律。港口影响城市发展指标体系应当能够正确反映港口对城市的内在的、本质的、必然的联系，且各指标间不应存在矛盾。因此，构建港口影响城市发展指标体系必须要有科学的理论依据，与国际惯例接轨，并结合我国港城关系发展的实际情况，来确定指标体系的构造框架和路径。指标要具有独立性、可靠性、代表性和统计性。

（三）可操作性原则

港口影响城市发展指标体系的可操作性原则是指在构建港口影响城市发展指标体系时，应充分考虑所涉及的影响指标在实践中便于获取，统计上易于操作，以保证模型结果的可信度。指标不宜过于繁琐，以避免由于个数过多而稀释港口影响城市发展的关键指标，从而未能把握港口影响城市发展的本质，影响指标体系的准确性。

（四）综合性原则

港口影响城市发展指标体系应能从港口规模、港口货物结构、港口基础设施、港口服务业等各个方面比较系统地反映我国港口影响城市发展的内在特征。在建立港口影响城市发展指标体系时，要从产业组织理论、产业结构理论和产业联系理论出发，兼顾反映港口与城市互动的状况，既要满足港口政策制定的需要，又要满足港口部门行业管理的需要，还要满足港口企业自身经营以及城市发展的需要。选用综合性指标不仅能够反映某个局部，而且能够全面地反映港口影响城市发展的总体水平。

第三节 港口影响城市发展指标体系的构建

本节综合参考各种港口指标体系，并遵循目标性、科学性、可操作性、综合性原则，根据港城一体化理论对港口指标进行分析，在众多的指标中筛选出灵敏的、便于获取的主导性指标，构建了港口影响城市发展的指标体系（见表 4－4）。该指标体系包括 5 个一级指标：港口规模指标、港口货物结构指标、港口基础设施指标、港口管理水平指标和港口环境指标。在每个一级指标下面，分别设立了二级和三级指标，以保证该指标体系既具有全面性，又具有可操作性。

表 4－4　港口影响城市发展指标体系

一级指标	二级指标	三级指标
港口规模指标	吞吐量指标	港口货物吞吐量
		港口集装箱吞吐量
	航线指标	集装箱航线数
		远洋干线数
	财务指标	营业收入
		营业利润
		上缴所得税
港口货物结构指标	货物流向结构指标	进港货物吞吐量比重
		出港货物吞吐量比重
		中转货物吞吐量比重
	外贸结构指标	外贸货物比重
		外贸出口量比重
		外贸进口量比重
	货类结构指标	集装箱货物比重
		散装货物比重

续表

一级指标	二级指标	三级指标
港口基础设施指标	码头航道设施指标	码头泊位数
		内河航道里程
	港口仓储设施指标	仓库面积
		堆场面积
		装卸机械数
	港口集疏运指标	载货汽车数
		集装箱专用车数
港口管理水平指标	从业人员指标	港口从业人员数量
		港口专业人才比重
	港口管理效率指标	港口通关效率
		港口装卸效率
	港口信息化指标	信息化投资额
		信息化水平
港口环境指标	港口环境污染指标	废水排放量
		废气排放量
	港口环境损失指标	水质影响值
		水产养殖影响值
		人口体质影响值

一、港口规模指标

港口规模是指一定时期和特定条件下港口生产经营的总体状况。港口规模是体现港口影响城市发展的重要指标。从港口规模这个指标,可以看出港口在总量上对城市经济发展产生的作用。

在港口规模这个一级指标下面,选取了吞吐量指标、航线指标、经济指标作为二级指标,以完整地反映港口规模对城市发展的影响。

(一) 吞吐量指标

港口吞吐量又称港口通过能力或港口吞吐能力。是衡量港口规模大小的最重要的指标,反映在一定的技术装备和劳动组织条件下,一定时间内港口为船舶装卸货物的数量。影响港口吞吐量的因素十分复杂,综合起来看,大体可以分为两种类型:一种是客观的区域因素,如腹地的大小,生产发展水平的高低,外向型经济发展状况和进出口商品的数量等;另一种是港口本身的建港条件,包括自然条件和社会经济因素。在上述条件一定的情况下,劳动组织和管理水平、装卸机械数量和技术水平、船型、车型、水文气象条件、工农业生产的季节性、车船到港的均衡性,以及经由港口装卸的货物品种和数量,均可能成为影响港口吞吐能力的重要因素。但最直接最关键的要素是泊位能力的大小。在吞吐量这个二级指标下面，分别选取港口货物吞吐量和港口集装箱吞吐量作为三级指标。

港口货物吞吐量是指在一定期间经由水运进、出港区范围并经过港口企业装卸的货物数量，以“吨”为计算单位。港口货物吞吐量是衡量港口贡献的重要指标。港口最基本的功能是装卸和仓储，港口货物吞吐量能够体现出港口这一功能的利用水平，同时，也能够体现港口对城市经济发展的货量支持。

港口集装箱吞吐量是指在一定期间经由水运进、出港区范围并经过港口企业装卸的集装箱数量，以“TEU”为计算单位。集装箱运输是以集装箱作为运输单位进行货物运输的一种最先进的现代化运输方式。它具有“安全、迅速、简便、价廉”的特点，有利于减少运输环节，可以通过综合利用铁路、公路、水路和航空等各种运输方式，进行多式联运，实现“门到门”运输。自从1801年集装箱运输诞生于英国，集装箱运输已经经历了200多年的发展历史。在过去的20多年，世界港口集装箱吞吐量以每年10%以上的速度增长，远远超过了散货和液体货物的增长速度。件杂货物集装箱化已经成为港口发展的重要趋势，港口的集装箱吞吐量也成为衡量现代港口竞争力的重要依据。

(二) 航线指标

航线是指船舶在两个或多个港口之间，从事海上旅客和货物运输的线路。航线由天然航道、人工运河、进出港航道及航标和导航设备组成。一个港口拥有航线的数量多少和覆盖的地理范围大小，决定了该港口的航运地位和重要性。世界主要枢纽港一般都拥有一定规模的航线数量，遍及主要的世界经济地区。世界重要的经济中心城市通常都拥有通往全球各地的海运航线。在航线指标下面，选取集装箱航线数和远洋干线数作为三级指标。

集装箱航线数反映了港口的集装箱运输规模。现代的物流功能都需要通过集装箱运输来实现，集装箱航线的数量和分布能够体现港口城市国际贸易的地理方向和地区分布。完善的集装箱航线网络有助于城市外向型经济的发展。目前，世界海运集装箱航线主要有：(1)远东—北美航线；(2)北美—欧洲、地中海航线；(3)欧洲、地中海—远东航线；(4)远东—澳大利亚航线；(5)澳、新—北美航线；(6)欧洲、地中海—西非、南非航线。

远洋干线数是指航程距离较远，船舶航行跨越大洋的运输航线数量。我国习惯上以亚丁港为界，把去往亚丁港以西，包括红海两岸和欧洲以及南北美洲广大地区的航线划为远洋航线。远洋干线数不仅能够体现港口的辐射能力，而且能够为城市发展国际贸易提供良好的运输条件和通畅的物流通道。世界主要远洋航线有：(1)太平洋航线；(2)大西洋航线；(3)印度洋航线。

(三) 财务指标

港口的财务指标是指港口的财务状况。它反映的是港口企业创造价值的能力。港口的财务指标能够直接体现港口对城市的贡献,港口创造的利润和利税对城市经济具有直接的影响。在经济指标下面,选取了营业收入、营业利润、上缴所得税作为三级指标。

营业收入是指港口从事生产经营等活动所取得的各项收入,包括主营业务收入和其他业务收入。港口的主营业务主要是装卸和仓储业务。港口的营业收入能够反映港口经济规模的发展状况。

营业利润是指港口生产经营等各项活动所产生的利润。港口营业利润等于港口营业收入减去港口营业成本。它反映的是港口企业的盈利能力和创造价值的能力。

港口营业利润=港口营业收入-港口营业成本

上缴所得税是指港口企业的收入总额减去成本、费用、损失以及准予扣除项目的金额根据一定税率缴纳的税款。企业所得税是对我国内资企业和经营单位的生产经营所得和其他所得征收的一种税。根据《中华人民共和国企业所得税法》,我国企业所得税采用25%的比例税率。它反映的是港口企业从政府财政贡献的角度对城市发展的作用。

二、港口货物结构指标

港口货物结构是指港口各类货物在港口货物中所占的比重。由于单纯地从港口货物吞吐量数据中,无法看出货物的结构,因此也无法辨别港口货物运输对城市经济的具体贡献。分析港口货物的结构,有助于判别港口对城市货物进出流向、外贸运输、货类结构等方面的作用和贡献,了解城市临港工业对港口的需求。

在港口货物结构这个一级指标下面,选取了货物流向指标、外贸结构指标、货类结构指标作为二级指标,以全面地反映港口货物结构对城市发展的影响。

(一) 货物流向结构指标

货物流向结构指标是指港口货物吞吐量中进港货物、出港货物、中转货物的构成。它反映了港口货物的具体流向。能够更加清晰地看到港口货物吞吐量中进港货物、出港货物、中转货物分别所占的比重,从而体现港口货物吞吐量对城市经济的具体影响。在货物流向结构指标下面,选取了进港货物吞吐量比重、出港货物吞吐量比重和中转货物吞吐量比重作为三级指标。

进港货物吞吐量比重是指港口货物吞吐量中进港货物所占的比重。由水路运进港口卸下的货物,计算一次进港吞吐量。

进港货物吞吐量比重＝进港货物吞吐量/港口货物吞吐量

进港货物吞吐量能够反映港口城市及其临港工业对于原材料和产品的需求，进港货物吞吐量比重越大，说明城市对于货物的需求大于产出。港口对城市货物的输入贡献更大。

出港货物吞吐量比重是指港口货物吞吐量中出港货物所占的比重。和进港货物吞吐量一样，自港口装船运出港口的货物，计算一次出港吞吐量。

出港货物吞吐量比重＝出港货物吞吐量/港口货物吞吐量

出港货物吞吐量能够反映港口城市及其临港工业旺盛的生产能力，出港货物吞吐量比重越大，说明城市对于货物的产出大于需求。港口对城市货物的输出贡献更大。

中转货物吞吐量比重是指港口货物吞吐量中中转货物所占的比重。由水运运进港口经装卸后又经水运运出港口的中转货物，分别按进口和出口各计算一次吞吐量。

中转货物吞吐量比重＝中转货物吞吐量/港口货物吞吐量

由于中转货物经由港口直接转运到其他地区，并未进入城市。因此，中转货物对于城市经济并没有直接的影响作用，只是对港口吞吐能力有较大的影响。但是从长远的角度来讲，随着中转货物的不断增长，港口的吞吐能力会不断增加，世界上的主要国际航运中心都是重要的中转港口，中转货物比例相当高。这样的港口货物结构和港口条件有利于城市发展转口贸易和货物交易中心，从而推动城市高端航运服务业的发展，对城市经济产生深远的影响，很多港口城市从而发展成为地区乃至世界的重要经济中心。

（二）外贸结构指标

外贸结构指标是指港口货物中外贸相关货物的结构和比重。它反映了港口对城市国际贸易发展的影响。港口对城市发展的作用，很大程度上体现在港口对城市国际贸易发展的作用。目前，世界上超过 80％以上的货物由海运来完成，港口对城市国际贸易发展的影响不言而喻。城市的外贸货物绝大多数都是通过港口进行运输的。港口货物中外贸货物的构成能够反映出城市外向型经济的发展状况。在外贸结构指标下面，选取了外贸货物比重、外贸进口量比重和外贸出口量比重作为三级指标。

外贸货物比重是指外贸货物在港口货物吞吐量中所占的比重。

外贸货物比重＝外贸货物吞吐量/港口货物吞吐量

外贸货物比重反映了港口货物吞吐量中，外贸货物的比例。外贸货物比重越高，说明港口所在城市的经济外向度越高，港口对城市外贸发展的贡献越大。

外贸进口量比重是指外贸进口量占外贸货物吞吐量的比重。

外贸货物比重＝外贸进口量/外贸货物吞吐量

外贸进口量比重反映了城市对进口产品的需求度。外贸进口量比重越高，说明城市及其产业对进口产品需求量越大，港口对城市货物进口贡献越大。

外贸出口量比重是指外贸出口量占外贸货物吞吐量的比重。

外贸货物比重＝外贸出口量/外贸货物吞吐量

外贸出口量比重反映了城市经济的出口能力。外贸出口量比重越高，说明城市及其产业的出口能力越大，港口对城市货物出口贡献越大。

（三）货类结构指标

货类结构指标是指港口货物中不同货类所占的比重。它反映了港口所在城市的经济和产业结构。了解港口货物的货类结构有助于把握城市经济和临港产业的发展状况和发展趋势。在货类结构指标下面，选取了散装货物比重、集装箱货物比重作为三级指标。

散装货物比重是指港口货物中散装货物所占的比重。

散装货物比重＝散装货物吞吐量/港口货物吞吐量

散装货物比重反映了城市粗放型经济的发展。散装货物主要为煤炭、铁矿石、农产品等资源型产品，它们代表了高能耗、高投入、高污染的传统型经济，这些货物由于货值一般偏低，通常通过大型散货船进行运输。

集装箱货物比重是指港口货物中集装箱货物所占的比重。

集装箱货物比重＝集装箱货物吞吐量/港口货物吞吐量

集装箱货物比重反映了城市集约型经济的发展。高附加值、高货值的电子产品、高科技产品通常使用集装箱进行运输。集装箱运输能够满足这些产品对于货物安全性、货损货差和快速高效的要求，有利于产品向专业化、精细化发展。同时、港口发展现代物流也对货物运输提出了更高的要求，只有集装箱运输才能满足港口功能的提升，实现港口物流中心的发展趋势，从而推动城市经济和产业结构的转型升级。

三、港口基础设施指标

港口基础设施包括码头（含浮码头）、防波堤、防沙堤、导流堤、栈桥、船闸、驳岸、护岸、锚地、趸船、港内岸标、浮标等设施；港池、航道；陆域形成及征地拆迁形成的水下设施；客运码头的际属设施；边防、战备设施；港内仓储设备、围墙、桥梁、道路、铁路及港内外装卸运输服务的水、电设施；为运营船舶服务的通讯导航和环保设施，水工工程的大临设施，以及国务院有关部门规定范围内的港口设施等。

在港口基础设施这个一级指标下面，选取了码头航道设施指标、港口仓储设施指标、港口集疏运设施指标作为二级指标，以反映港口基础设施对城市发展的影响。

（一）码头航道设施指标

码头航道设施是指港口码头和航道建设状况。它反映了港口水运设施对城市货物运输的作用。码头航道设施的建设有助于提供良好的水路运输服务，为临港工业提供物流保障。在码头航道设施指标下面，选取了码头泊位数、内河航道里程作为三级指标。

码头泊位数是指港口拥有的适合船舶停靠的泊位数量。泊位的数量与大小是衡量一个港口或码头规模的重要标志。泊位长度一般包括船舶的长度和船与船之间的必要安全间隔。码头泊位数体现了一个港口靠泊船舶的能力，也反映了其对城市货物运输的接卸能力。

内河航道里程也称内河通航里程，是指在一定时期内，能通航运输船舶及排筏的天然河流、湖泊水库、运河及通航渠道的长度。包括全年季节性通航累计三个月以上的航道，不包括仅供零散流放竹、木排的河道。它是反映内河水运网规模、水平和发展情况的主要指标。完善的内河航道体系有助于开展水水中转和内河运输，降低城市货物运输的成本。

（二）港口仓储设施指标

港口仓储设施指标是指港口仓储设施的建设状况。它反映了港口的储存能力和提供增值服务的能力。港口货物运输通常都需要经过储存环节。大型的港口都拥有大面积的堆场和仓库，实现货物的储存和加工。在港口仓储设施指标下面，选取了仓库面积、堆场面积、装卸机械数作为三级指标。

仓库面积是指港口用于储存货物的库房面积。港口仓库主要用于短期存放不宜日晒雨淋的货物和易于散失的贵重货物。仓库面积的大小一定程度上会限制港口吞吐货物的能力，影响货物的转运。同时，现代物流增值服务如集拼、流通加工等一般都需要仓库提供场地得以实现。

堆场面积是指货物装卸、转运、保管、交接的场所面积。堆场主要存放不怕日晒雨淋的大宗散货和桶装箱装货物。港口堆场分为前方堆场和后方堆场，前方堆场在码头前沿附近，供进港货物暂时存放和出港货物在装船前临时集中之用，以缩短货物的搬运距离，加快装卸船速度。后方堆场提供货物集中和疏运的周转。堆场面积反映了港口的容量和处理货物的能力，进而反映了港口服务城市货物运输的能力。

装卸机械数是指在港口从事船舶和车辆的货物装卸，库场的货物堆码、拆垛和转运，以及船舱内、车厢内、仓库内货物搬运等作业的起重运输机械数量。港口装卸机械一般要具有较高的工作速度和生产率，并能适应频繁的连续作业的要求。

港口装卸机械可分为起重机械、输送机械和装卸搬运机械三种基本类型。港口装卸机械的数量和质量能够决定港口的效率,提高港口货物的流转速度。

（三）港口集疏运设施指标

港口集疏运指标是指与港口相互衔接、主要为集中与疏散港口吞吐货物服务的集疏运系统。港口集疏运系统由铁路、公路、城市道路及相应的交接站场组成,是港口与腹地连接的通道,是港口赖以生存与发展的根本条件。任何现代化港口都必须具有完善与畅通的集疏运系统,才能成为综合交通运输网中重要的水陆交通枢纽。各港口集疏运输系统的具体特征,如集疏运线路数量、运输方式构成和地理分布等,主要取决于各港口与腹地运输联系的规模、方向、运距及货种结构。一般与腹地运输联系规模大、方向多、运距长或较长,以及货种较复杂多样的港口,其集疏运系统的线路往往较多,运输方式结构与分布格局也较复杂;反之亦然。由于各港口的实际情况十分复杂,互不相同,故其集疏运系统的具体特征也不同。从发展趋势看,一般大型或较大型港口的集疏运系统,均应因地制宜地向多通路、多方向与多种运输方式方向发展。在港口集疏运系统指标下面,选取了载货汽车数、集装箱专用汽车数作为三级指标。

载货汽车数是指主要用于运送货物的汽车数量。载货汽车分为重型和轻型两种。绝大部分货车都以柴油引擎作为动力来源,但有部分轻型货车使用汽油、石油气或者天然气。载货汽车是货物公路运输的必要运输工具,载货汽车的保有量能够反映港口公路集疏运的规模和运输能力。

集装箱专用汽车数是指载货部位为框架结构或者地板,专门运输集装箱的载货汽车的数量。集装箱车分为全挂和半挂式,是集装箱运输的重要运输工具。集装箱车的保有量能够反映港口集装箱货物集疏运的能力。增加集装箱专用车保有数量,发展新型快速集装箱专用车辆,能够提高车辆运营效率,有助于改善港口集疏运条件。

四、港口管理水平指标

港口管理水平具体指港口的管理效率、港口业务人员能力、信息化程度等方面。港口的现代化管理水平直接影响到港口的服务质量。管理水平高有助于港口作业效率的提高和港口信誉的提高。在港口管理水平这个一级指标下面,选取了从业人员指标、港口管理效率指标、港口信息化指标作为二级指标,以反映港口管理水平对城市发展的影响。

（一）从业人员指标

从业人员指标是指港口企业从业人员规模数量和专业技术管理水平状况。港口从业人员是港口经营的具体实施者,港口价值和港口对城市发展贡献必须通过港口从业人员的劳动得到实现。港口从业人员指标反映了港口的规模状况和港口对城市发展影响的能力。在从业人员指标下面，选取了港口从业人员数量和港口专业人才比重作为三级指标。

港口从业人员数量是指港口企业的就业人数。港口从业人员数量对于城市发展的贡献主要体现在两方面：一方面，港口从业人员数量能够体现港口的规模性。港口的规模越大，港口的从业人员数量也就越多，为城市创造的价值也就越大；另一方面，港口从业人员数量能够体现港口对城市就业的贡献。港口不仅能够直接为城市提供大量的就业机会，而且能够通过促进相关产业的发展，提供就业岗位，间接地创造就业机会。

港口专业人才比重是指港口从业人员中工程技术人员和高级管理人员的比重。

港口专业人才比重＝(工程技术人员数量＋高级管理人员数量)/从业人员数量

它反映的是港口从业人员的专业技术能力和管理水平。现代港口发展已不再仅仅需要装卸搬运工人，港口的信息化和港口物流的发展需要具备基本物流知识的物流人才来承担港口的运营。港口相关的法律、金融等辅助性行业更需要大量具有物流、法律、金融等专业知识和技能的高层次复合型人才。高级工程技术人员和高级管理人才有利于提高港口的运作效率，创造更多的价值，同时也有利于城市相关行业的发展，促进城市经济与港口的协调发展。

(二) 港口管理效率指标

港口管理效率是指港口系统最大效率发挥的程度，一般由市场、管理、决策等软技术水平所决定。在港口管理效率指标下面，选取了港口通关效率和港口装卸效率作为三级指标。

港口通关效率是指进出口货物自货主委托报检报关，到提货进厂或将出口货物运抵监管区出境的全过程中，口岸执法单位、港航管理部门、中介机构等对通关所需单证、货物、资金和信息的处理效率。港口通关效率反映了港口口岸的软实力，是港口竞争力的重要构成因素。

港口作业效率是指港口作业期间，装卸货物数量与装卸作业时间的比值。它是港口综合能力的集中反映，是港口管理效率的重要指标。近年来，由于港口市场竞争不断加剧，除了提高港口航道和泊位适应大型船舶的能力外，各港口纷纷致力于提高港口的作业效率。

(三) 港口信息化指标

港口信息化是指信息技术在港口建设、生产、经营、管理和服务中得到普遍应用，信息技术渗透到港口业务的方方面面，实现最大程度的信息共享；形成基于信息技术的新的经营和管理模式，实现管理和经营业务向智能化、网络化和扁平化变革；全面提供基于信息技术支撑的物流服务，最大限度地消除信息不完全和不对称导致的效率损失，优化资源配置和业务流程，增强港口对市场的应变能力，实现港口价值的不断增值。港口是物流运动的重要汇接点，是地区和国家间物资交换的枢纽，因此，信息化对于港口具有重要的作用。

在港口信息化指标下面，选取了信息化投资额和信息化水平作为三级指标。

信息化投资额是指用于改善港口信息化水平，促进港口信息化发展的投资数量。信息化投资额能够反映港口信息化建设的规模，是港口信息化的重要支撑。

信息化水平是指港口的信息化程度高低。港口信息化水平包括信息技术覆盖率和信息技术应用程度等。港口信息化水平是发展现代物流的前提条件，是衡量港口信息化质量的重要指标。

五、港口环境指标

港口与环境是一个相互影响的共同体，港口发生的一切活动不可避免地对环境产生直接或间接的影响。港口对环境的影响包括船舶操作的影响；港口运行期间的灰尘、噪音、气体和污水；海岸沿线情势的变化；疏浚弃土以及港区里的生活垃圾。上述的每一个因素不但对当地的生活环境，而且还对社会、经济等环境产生重大的影响。

在港口环境这个一级指标下面，选取了港口环境污染指标、港口环境损失指标作为二级指标，以反映港口环境对城市发展的影响。

（一）港口环境污染指标

港口环境污染是指港口生产过程中和其他方面排放出的废水、废气和固体废弃物对水体、大气和土壤所带来的污染。在港口环境污染指标下面，选取了废水排放量、废气排放量作为三级指标。

港口排放的废水包括船舶排放的废油、废渣、动力装置的冷却水、被油污污染的舱水、洗舱水、生活垃圾和污水等；港区排放的未经充分净化处理的生产废水和生活污水；港区及航道挖泥疏浚，使淤泥、各种腐殖质及水下沉积的有毒物质被扰动、掀起和释放出来，造成水质腐臭和浑浊等。

港口排放的废气包括船舶和港口一些流动机械的动力装置的燃煤和燃料油燃烧而生产的烟气；散货如煤、矿石等、建筑材料等货物装卸和运输过程产生的粉尘微粒悬浮于大气中；各种车辆行驶扬起灰尘；锅炉烟筒飘散的粉尘等。

（二）港口环境损失指标

港口环境损失是指由于港口污染所致的对城市水质、水产养殖和人口体质等的负面影响。在港口环境损失指标下面，选取了水质影响值、水产养殖影响值和人口体质影响值作为三级指标。

水质影响值是指港口水域水体质量的变化值。水质影响值可以用来衡量港口水污染的程度以及港口水污染对城市水资源的破坏程度。

水产养殖影响值是指由于港口污染所造成的水产养殖量以及水产品质量的变化情况。水产养殖影响值能够反映港口污染对于城市水产品供应的影响程度。

人口体质影响值是指港口污染对港口城市人口身体体质的影响程度。港口废水、废气和固体废弃物的排放以及港口的噪音都会对人体造成影响。港口污染对人体的危害包括急性和慢性。污染物在短期内浓度很高，或者几种污染物联合进入人体可以对人体造成急性危害。慢性危害主要指小剂量的污染物持续地作用于人体产生的危害。如大气污染对呼吸道慢性炎症发病率的影响等。

通过对港口子系统的深入分析，选取可行性的变量指标，构建了港口子系统的因果图（见图 4－3）。

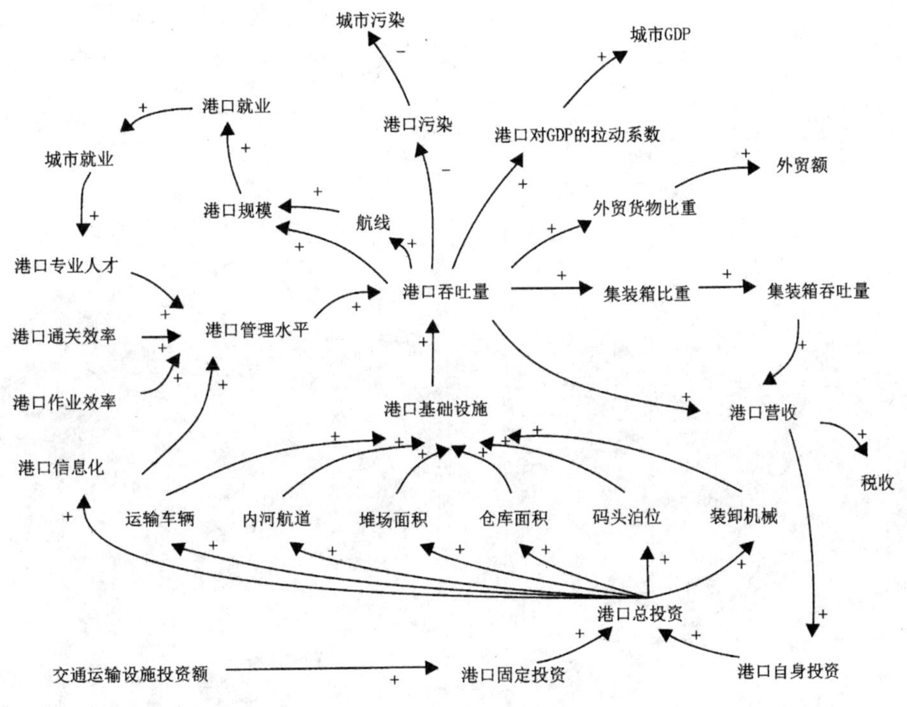

图 4－3　港口子系统的因果关系

该图能直观地反映港口子系统发展的内在机制。此因果图的核心在于港口规模、港口货物结构、港口基础设施、港口管理水平、港口环境五个基本要素，各要素之间相互作用、相互影响，存在复杂的因果关系。任何一个要素发生变化，将导致整个系统的变化，信息在各要素之间反馈，从而影响系统的决策行为。

第五章 城市影响港口发展指标体系

在港城互动机理的研究基础上，本章将单向地就城市对港口发展的影响进行详细的分析，并在此基础上建立相应的指标体系，为最终通过实证分析，进一步探索在激烈的全球竞争中城市应该采取的措施和手段而提供支持。

第一节　构建城市影响港口发展指标体系的重要意义

在经济全球化的背景下，港口城市的竞争日益激烈，如何才能可持续、快速高效地发展城市经济是每个港口城市所面临的重大课题。通过深入探索城市对港口的影响并建立相应的指标体系，对于进一步研究港口城市持续高效的发展对策具有重要的意义。

一、转变港口城市经济发展方式的需要

结合罗斯托和钱纳里等学者对城市发展阶段的分类，本书将港口城市经济发展方式由低级向高级大致分为五种模式：

第一，农业经济模式。产业结构以农业为主，没有或极少有现代工业，生产力水平很低。

第二，初级工业化模式。产业结构由以农业为主的传统结构逐步向以现代化工业为主的工业化结构转变，工业中则以食品、烟草、采掘、建材等初级产品的生产为主。这一时期的产业主要是以劳动密集型产业为主，出现了对外贸易。

第三，中级工业化模式。制造业内部由轻型工业的快速发展转向重型工业的迅速增长，非农业劳动力开始占主体，第三产业开始迅速发展，也就是所谓的重化工业阶段。重化工业的大规模发展是支持区域经济高速增长的关键因素，这一阶段产业大部分属于资本密集型产业，对外贸易迅速发展。

第四，后工业化模式。在第一产业、第二产业协调发展的同时，第三产业开始由平稳增长转入持续高速增长，并成为区域经济增长的主要动力。这一时期发展

最快的领域是第三产业，特别是新兴服务业，如金融、信息、广告、公用事业、咨询服务等。对外贸易货运总量停滞增长，但是外贸总额继续保持上升态势。

第五，现代化模式。三大产业保持适度比例的协调发展，制造业内部结构由资本密集型产业为主导向以技术密集型产业为主导转换。知识密集型产业开始从服务业中分离出来，并逐渐占据了主导地位。高科技农业全面代替了传统的农业生产方式，农产品附加值不断提高，高档耐用消费品被推广普及，人们消费的习惯以追求多样性、个性化为主。对外贸易货运总量持续下降，但外贸总额继续保持上升态势。

五种经济模式由低到高的转换过程，体现了城市经济的不断发展。这种转换过程本质上是通过某一或一些具有更高收入弹性、生产率上升率的新兴产业部门不断取代渐渐衰退的产业部门成为城市经济发展中的新的主导产业的过程。

主导部门的急剧扩张在保持经济的总体增长势头方面发挥着关键的直接和间接的作用。一般来说，在经济发展的不同时期，农业、轻纺工业、以原料工业和燃料动力为重心的重化工业、低度加工组装型的重化工业、高度加工组装型的工业、服务业以及信息产业等都可以起到带动经济发展的作用。因此，主导产业的更替与产业结构的升级成为经济增长过程中的主要内容（见图 5－1）。

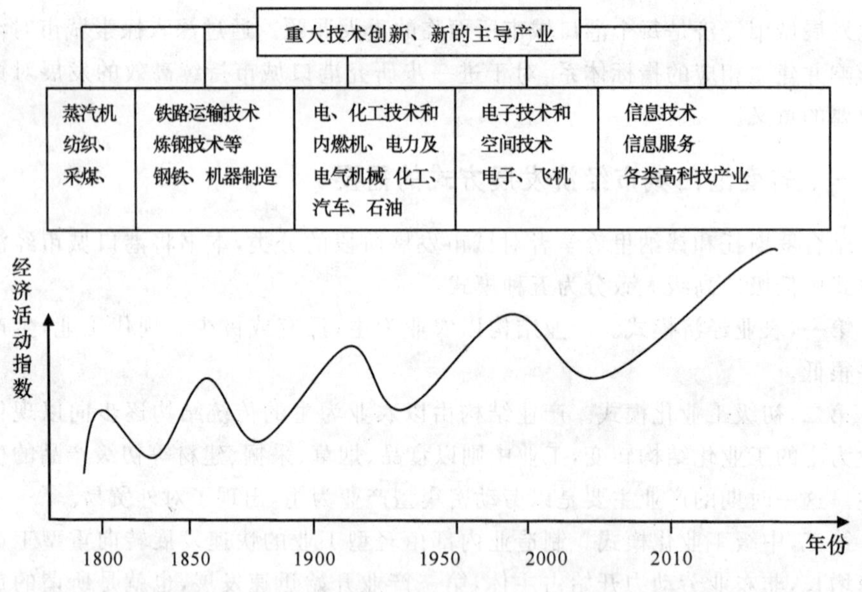

图 5－1　重大技术创新、主导产业转换与经济增长的联系

现代化国际港口城市应该拥有现代化的经济体系，港口经济特色鲜明，产业发展实现多元化，作为主导产业的服务业高度发达、比重较高，产业结构优化，产业层次较高。通过对城市影响港口发展的指标研究，可以挖掘出能促进港口经济发展

的城市经济要素，这些经济要素带动港口经济的发展，同时反过来通过乘数效应的放大作用，极大地推动城市经济的发展，通过推动产业结构的升级，提升经济发展模式。因此可以通过研究和发掘这些经济要素指标，找出更为适合港口城市的经济发展模式，使得港口城市的发展更加符合现代化、国际化的需要。

二、提高港口城市综合竞争力的需要

城市竞争力是指一个城市在国内、国际市场经济的竞争环境下，相对于其他城市而言，凭借自身城市经济、社会、人力、环境等系统要素的综合作用，而获取的现实及潜在比较优势的能力，从而优化配置了城市系统资源，实现了城市的可持续发展，并促进了所在大区域的共同发展与进步，最终达到满足城市居民日益增长物质、文化精神生活需求的目的。

影响城市竞争力的因素有很多，下面是主要的几个方面：

1.人才是当代国际竞争的核心力量。人才本体竞争力包括人才的能力，吸引和培养人才的设施条件对城市竞争力有着非常大的贡献。

2.产业是城市经济运行的基础。产业本体竞争力很大程度上影响着城市综合竞争力。目前世界产业竞争的主要战场已经由第二产业转向了第三产业。服务业在国民经济中的作用也越来越明显，它对竞争力的影响已经变得十分重要。

3.产业的发展需要创新，一个产业竞争力的提升，需要创新。一个城市创新环境的优劣程度直接决定了该城市产业的创新能力，而在现代激烈的国际国内竞争中，一个城市的产业是否能保持其强劲的竞争能力直接取决于它是否能通过不断的创新来提升和创造其核心竞争优势。

4.公共部门是否能提供优质高效的服务和管理对城市竞争力的发挥有着巨大的影响。一个能为公众提供高品质服务和对市场主体进行有效监管的政府是城市参与国际国内竞争的有力保障。

5.社会和谐就像经济发展的润滑剂，只有社会和谐了，经济在高速发展时才能保持健康，社会和谐对提高竞争力有着不可或缺的作用。

现代化国际港口城市的综合竞争力，在于全面综合的发展、整体与局部协调的发展。在推进科学发展的新时期，建设现代化国际港口城市，必须坚持综合协调发展战略，不仅要加大港口开发和经济建设力度，实现经济发展现代化，而且要全面推进科技、教育、文化、卫生、体育和社会保障等事业的发展，促进社会全面进步和人的全面发展。

通过对城市影响港口发展的指标研究，找到促进港口发展的城市综合条件要素，这些要素为港口提供了良好的发展环境，同时港口的发展反过来又对城市的综合实力提出了更高的要求，客观上不断推动城市综合竞争力的提升。

表 5-1　中国大陆地区主要港口城市综合竞争力 2005—2009 年历史回溯

城市	2009 年综合竞争力	排名	2008 年综合竞争力	排名	2007 年综合竞争力	排名	2006 年综合竞争力	排名	2005 年综合竞争力	排名
香港	0.895	1	0.898	1	0.896	1	0.899	1	0.863	1
深圳	0.760	2	0.778	2	0.757	2	0.747	3	0.712	3
上海	0.759	3	0.778	3	0.755	3	0.753	2	0.731	2
广州	0.666	6	0.684	6	0.668	7	0.666	7	0.638	8
天津	0.652	7	0.647	9	0.631	10	0.622	12	0.590	15
大连	0.644	9	0.631	12	0.620	12	0.597	18	0.584	18
青岛	0.639	10	0.656	8	0.636	8	0.617	14	0.606	12
澳门	0.630	13	0.621	15	0.587	20	0.584	22	0.566	23
厦门	0.610	19	0.619	16	0.605	15	0.596	19	0.574	20
宁波	0.604	20	0.610	19	0.600	17	0.608	17	0.587	16
珠海	0.568	31	0.571	29	0.556	29	0.549	31	0.539	29
烟台	0.565	33	0.555	35	0.543	37	0.530	41	0.510	41
中山	0.563	35	0.563	32	0.549	33	0.540	36	0.505	44

资料来源:《2010 年中国城市竞争力蓝皮书:中国城市竞争力报告》，社会科学文献出版社 2011 年版。

三、实现城市与港口协调发展的需要

协调发展是“协调”与“发展”的交集，是系统之间或系统内要素之间在和谐一致的基础上由低级到高级，由简单到复杂，由无序到有序的演化过程。

港口与所在城市往往有着十分紧密的联系。比如在空间资源的合理分配、功能布局的互动协调、基础设施的统筹安排等等方面，港口和城市都需要合理规划，促使港口和城市能够互相促进、良性互动。港口促进了城市经济发展，城市的发展又进一步提升了港口的能力。但是，港口与所在城市也会出现不相适应的情况，比如，港口的迅速发展和城市建设的不断推进，必然会加剧城市和港口之间对滨水岸线、城市建设用地甚至农田等土地资源的竞争；港口生产活动的增加，又会对城市的环境和交通形成巨大的压力，等等。城市与港口之间的不协调会严重制约城市和港口的快速发展。在这种情况下，正确判断港口与城市间的协调程度，采取相应措施确保两者始终保持协调可持续发展，已成为必须关注的重要问题。

通过对城市影响港口发展的指标研究，可以为提供影响城市与港口协调发展的条件和要素。通过不断完善相关条件和要素，可以促进港口和城市更为协调的发展，避免不相适应的制约因素的产生。

第二节　城市对港口发展的影响分析

在当代经济全球化、市场相互依存和多式联运占优势的情况下，港口与城市两大系统之间的良性互动不可或缺，是一种客观的必然性。本节主要讨论城市对港口的推动及支撑作用。城市是港口正常运转和蓬勃发展的物质基础，城市经济规模的不断增大、经济发展的活力和持久性为港口发展和功能提升提供了动力和支撑；同时，城市的管理服务功能、政策机制和良好的文化氛围，为港口发展提供了必要的环境保障。

一、城市经济

港口城市经济水平及产业结构水平的高低与港口发展速度、质量及规模是正相关的关系。港口城市的经济水平越高，港口发展的速度就越快，发展质量就越高，规模也就越大，反之，港口城市经济水平较低，则港口不可能有较快的发展和较高的质量，也达不到一定的规模。

（一）城市经济状态与港口发展的关联性

从根本上讲，港口的发展很大程度上取决于城市经济尤其是外向型经济发展引起的交通运输需求。城市经济越发达，对外经济联系越频繁，对港口的运输需求尤其是对外贸易过程中所产生的运输需求也越大。据统计，我国外贸进出口的95%都是通过港口进行运输的。另一方面，由于港口产业受经济周期性波动的影响较大，当城市经济处于扩张期时，运输需求增加，港口业务量上升；当城市经济处于低潮时期，运输需求则减少，港口业务量也随之降低。此外，城市工业经济的发展和城市工业品竞争力的提高，使港口运输货物种类和数量不断增多，运输效率大幅提高，港口经济效益得到提升。城市经济的良好态势还会使其增加对港口建设的不断投入，促进港口的进一步快速发展。因此，可以认为，港口所在城市经济的总体运行状况越好，城市经济外向程度越高，对外贸易越发达，港口发展也就会越快。

在中国的经济地理版图上，长三角和珠三角一直就是两个引领全国经济发展的重要引擎。2010 年，包括上海、江苏和浙江在内的长三角地区的进出口贸易额10881.59 亿美元，代表珠三角的广东省外贸进出口贸易额为 7846.63 亿美元。这直接导致上海港和宁波港继续远远领跑于广州港和深圳港(见表5－2)。

表5－2　2010年长三角与珠三角外贸及主要港口吞吐量对比

地 区	进出口总额(亿美元)	港口	货物吞吐量(万吨)	集装箱吞吐量(万标箱)
广东	7846.63	宁波—舟山	62915.1	1314.40
江苏	4657.90	上海	65339.4	2906.90
浙江	2535.00	广州	42341.1	1255.00
上海	3688.69	深圳	22097.7	2250.94

数据来自:2010年上海市、浙江省、广东省及各城市国民经济和社会发展统计公报。

(二)城市经济发展阶段与港口发展的关联性

排除其他腹地城市对进出口的影响,港口城市经济发展在各阶段的社会生产状况直接影响到港口的经济特征,这点在港口货物运输中能够得到显著体现,比如,港口货运量的增长速度和货运结构等在不同阶段均有较大差异。

根据钱纳里等人的理论,本书将城市经济发展阶段与港口货运状况结合,大致划分为出四个阶段:工业化前的准备阶段、工业化初级阶段、工业化中、高级阶段和后工业化阶段(信息或知识经济阶段)。

1.城市处于工业化前的准备阶段。出港货物以初级农产品为主,进港货物主要是生产用的机械等生产工具。这一时期由于社会的中间需求量较小,以及进出口量有限,因此港口的货物运输量不大。

2.城市进入工业化初级阶段。由于社会生产的扩大,城市进出口总额和中间需求均比上一阶段增加了3～5倍,促使港口货运量随之大幅度提高。此时出港货物中出口量最大的仍然是初级农产品,同时一些产成品和生产用的中间产品已经成为出口货物的主力,进港货物仍然以机械等生产用商品为主,另外,矿类原始物资开始从国外进口。

3.城市步入工业化中、高级阶段。进出口总额和中间需求均比上一阶段再增加3倍左右,港口货运量继续保持大幅度提高的趋势,但增长速度较前一阶段略有下降。进港和出港货物种类的差异较前两个阶段有所缩小,出港货运量中经过制造业加工后的消费品已经大于初级农产品,机械,电子,精密仪器等生产用商品已占用较大份额。进港货物中生产资料仍占绝对比重,初级农产品和矿类物资所占比重增大。

4.城市步入后工业化阶段。伴随着第三产业比重的大幅度提升,第二产业特别是重工业比重的下降,港口货运量增速取决于三产中的商贸类产业。如果商贸类产业快速增长,商贸货物结构中重化工业比重大的情况下,港口货运量依然保持较快增长，反之则增速减缓。出口货物中高科技、高附加值、创新类工业及消费类产品占有很大的比重。

根据上述分析，港口所在城市在形成了一定的经济形态后，对城市经济运行中的资源条件和产成品作出了质的选择和量的规定，从而影响着港口的发展方向。通过对城市产业结构特征和港口货类吞吐量的分析可以看出，城市产业结构对港口发展的影响突出表现在港口规模和货物结构的变化。产业结构同时也是影响港口货运生成密度和货运强度的主要因素，重工业的货运强度高于轻工业和农业，因此以重化工业为主的城市往往需要大规模的港口予以配合，而轻工业乃至第三产业为主（除去商贸类产业外）的城市则对港口吞吐量要求较小。随着城市产业结构、产业布局的优化，港口货运强度将随之变化，杂货的比重随之下降，而干散货、集装箱的比重则会上升。

（三）城市经济发展促使港口功能的提升

城市经济的发展对港口的功能、服务范围、生产特点和地位作用产生重要影响。以港口城市为依托，港口逐渐由人流、物流的单一运输功能，拓展为集运输功能、发展物流业、临港产业和现代服务业等港口配套服务业为一体的复合功能，从而逐步形成面向以信息化、生态化为主的综合交通枢纽和海洋经济基地。许多现代港口已从一般基础产业发展到多元功能产业，并且向社会经济各系统进行全方位辐射，有效地提升了港口乃至城市经济的整体竞争实力。

二、城市硬件环境

城市的硬件环境主要指城市的地理区位、资源状况、基础设施、科学技术水平，自然环境等条件。它是港口发展的必要条件，硬件条件能否满足港口发展的需要往往决定了港口的兴衰。

（一）城市基础设施对港口发展的支撑作用

港口与其他地区的连接是通过临港城市，尤其是城市基础设施实现的，港口的存在离不开城市这个载体。城市基础设施主要包括交通运输，能源，水利及城市供排水，邮电通讯和科教文卫等部门所需的固定资产，等等。城市基础设施是一切企业、单位和居民生产经营，工作和生活的基本物质基础。作为港口城市的重要组成部分，如果没有完善的城市基础设施作为后盾，要想实现港口的快速发展和港口良性的互动是不可能的。

交通运输状况对于港口来说是重中之重的基础条件。任何现代化港口都必须具有完善和畅通的集疏运系统，才能成为综合交通运输网中重要的水陆交通枢纽。对港口城市而言，港口货物的吞吐量反映在两个方面：一是以城市为终始点，由城市本身消耗与产生；二是以城市为中转点向腹地集散。前者主要是以短途运输为主的城市内部交通；后者主要是以中长距离为主的城市对外交通。因此，港口城市往往成为综合交通运输体系的结合部和枢纽，是更换运输方式的所在地，担负着集散、中转或换装的任务。港口的集疏主要有三种方式：公路运输、铁路运输和内河驳船运输。公路运输的特点是机动灵活，快速方便，能实现门对门直达运输服务，公路运输投资较小，回收快、易于经营管理，技术要求较低。但公路运输也具有明显的缺点：运输工具装载量小，单位运量能耗大，运输成本较高，容易造成污染。目前，国内主要的疏港方式是公路运输，这势必会对港口城市的道路建设提出较高的要求。城市可以通过设置专用疏港车道、建设空间立体交通、扩大道路交汇处面积等手段提高疏港效率和路网节点的通行能力。另外，港口城市还可以大力发展铁路运输。铁路运输与其他运输方式相比具有人均消耗能源少、污染小、占地少、耗费社会成本低、与城市道路相分离不占用城市交通资源、不存在交通拥堵情况，因而成为世界各大港口城市解决城市交通拥堵现象的首选。此外，与上述两种运输方式相比，内河航运可以利用天然河道和历史上形成的人工河道，不占地或少占地，并具有运量大、成本低、能耗小、污染少等优势，具有内河航运独特的自然优势。据有关研究资料，一般运距超过100公里，水路集装箱成本比公路低20%左右。因此，在有条件的地区，比如拥有较密集和四通八达的内河航线网络的我国长江三角洲地区应充分发挥内河航运的优势，最大限度地节约土地资源、减少能源消耗、降低环境污染，有效缓解资源、环境的压力，是实现建设节约型交通运输体系的必然要求和最佳切入点。

鹿特丹港是欧洲最大的集装箱港口，位于荷兰西南沿海，莱茵河与玛斯河入海汇合处所形成的三角洲上，西依北海，东溯莱茵河、多瑙河，可通至里海。鹿特丹港的集装箱集疏方式主要有：铁路运输、驳船运输、公路运输。占最大运输比重的是公路运输。A15高速公路将鹿特丹港与国家高速公路网直接相连。欧洲公路网覆盖了鹿特丹港所有的腹地，能提供遍及欧洲的公路运输服务，每天都有上千辆卡车发往欧洲的各个国家。公路运输具有速度快、运送时间短的优势。其次是驳船运输。鹿特丹港与完善的内河水运网络相连，通过莱茵河—美因河—多瑙河、易北河以及大运河，集装箱可以直接通过驳船运到欧洲的68个大城市。鹿特丹港内河集装箱运输主要有两大优势：一是运费低廉，比铁路低10%，比公路低30%；二是货物的发送、到达时间都比较准确。最后是铁路运输。港口有铁路直接进入码头，通过完善的铁路运输网，集装箱可从鹿特丹港运达欧洲主要的31个国家中的134个城市，每天都有多列集装箱快速班列发往欧洲各地。

表 5-3　2006 年国内外典型港口城市集装箱集疏运系统三大运输方式比例

占集装箱集疏比例地区	公路(%)	内河(%)	铁路(%)
上海	86.8	12.8	0.4
宁波	86.7	13.1	0.2
深圳港	96.6	3.1	0.3
安特卫普	63.4	12.3	24.3
鹿特丹	58.6	30.4	11
汉堡	52.5	19.6	27.9

数据根据相关城市统计年鉴计算而得。

以上数据剔除其他与陆路腹地无关的集疏运方式,比如港口中转。

（二）城市规模与港口发展的关系

城市为港口提供发展空间,并不是有深水岸线就能成为大港,城市的规模制约着港口的规模。一般来说,城市规模越大,往往意味着市场需求越大,经济越发达;同时,也意味着各种配套设施更为完善。因此对港口的货源、后勤服务和保障能力越强,港口发展的后劲越大。

然而,随着经济的发展,城市和港口规模日益扩大。往往会形成港中有城,城中有港的局面,造成港区与城市发展的矛盾日益突出。一方面,随着经济的发展,城市建城规模日益扩大,土地价格节节攀升。而滨海沿河岸线被港口设施占用完毕,临港产业的快速发展也导致港口进一步向内陆延伸,不断侵蚀着城市用地。从城市的角度看,港口的这种扩张带来了污染、噪音、交通拥挤,破坏了城市原有的生态环境,影响了城市的形象,降低了人们的生活质量。从港口的角度看,港口的用地成本大幅度提升,用地空间受到了极大的限制,发展空间受到了极大的限制。

（三）人才支持对港口发展的支撑

现代化国际港口城市建设需要有各类人才队伍为之提供强大的支撑力和推动力,只有具备人才优势才能在未来的发展中立于不败之地。对于一个城市而言,其资源主要分三类:物质资源,如土地、原料、机械设备等;财政资源,如现金、保险与融资信用等;人力资源,指人所具有的脑力和体力的总和,它用于为城市创造财富。人可以搬运物品、制造产品等,但人还能整合其他资源,使之创造更高的价值。因此,人力资源可引申为人所具有的知识、技能、态度、理想、创造力等特质,以及应用上述特质而有所作为。整体而言,人力资源是城市发展的动力和源泉,成为现代城市的战略资源,人才是城市经济发展的第一资源。

现代化国际港口城市的基本功能包括集散功能、生产功能、服务功能、创新功能和生态功能，等等。人才队伍必须为港口城市在这些方面发挥核心支撑作用，其中关键是加强对以临港工业人才、港口专业人才、现代物流管理人才、国际经贸人才、信息技术人才、金融业人才等为重点的人才队伍的引进与培养。因此，城市需要拥有完备的人力资源市场体系以及教育培训体系，能够培养或者引进国际贸易与金融、物流仓储、港口建设、船舶修理和制造、会展等港口发展急需的人才。

表 5-4 中国十大港口城市人才竞争力得分与排名

城市	人力资源数量指数		人力资源质量指数		人力资源配置指数		人力资源需求指数		人力资源教育指数		人才竞争力	
	得分	排名	得分	排名	得分	排名	得分	排名	得分	排名	得分	排名
上海	0.907	2	0.986	2	0.852	28	0.314	5	0.844	1	0.868	2
深圳	0.614	5	0.876	3	0.937	2	0.452	1	0.378	29	0.635	4
青岛	0.401	22	0.669	28	0.882	15	0.221	15	0.466	15	0.495	16
宁波	未选入样本											
广州	0.637	4	0.734	13	0.88	17	0.318	4	0.679	3	0.686	3
天津	0.612	6	0.715	19	0.87	21	0.196	21	0.521	7	0.585	8
厦门	0.398	24	0644	37	0.91	8	0.247	8	0.424	22	0.485	20
大连	0.42	18	0.741	12	0.848	29	0.217	17	0.429	20	0.496	14
连云港	未选入样本											
中 山	0.373	28	0.759	7	0.869	22	0.234	10	0.265	47	0.432	32

资料来源：倪鹏飞主编的《中国城市竞争力报告》。其中宁波和连云港因为没有被列入 51 个取样城市，因此暂无排名。

三、城市软件环境

城市的软件环境主要指城市的各类服务职能、思想观念、文化氛围、体制机制、政策法规及政府行政能力水平和态度等条件。它是推动港口发展的内在驱动力，是难以通过简单模仿和复制的核心竞争力要素。

（一）城市的服务职能为港口发展提供保障

港口的发展离不开港口城市的组织、协调与服务。港口的进出口运作需要城市为其提供船代、物流、金融、商检、通关等服务；港口的运作和发展需要城市为其提供诸如交通运输协调、能源供应保障等高水平的管理支持；现代港口的发展离不开城市提供的各类网络信息平台。例如，新加坡政府启动“贸易网络”系统，实现企业与政府部门之间的在线信息交换，同时实现了通关的无纸化。物流企业运用信息技术积极发展即时网上存货搜寻、货物跟踪及管理系统，为港口间、港口与内陆物流企业间、物流企业与服务对象间进行信息共享和即时传递物流信息创造了条件；此外，城市还需为港口提供诸如商务、会展、保险、咨询等服务，以支持港口的运作。

（二）城市文化对港口发展的影响

城市文化是一种价值概念，是对城市在历史实践过程中创造的文明成果的肯定，是城市外在形象和内在灵魂的集中体现，是支持城市生存与发展的巨大动力和无形资产。随着城市的发展，城市间竞争日益加剧，城市之间也从主要集中在城市经济等硬实力领域的竞争扩大到城市个性特色和文化魅力等软实力领域的竞争。港口城市文化有利于加快推进港口国际化，从而极大地推进港口与世界各地的交流和贸易往来。鹿特丹港之所以可以称为欧洲乃至世界首屈一指的港口，很大程度上归功于鹿特丹市用文化的概念促进了港口经济的繁荣，把文化与产业结合起来，打造出了世界级的港口城市文化。凭借港口带来的巨大客流量和品牌凝聚力，鹿特丹市经常组织大型文化体育活动，其中，最重要的是世界港口节。自 20 世纪 90 年代起，每年 9 月都举办一次世界港口节。港口节期间，举办世界港口、海运、物流等方面的专业国际会议和学术讨论会、展览会，举办各种海洋、港口和物流文化娱乐活动，吸引成千上万的企业公司、专家学者和游客来参加。港口城市文化的塑造给鹿特丹带来了巨大的经济收益和社会效益。

（三）城市的政策法规对港口发展的支持

港口城市对港口的管理功能主要通过制定和执行各种政策来体现，各类政策法规及其执行是对港口最直接的支持。港口下放地方以后，港口的投资、运行机制发生了深刻的变化。市场机制的作用越来越明显，迫切需要有完备的港口法律、法规或规章制度来维护港口生产、经营和建设秩序，规范市场行为、提高港口资源的利用率，最大限度地发挥港口的交通枢纽作用。同时，港口运输作为服务性行业，对城市产业政策的走向十分敏感，城市相应的产业政策进行调整或更改，或对港口设施条件、技术水平等标准出台新的规定，或是对宏观经济政策、税收政策、外汇政策及进出口贸易政策等方面的改变都会给港口的发展带来重大的影响。此外，要形成港口与城市的良性互动，无论从城市的产业发展还是城市的空间布局，都应以法律和政策的形式加以确定，以政策法规为纽带将两者有机地结合起来。这样才能保证其长期性、连续性、稳定性。港口城市制定并有力执行各类政策法规有利于港口发展，同时对提高港口的经济效益具有直接的推动作用。

（四）城市战略规划与港口发展的关系

港口城市对港口的管理功能除了通过制定各种政策以外，还体现在城市战略规划中。一个港口要建设要发展，首先要通过规划来确定港口的地位，明确港口发展的方向，对港口布局和港口功能进行定位，严格按照港口规划来指导港口的建设和发展。同时，通过制定完善的城市配套项目及设施的规划，指导集疏运体系、各类服务体系等的合理布局和发展，加强港口与腹地的经济联系，扩大港口的辐射范围。城市的管理和规划，突出港区功能，优化港口布局，有利于实现港口的规模化、专业化经营，发挥出港口的最大效益。在世界各大港口的建设发展中，无不印证着"规划先行"的道理。

第三节　城市影响港口发展指标体系的构建

根据港口对城市发展影响的理论分析和实践探索，对城市指标进行分析，本着全面性、代表性、动态性、可评价性、科学性原则，在众多的指标中筛选出便于获取的主导性指标，构建出城市影响港口发展的指标体系（见表 5－5）。该指标体系包括三个一级指标：城市经济状况指标、城市硬件环境指标和城市软件环境指标。在每个一级指标下面，分别设立二级指标和三级指标，以保证该指标体系既具有全面性，又具有可操作性。

表 5－5　城市影响港口发展指标体系

一级指标	二级指标	三级指标
城市经济状况指标	产业结构指标	1. 第一产业 GDP；2. 第二产业 GDP；3. 第二产业各行业产值；4. 第三产业 GDP
	对外贸易指标	1. 外贸进口额；2. 外贸出口额；3. 外贸产品的结构；4. 吸引外资总额
	经济实力指标	1. 城市总 GDP；2. 人均 GDP；3. 财政收入
城市硬件环境指标	交通运输指标	1. 公路里程及货运量；2. 铁路货运里程及货运量；3. 水路货运量
	城市规模指标	1. 城市人口总量；2. 建成区面积
	固定资产投资指标	1. 固定资产投资总额；2. 固定资产投资结构
	环境支持指标	1. 城市绿化覆盖率；2. 污水集中处理率；3. 工业固体废物处置利用率；4. 水、电的供给率
	人才指标	1. 人才总量；2. 物流仓储专业人才数量；3. 物流、国际贸易等港口相关专业年高校毕业生数量

续表

城市软件环境指标	金融服务指标	1. 出口信贷业务额；2. 出口信用保险业务额；3. 外贸结算业务额
	物流及中介服务指标	1. 船代、货代企业产值；2. 物流行业产值
	通关服务指标	1. 通关服务信息化水平；2. 通关服务满意度；3. 通关服务标准化程度；4. 每吨货物通关费用
	海港文化指标	1. 年国际会展次数；2. 年举办海港、物流类专业国际会议次数；3. 年举办国际港口文化活动次数

一、城市经济状况指标

城市经济状况指标不仅反映了城市经济发展的现状，同时也能预示出城市未来经济发展的速度和方向。本书从港口城市的角度出发，选取了产业结构、对外贸易和经济实力三项指标作为反应城市经济状况的三个方面因素。

（一）城市产业结构指标

产业结构指国民经济的各个产业部门之间和每个产业部门内部的构成。产业结构状况，一般用两种指标表示：一种是用各产业投入生产要素（劳动力、资金等）的数量对比指标，从各产业间的资源配置的比较上说明产业结构；另一种是用各产业的产出（增加值、实物量等）的数量对比指标，从各产业生产经营活动成果比较上说明产业结构。城市产业结构指标能够反映出港口货运规模和货物结构的组成及变化情况。

在经济研究和经济管理中，经常使用的分类方法主要是三次产业分类法。我国的三次产业划分是：第一产业：农业（包括种植业、林业、牧业和渔业等）。第二产业：工业（包括采掘业，制造业，电力、煤气、水的生产和供应业等）和建筑业。第三产业：除第一、第二产业以外的其他各业。根据我国的实际情况，第三产业可分为两大部分：一是流通部门（包括交通运输、仓储及邮电通信业，批发和零售贸易、餐饮业等）；二是服务部门（包括金融、保险业，房地产业，社会服务业，交通运输辅助业，综合技术服务业，教育、文化艺术及广播电影电视业，卫生、体育和社会福利业，科学研究等）。

从三次产业的内在变动来看，产业结构的演进是沿着以第一产业为主导到第二产业为主导，再到第三产业为主导的方向发展的。在第一产业内部，产业结构从技术水平低下的粗放型农业向技术要求较高的集约型农业，再向生物、环境、生化、生态等技术含量较高的绿色农业、生态农业发展；种植型农业向畜牧型农业，野外型农业向工厂型农业方向发展。与港口货运相关度最大的第二产业内部发展亦可分为三个阶段：(1)以轻工业为中心的发展阶段。像英国等欧洲发达国家的工业化过程是从纺织、粮食加工等轻工业起步的。(2)以重化工业为中心的发展阶段。在这个阶段，化工、冶金、金属制品、电力等重、化工业都有了很大发展，但发展最快的是化工、冶金等原材料工业。(3)工业高加工度化的发展阶段。在重化工业发展阶段的后期,工业发展对原材料的依赖程度明显下降,机电工业的增长速度明显加快,这时对原材料的加工链条越来越长,零部件等中间产品在工业总产值中所占比重迅速增加,工业生产出现"迂回化"特点。加工度的提高,使产品的技术含量和附加值大大提高,而消耗的原材料并不成比例增长,所以工业发展对技术装备的依赖大大提高,深加工业、加工组装业成为工业内部最重要的产业。而第三产业内部,产业结构基本沿着传统型服务业→多元化服务业→现代型服务业→信息产业→知识产业的方向演进。

本书在产业结构这个二级指标下选择了第一产业 GDP、第二产业 GDP、第二产业各行业产值、第三产业 GDP 等 4 个三级子标题,来反映港口城市的产业结构状况。

(二) 城市对外贸易指标

对外贸易亦称"国外贸易" 或"进出口贸易",简称"外贸",是指一个国家(地区)与另一个国家(地区)之间的商品、劳务和技术的交换活动。这种贸易由进口和出口两个部分组成。对运进商品或劳务的国家(地区)来说,就是进口;对运出商品或劳务的国家(地区)来说,就是出口。城市对外贸易的情况直接影响到港口货物的吞吐量的大小,从而影响港口的规模和功能。

贸易依存度亦称"外贸依存率"、"外贸系数"。这里指一个城市对贸易的依赖程度,一般用对外贸易额进出口总值在国民生产总值或国内生产总值中所占比重来表示。即贸易依存度=对外贸易总额/国民生产总值。比重的变化意味着对外贸易在国民经济中所处地位的变化。外贸依存度在一个层面上说明城市产业对港口的依赖程度。

外贸产品结构是指一个国家或地区在一定时期内,各类进出口商品在其对外贸易中所占的比重。由于各国进出口商品种类繁多,为了统一商品分类方法,联合国对国际贸易商品通常按《国际贸易标准分类》(简称 SITC)划分为两大类:一类是初级产品;另一类是工业制成品。初级产品类包括:食品及主要供食用的活动物;饮料及烟类;非食用原料(燃料除外);矿物燃料、润滑油及有关原料;动植物油、脂及腊。工业制成品包括:化学品及有关产品;按原料分类的制成品(包括钢铁、有色金属、纸张和纺织品等);机械及运输设备;杂项制品(包括鞋、服装和家具等)。中国的进出口商品除按《国际贸易标准分类》划分外,还有自己习惯的分类。出口商品有的是按农副产品、轻工产品和重化工业产品三大类划分,有的是按工矿产品、农副产品加工品和农副产品三大类划分。进口商品一般是按生产资料和生活资料两大类划分,生产资料包括生产性原料和机械设备;生活资料包括吃穿用等消费品。

随着国民经济的发展,我国外贸产品结构发生了显著的变化。出口总额中初级产品比重不断下降,而工业制成品乃至高科技产品的比重不断上升。在进口商品结构方面,生产资料进口比重远远高于生活资料比重。在生产资料中,新技术、成套设备和机电产品进口所占比重有减少的趋势,而生产性原料,如钢材、铁砂、铜、铝、木材、天然橡胶、化工原料等的进口不断增加。在生活资料中,主要进口粮食、食糖和动植物油等。外贸产品结构的变化将影响港口的货运形式和货运强度。

本书在对外贸易这个二级指标下选择了外贸进口额、外贸出口额、外贸产品的结构和外贸依存度等 4 个三级子标题,来反映港口城市的产业结构状况。

(三) 城市经济实力指标

城市的经济实力是由它的 GDP 总量、人均 GDP 以及财政收入共同构成的。考虑评价城市经济实力的时候,既要考虑城市的 GDP 总量,也要考虑城市的人均 GDP。例如重庆,它的 GDP 总量不低,但它的人均 GDP 太低(人口过多),所以重庆的经济实力得分不高。而珠海,它的人均 GDP 虽然很高,但它的 GDP 总量太低(人口过少),所以珠海的经济实力得分也不高。此外,评价城市经济实力的时候还要考虑财政收入。比如,当一个城市产业经济效益低下时,会导致财政收入相对 GDP 的比重偏低,这将直接影响城市的投资建设和持续发展,也间接说明城市经济实力不高。只有像上海、广州这样,GDP 总量、人均 GDP 和财政收入都很高的城市,才是经济实力较强的城市。

本书在城市经济实力这个二级指标下选择了城市总 GDP、人均 GDP 和财政收入等 3 个三级子标题,来反映港口城市的经济实力状况。

二、城市硬件环境指标

城市硬件环境指标反映了城市为港口提供基础设施、地理区位和资源状况等硬条件保障的能力。本书从港口城市的角度出发,选取了交通运输指标,城市规模指标、固定资产投资指标、环境保护能力指标和人才指标等 5 项指标作为反映城市硬件条件的判断标准。

(一) 交通运输指标

目前我国港口集疏运依赖的主要是公路、铁路和内河驳船这三种交通运输方式。因此在交通运输这项指标下,本书主要选择了公路里程及货运量、铁路货运里程及货运量和内河水陆货运量这三类总计 5 项三级指标。

(二) 城市发展规模指标

所谓城市规模,是指在城市地域空间内聚集的物质与经济要素在数量上的差异及层次性,它主要包括城市人口规模、经济规模、土地利用规模这三个互相关联的有机组成部分。一定的经济规模吸纳一定的人口规模,而一定的人口规模又要求有一定的土地规模。三者相互作用、互为因果。

一般来说，城市特别是规模较大的城市，会产生明显的集聚效应，从而带来较高的规模收益、较多的商业机会、较强的科技进步动力和较大的外部效应。由于城市的集聚效应，城市的经济具有规模递增的特点。规模较大的城市可以提供较好的基础设施条件、较完善的生产的、金融、技术、社区服务，集中的、有规模的市场，并且会由于企业和人口的集中而在技术、知识、信息传递、人力资本贡献等方面的溢出效应，产生较高的经济效益。但同时，随着城市规模的扩大，其外部成本也会上升，包括：随着城市规模的扩大，居住拥挤、交通阻塞，很多大城市比如北京、上海都面临这些问题。而且，许多企业集中在城市会带来污染和生态环境的恶化。此外由于大量的人口拥向大城市，也会带来治安问题，如犯罪率上升。在很多发展中国家都可以看到的所谓大城市病，在城市有大量生活条件极差的贫民区，而另一边是富人的豪宅。这反映了巨大的城市居民收入差距，也极易导致人们心理失衡，引发社会犯罪。由于城市规模大，必须要求政府进行巨额基础设施投资，用于城市交通，城市公共设施、城市管理，政府还要付出巨额投资保护城市的环境，治理污染等。

城市的规模对港口的发展起着很大的制约作用。一般来说，城市规模越大，港口发展的空间越大。但是城市规模超过一定程度之后，往往会导致城市与港口之间产生很多矛盾。在交通运输这项指标下，本书选择了城市人口总量和建成区面积这 2 项三级指标。

（三）固定资产投资指标

固定资产投资额是以货币表现的建造和购置固定资产活动的工作量，它是反映固定资产投资规模、速度、比例关系和使用方向的综合性指标。全社会固定资产投资可分为基本建设、更新改造、房地产开发投资和其他固定资产投资四个部分。

固定资产投资是社会固定资产再生产的主要手段。通过建造和购置固定资产的活动，国民经济不断采用先进技术装备，建立新兴部门，进一步调整经济结构和生产力的地区分布，增强经济实力，为改善人民物质文化生活创造物质条件。

固定资产投资一方面通过对各类与港口直接或者间接相关的基础设施的投资建设促进港口的发展；另一方面通过改造产业，特别是临港产业的技术装备推动港口的发展。一般来说，城市固定资产投资越大，对港口的推动作用越强。在固定资产投资这项指标下，本书选择了固定资产投资总额和固定资产投资结构这 2 项三级指标。

（四）环境支持能力指标

港口的可持续发展要求建设绿色生态港。过去，由于规模有限，虽然港口也对城市空间环境造成污染，但影响不大，解决污染问题所需投入不多。然而，全球经济一体化使进出港口的船舶、装卸机械和集疏运工具等急剧增加。港口作业的粉尘、噪声、废水、废气和废渣的排放开始严重影响着居民的生活休闲，临港新兴发展的重化工业与居民要求青山碧水之间，经常成为困扰城市和港口协调发展的难题。港口成为城市主要污染源之一，是港口城市环境质量下降的主要影响因素。因此，城市环境支持和港口建设与运营过程的协调是保证港口和城市可持续发展的必要条件。环境支持能力在本书中主要分为两类指标：第一，环境保护能力指标，包括城市绿化覆盖率，污水集中处理率和工业固体废物处置率；第二，能源供给能力指标，包括水、电的供给率。

（五）人才指标

人才是第一生产力，对于港口的发展来说离不开充足的人才的供给。港口需要的主要是物流仓储专业人才、国际贸易、港口建设等方面专业人才。本书把人才指标分为：人才总量、物流仓储专业人才数量、物流、国际贸易等港口相关专业年高校毕业生数量 3 个三级指标。城市人才总量往往反映了城市的人才吸引力，与港口所需人才数量呈明显的正相关关系。在专业人才数量方面本书选用了最具代表性的物流仓储专业人才数量作为代表性指标。而年专业高校毕业生数量能够在增量上反映港口相关后备人才的保障。

三、城市软环境指标

城市的软环境是相对于硬环境而言的，是城市社会经济运行中除有形的硬件设施之外的服务、政策法规、文化、技术、思想观念等无形要素的总和。城市的软环境就是城市发展的吸引力，是城市经营的软实力，是城市发展的核心竞争力，是城市硬环境产生价值和效应的关键因素，是城市文明的重要指标。软环境是一种无形资产，通过有形的环境来体现和展示，通过具体的活生生的实例来验证，它形成一种氛围，产生一种力量，产播一种信息，辐射一种效应，创造一种价值，成为城市发展的动力和吸引力。综合城市发展的各种因素，城市软环境主要内涵包括人才环境和政策环境的营造，城市形象环境的塑造与营销，城市文化环境的提升与构造以及城市创新环境的建设等。

与劳动力资源不同，软环境资源是一种新型的资源形式。与有形的资源形式相比较，软环境资源有这样几个特征：第一，软环境资源总是借助于有形的资源而存在，它物化于有形资源之中，使得有形资源性能在原来的基础上发生深刻的变化；第二，软环境的资源价值和效益具有较大的弹性，它的作用方式不易直观地衡量；第三，软环境资源的获取必须要有相应的投入，但其收益却有一定程度的滞后性；第四，软环境资源虽依附于其他要素，但对其他要素的增长起到支配作用。

（一）金融服务指标

港口航运与金融服务联系紧密。一方面，港口和航运业属资金密集型行业。港口的发展需要加大基础设施及相关配套设施建设，对资金需求量大，且回收周期长，因此金融对支持港口发展有着非常重要的作用。另一方面，航运业长周期性以及高风险的特征，决定了其需要通过金融、保险安排等进行风险分摊和降低，以保障航运经营的平稳和连续性。

本书中的金融服务主要指的是与港口业务相关的各类金融业务支持。主要有出口信贷业务额、出口信用保险业务额和外贸结算业务额3项指标。通过相关金融业务产值能较为直接的反映出金融业的服务能力。

（二）物流及中介服务指标

港口物流是中心港口城市利用其自身的口岸优势，以先进的软硬件环境为依托，强化其对港口周边物流活动的辐射能力，突出港口集货、存货、配货特长，以临港产业为基础，以信息技术为支撑，以优化港口资源整合为目标，发展具有涵盖物流产业链所有环节特点的港口综合服务体系。港口物流是特殊形态下的综合物流体系，是作为物流过程中的一个无可替代的重要节点，完成整个供应链物流系统中基本的物流服务和衍生的增值服务。

船代即代理与船舶有关业务的单位，其工作范围有办理引水、检疫、拖轮、靠泊、装卸货、物料、证件等。船代负责船舶业务，办理船舶进出口手续，协调船方和港口各部门，以保证装卸货顺利进行，另外完成船方的委办事项，如更换船员，物料，伙食补给，船舶航修等。有时船方也会委托船代代签提单。

从国际货运代理人的基本性质看，货代主要是接受委托方的委托，就有关货物运输、转运、仓储、装卸等事宜。一方面它与货物托运人订立运输合同，同时他又与运输部门签订合同，对货物托运人来说，他又是货物的承运人。目前，相当部分的货物代理人掌握各种运输工具和储存货物的库场，在经营其业务时办理包括海陆空在内的货物运输。

物流及船代、货代等中介类服务是城市为港口提供的至关重要的配套服务。本书选择了船代、货代行业产值和物流行业产值两类行业产值作为衡量城市提供物流等相关服务的能力。

（三）通关服务指标

通关即结关、清关，是指进口货物、出口货物和转运货物进入一国海关关境或国境必须向海关申报，办理海关规定的各项手续，履行各项法规规定的义务；只有在履行各项义务，办理海关申报、查验、征税、放行等手续后，货物才能放行，货主或申报人才能提货。同样，载运进出口货物的各种运输工具进出境或转运，也均需向海关申报，办理海关手续，得到海关的许可。货物在结关期间，不论是进口、出口或转运，都是处在海关监管之下，不准自由流通。通关服务能力直接制约着港口货运的效率。

本书指的通关服务指标主要是包括通关服务信息化水平、通关服务满意度、通关服务标准化程度及每吨货物通关费用等 4 项三级指标。

（四）海港文化指标

港口城市的形成与发展是与港口的演变过程密不可分的。作为沿海港口城市，其文化特色需要博古纳今，形成港口城市独特的文化风格和文化个性。如此，港口城市才可能拥有永久不衰的魅力，才不会被国际化现代化的浪潮所淹没。

本书涉及的海港文化指标主要是包括年国际会展次数、年举办海港物流类专业国际会议次数、年举办国际港口文化活动次数这 3 项三级指标。目的是为了强调文化宣传和推介在港口国际化过程的作用。

通过以上城市对港口影响的深入分析，选取了部分主要的变量指标，构建了城市影响港口子系统因果图（见图 5－2）。该图能直观地反映城市系统影响港口发展的内在机制。

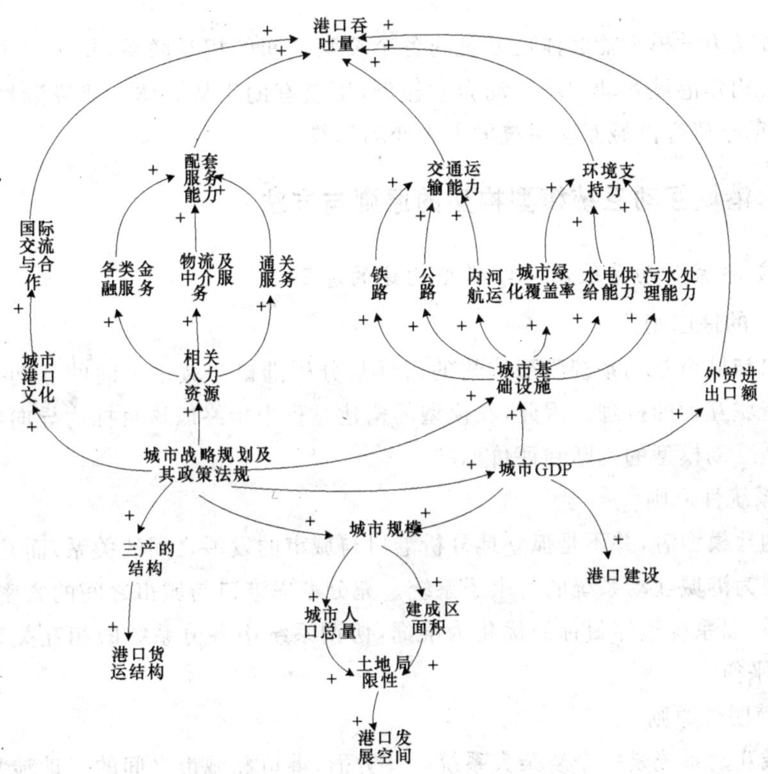

图 5－2　城市影响港口子系统

第六章 港城互动模型构建

港口与城市之间相互联系、相互影响，构成了港口与城市的动态系统。构建港城互动系统的动态模型，对深入研究港城之间的互动关系，预测港城经济未来的发展趋势，以及提出改进港城互动关系的措施，具有重要意义。

第一节 港城互动系统动力学模型

系统动力学模型能够体现系统间各个要素之间的相互联系，并注重系统的动态变化。构建港城互动的系统动力学模型，不仅有助于从总体上研究港城互动机制，也有助于研究港城互动系统的未来变动趋势。

一、港城互动系统模型构建的原则与方法

（一）港城互动系统动力学模型构建的原则

1. 目的性原则

港口与城市互动系统模型构建的目标是分析港口与城市之间的互动关系，进而分析港城互动的机理。因此，在模型的构建过程中始终以该目标为导向，将目标作为港城互动模型的判断和评价标准。

2. 系统性原则

在构建模型时，并不是孤立地分析港口与城市的发展之间的关系，而是将港口与城市视为港城互动系统的两个子系统。充分考虑港口与城市之间的紧密联系和互动关系，以系统整体目标的优化为准绳，协调系统中各分系统的相互关系，使系统完整、平衡。

3. 简明性原则

港城互动系统是一个复杂大系统。一方面，港口和城市之间的互动涉及社会、经济的各个领域，内容广泛，需要考虑的因素非常繁杂。另一方面，港口和城市也

都是较为复杂的大系统，各自都包含着多层子系统。因此，在考虑系统结构时，必须对系统进行简化，分析港城互动的内在动力，进而提炼出港城互动系统的主要因素。

4. 可量化性原则

系统动力学以系统思考为理论基础，对系统进行动态模拟，进而揭示系统运动的内在机理。而动态模拟的基础就是建立系统各个要素之间的动态方程。因此，系统动力学模型的各个要素必须是可以量化的。构建港口与城市互动系统时，在保证系统完整的基础上，选择可量化的关键要素，是构建港城互动系统动力学模型的内在要求。

（二）港城互动系统动力学模型构建的方法

1. 系统动力学

系统动力学以系统思考为理论基础，但更进一步，融进了计算机仿真模型。系统动力学研究起源于美国麻省理工学院 Jay W. Forrester 教授的名著《工业动力学》。由于初期它主要应用于工业企业管理，故称为“工业动力学”。后来，随着该学科的发展，其应用范围日益扩大，遍及经济社会等各类系统，故改称为系统动力学。

系统动力学法的步骤：

(1)找出问题；

(2)对问题产生的原因形成动态假设；

(3)从问题根源出发，建立计算机仿真模型系统；

(4)对模型进行测试，确保现实中的行为能够再现于计算机模型系统；

(5)设计、测试各选择性方案，减少问题；

(6)实施方案。

2. 回归理论

在许多实际问题中，某个变量 y 往往相关于另外一些变量 $x_1, x_2, \cdots, x_{p-1}$，但这种相关关系或者由于其机理不甚明确，或者由于问题的复杂性而不能确切知道，因此只能说由 $x_1, x_2, \cdots, x_{p-1}$ 的取值部分地决定 y 的取值。如港口吞吐量 y 与国内生产总值 x 具有一定的相关关系；又如，某种商品的销量 y 与众多的社会经济学和人口统计学变量如消费者年龄 x_1、性别 x_2、经济收入 x_3 以及商品的价格 x_4 等有关，同样，由这些变量的取值不能完全决定该商品的销量。在这些情况下，y 的值由两部分构成，一部分是由 $x_1, x_2, \cdots, x_{p-1}$ 能够决定的部分，它是 $x_1, x_2, \cdots, x_{p-1}$ 的某个函数，记为 $f(x_1, x_2, \cdots, x_{p-1})$；另一部分是众多未加考虑的因素(包括随机因素)所产生的影响，被看作是随机误差，记为 ε。于是 y 与 $x_1, x_2, \cdots, x_{p-1}$ 的关系

可表示为

$$y=f(x_1,x_2,\cdots,x_{p-1})+\varepsilon$$

回归分析即是利用 y 与 $x_1,x_2,\cdots,x_{p-1}$ 的观测数据，并在误差项的某些假定下确定 $f(x_1,x_2,\cdots,x_{p-1})$. 利用统计推断方法对所确定的函数的合理性以及由此关系所揭示的 y 与各 $x_1,x_2,\cdots,x_{p-1}$ 的关系作分析，进一步应用于预测、控制等问题。

特别，当 $f(x_1,x_2,\cdots,x_{p-1})$ 是 $x_1,x_2,\cdots,x_{p-1}$ 的线性函数时，有

$$y=\beta_0+\beta_1x_1+\beta_2x_2+\cdots+\beta_{p-1}x_{p-1}+\varepsilon$$

称此模型为线性回归模型，它是本章研究的基本模型，其中 $\beta_0,\beta_1,\beta_2,\cdots,\beta_{p-1}$ 是未知常数，称为回归参数或回归系数；y 称为因变量或响应变量；$x_1,x_2,\cdots,x_{p-1}$ 称为自变量或回归变量；ε 称为随机误差项并假定 $E(\varepsilon)=0$。ε 是不可观测的随机变量，而 y 和 $x_1,x_2,\cdots,x_{p-1}$ 之间呈线性关系，而只要求 y 与未知参数 $\beta_0,\beta_1,\beta_2,\cdots,\beta_{p-1}$ 具有线性关系即可。在此意义上，一个最一般的线性回归模型为

$$y=\sum_{j=0}^{q-1}\beta_jf_j(x_1,x_2,\cdots,x_{p-1})+\varepsilon$$

其中 $f_j(x_1,x_2,\cdots,x_{p-1})(j=0,1,\cdots,q-1)$ 是 q 个线性无关的已知函数，这时只要设置新的变量

$$z_j=f_j(x_1,x_2,\cdots,x_{p-1}),j=1,2,\cdots,p-1$$

便可将模型化为线性回归模型。

3. 聚类分析

聚类分析又称群分析，它是研究（样品或指标）分类问题的一种多元统计方法。聚类分析能够将一批样本数据（或变量）按照它们在性质上的亲疏程度在没有先验知识的情况下自动进行分类。这里一个类就是一个具有相似性的个体的集合，不同类之间具有明显的非相似性。在分类过程中，人们不必事先给出一个分类标准，聚类分析能够从样本数据出发，客观地决定分类标准。

聚类分析一般有两种方法：一种是把每个对象看作是空间中的一个点，然后定义点与点之间的距离；另一种是用某种相似系数来描述对象之间的紧密程度。

变量聚类在实际中也有广泛应用，一方面，通过变量聚类可以发现某些变量之间的一些共性，以有利于分析问题和解决问题；另一方面，变量聚类也可作为某些数据分析的中间过程。例如，在回归分析中，若涉及的自变量很多，则可先考虑用变量聚类，再在每一类变量中进行主成分分析，选取各类中的某些主成分作为新的自变量，这样不但可以消除变量间的复共线性，而且还可达到降低自变量维数的目的。

4. 因子分析

由于港城互动系统中多个要素之间都存在着较高的相关性，因此采用回归分析时会产生各个要素的共线问题。为了降低要素之间的相关性，本书采取了因子分析方法。

因子分析的基本思想是：通过变量（或样品）的相关系数矩阵（对样品是相似系数矩阵）内部结构的研究，找出能控制所有变量（或样品）的少数几个随机变量去描述多个变量（或样品）之间的相关（相似）关系。但在这里，这少数几个随机变量是不可观测的，通常称为因子。然后根据相关性（或相似性）的大小把变量（或样品）分组，使得同组内的变量（或样品）之间相关性（或相似性）较高，但不同组内的变量（或样品）相关性（或相似性）较低。

因子变量具有以下特点：(1)因子变量的数量远少于原有指标变量的数量，能减少分析中的计算工作量。(2)因子变量并不是原有变量的简单取舍，而是对原始变量的重新组构，它们能够反映原有众多指标的绝大部分信息，不会产生重要信息的丢失问题。(3)因子变量之间没有线性相关关系，能为研究工作提供较大的便利。(4)因子变量具有命名解释性，有助于对因子分析结果的解释评价。

相关矩阵 R 也是 P 维观测数据的最重要的数字特征，它刻画了变量观测值之间的线性相关的密切程度。R 往往是多维数据分析的出发点。S 及 R 总是非负定的，在实际应用中，S 及 R 常是正定的。

不同的变量往往有不同的量纲，由于不同的量纲会引起各变量取值的分散程度差异较大，这时变量的总方差则主要受方差较大的变量控制，若由原变量的协方差矩阵出发进行主成分分析，则优先照顾了方差较大的变量，这不但会给主成分变量的解释带来困难，有时还会造成不合理的结果。为了消除原变量彼此方差差异过大的影响，通常将原变量进行标准化再作主成分分析。

二、港城互动系统动力学模型的方程

根据以上章节的分析，港城互动系统动力学模型的变量如表 6 - 1 所示。

表 6-1　港口与城市系统动力学模型变量汇总

类别	变量名称	单位	属性	备注
城市	建成区面积	平方公里	数值型	
	建成区面积增长量	平方公里	数值型	
	建成区面积增长率		百分数	
	人才总量	万人	数值型	
	人才总量增长量	万人	数值型	
	人才总量增长率		百分数	
	社会消费品零售总额	亿元	数值型	
	社会消费品零售总额增长量	亿元	数值型	
	社会消费品零售总额增长率		百分数	
	全社会固定资产投资	亿元	数值型	
	全社会固定资产投资增长量	亿元	数值型	
	全社会固定资产投资增长率		数值型	
	GDP	亿元	数值型	
	第一产业产值	亿元	数值型	
	第二产业产值	亿元	数值型	
	第三产业产值	亿元	数值型	
	对外贸易额	亿元	数值型	
港口	港口投资额	亿元	数值型	
	港口投资额增长量	亿元	数值型	
	港口投资额增长率		数值型	
	装卸机械数	台套	数值型	
	堆场面积	万平方米	数值型	
	仓库面积	万平方米	数值型	
	码头泊位数	个	数值型	
	港口通行能力	万吨	数值型	
	货物吞吐量	万吨	数值型	
	港口营业收入	亿元	数值型	
	港口营业收入影响系数		数值型	
	港口投资对固定资产投资的拉动系数		数值型	

本书利用 2005—2009 年度的历史数据，对港城互动系统动力学模型的方程计算如下：

（一）GDP

表 6-2 GDP 影响要素统计特征

	均值	标准差	分析 N
建成区面积	184.1400	61.14882	5
人才总量	61.98	12.039	5
全社会固定资产投资	1633.8100	251.54770	5
社会消费品零售总额	1070.0503	270.90427	5

令：

$$x_1 = \text{建成区面积}$$
$$x_2 = \text{人才总量}$$
$$x_3 = \text{全社会固定资产投资}$$
$$x_4 = \text{社会消费品零售总额}$$

则由表 6-2,可得

$$x_1 = (x_1 - 184.14)/61.15$$
$$x_2 = (x_2 - 61.98)/12.04$$
$$x_3 = (x_3 - 1633.81)/251.55$$
$$x_4 = (x_4 - 1070.05)/270.90$$

表 6-3 GDP 影响要素解释的总方差

成分	初始特征值			提取平方和载入		
	合计	方差的%	累积%	合计	方差的%	累积%
1	3.807	95.163	95.163	3.807	95.163	95.163
2	0.182	4.557	99.720	0.182	4.557	99.720
3	0.011	0.272	99.991	0.011	0.272	99.991
4	0.000	0.009	100.000	0.000	0.009	100.000

可知,成分 1 即可解释总方差的 95.163%,故可只选择成分 1。

表 6-4 GDP 影响要素成分得分系数矩阵

	成分			
	1	2	3	4
建成区面积	0.244	2.024	1.564	0.361
人才总量	0.261	−0.470	−3.811	−39.852
全社会固定资产投资	0.258	−0.983	7.227	3.026
社会消费品零售总额	0.261	−0.451	−4.770	36.541

提取方法:主成分析法。

构成得分:

$$z_1=0.244\text{std}x_1+0.261\text{std}x_2+0.258\text{std}x_3+0.261\text{std}x_4$$

回归可得:

表 6-5　GDP 成分 1 的回归系数

模型		非标准化系数		标准系数	t	Sig.
		B	标准误差	试用版		
1	(常量)	3387.480	58.338		58.066	0.000
	REGR factor score 1 for analysis 1	726.488	65.224	0.988	11.138	0.002

a. 因变量:GDP。

得:

$$\begin{aligned}GDP &=3387.480+726.49z_1\\ &=2.89x_1+15.75x_2+0.75x_3+0.70x_4\end{aligned}$$

(二) 港口通行能力

表 6-6　港口通行能力影响要素的相关性

		港口通行能力	码头泊位数	仓库面积	堆场面积	装卸机械数
港口通行能力	Pearson 相关性	1	0.927*	0.943*	0.897*	0.978**
	显著性(双侧)		0.024	0.016	0.039	0.004
	N	5	5	5	5	5
码头泊位数	Pearson 相关性	0.927*	1	0.993**	0.988**	0.901*
	显著性(双侧)	0.024		0.001	0.002	0.037
	N	5	5	5	5	5
仓库面积	Pearson 相关性	0.943*	0.993**	1	0.992**	0.935*
	显著性(双侧)	0.016	0.001		0.001	0.020
	N	5	5	5	5	5
堆场面积	Pearson 相关性	0.897*	0.988**	0.992**	1	0.901*
	显著性(双侧)	0.039	0.002	0.001		0.037
	N	5	5	5	5	5
装卸机械数	Pearson 相关性	0.978**	0.901*	0.935*	0.901*	1
	显著性(双侧)	0.004	0.037	0.020	0.037	
	N	5	5	5	5	5

*　在 0.05 水平(双侧)上显著相关。

**　在 0.1 水平(双侧)上显著相关。

表 6-7　港口通行能力影响要素描述统计量

	均值	标准差	分析 N
码头泊位数	248.2000	36.94861	5
仓库面积	22.4340	9.78788	5
堆场面积	163.4420	59.12330	5
装卸机械数	621.2000	134.55185	5

令

$$x_1 = \text{码头泊位数}$$

$$x_2 = \text{仓库面积}$$

$$x_3 = \text{堆场面积}$$

$$x_4 = \text{装卸机械数}$$

则由表 6-7 得：

$$x_1 = (x_1 - 248.20)/36.94$$

$$x_2 = (x_2 - 22.43)/9.79$$

$$x_3 = (x_3 - 163.44)/59.12$$

$$x_4 = (x_4 - 621.20)/134.55$$

表 6-8　港口通行能力影响要素解释的总方差

成分	初始特征值			提取平方和载入		
	合计	方差的%	累积%	合计	方差的%	累积%
1	3.857	96.418	96.418	3.857	96.418	96.418
2	0.130	3.242	99.660	0.130	3.242	99.660
3	0.012	0.296	99.956	0.012	0.296	99.956
4	0.002	0.044	100.000	0.002	0.044	100.000

提取方法:主成分分析法。

可知,成分 1 即可解释总方差的 96.42%,故可只选择成分 1。回归可得：

表 6-9　港口通行能力影响要素成分得分系数矩阵

	成分			
	1	2	3	4
码头泊位数	0.256	−0.975	−6.408	8.838
仓库面积	0.259	−0.342	−0.205	−20.378
堆场面积	0.256	−0.974	6.578	7.951
装卸机械数	0.247	2.386	0.039	3.935

提取方法:主成分分析法。

构成得分：

$$z_1=0.256\mathrm{std}x_1+0.259\mathrm{std}x_2+0.256\mathrm{std}x_3+0.247\mathrm{std}x_4$$

表 6-10　港口通行能力影响要素成分回归系数 a

模　型		非标准化系数		标准系数	t	Sig.
		B	标准误差	试用版		
1	（常量）	27037.000	559.215		48.348	0.000
	REGR factor score 1 for analysis 1	3402.989	625.221	0.953	5.443	0.012

a. 因变量：港口通行能力。

即：

$$\text{港口通行能力}=27037+3402.99z_1$$
$$=23.58x_1+90.03x_2+14.74x_3+6.25x_4+12876.82$$

（三）第一、二、三产业与对外贸易额

表 6-11　第一、二、三产业描述统计量

	均　值	标准差	分析 N
第一产业	154.8080	20.96549	5
第二产业	1853.7200	390.63304	5
第三产业	1378.9540	326.56015	5

令

$$x_1=\text{第一产业}$$
$$x_2=\text{第二产业}$$
$$x_3=\text{第三产业}$$

则：

$$x_1=(x_1-154.80)/20.97$$
$$x_2=(x_2-1853.72)/390.63$$
$$x_3=(x_3-1378.95)/326.56$$

表 6-12　第一、二、三产业解释的总方差

成分	初始特征值			提取平方和载入		
	合计	方差的％	累积％	合计	方差的％	累积 ％
1	2.954	98.464	98.464	2.954	98.464	98.464
2	0.045	1.487	99:952	0.045	1.487	99.952
3	0.001	0.048	100.000	0.001	0.048	100.000

提取方法：主成分分析法。

成分 1 可解释总方差的 98.46％，因此取一个主成分即可。

表 6-13　第一、二、三产业成分得分系数矩阵

	成分		
	1	2	3
第一产业	0.335	−3.283	11.376
第二产业	0.335	3.409	10.188
第三产业	0.338	−0.122	−21.331

提取方法：主成分分析法。

构成得分。

$$z_1=0.335\text{std}x_1+0.335\text{std}x_2+0.338\text{std}x_3$$

对外贸易额和三产产值进行线性回归可得：

表 6-14　对外贸易额的回归系数

模型		非标准化系数		标准系数	t	Sig.
		B	标准误差	试用版		
1	(常量)	521.694	28.297		18.437	0.000
	REGR factor score 1 for analysis 1	129.204	31.637	0.921	4.084	0.027

a. 因变量：外贸进出口总额。

故

$$\text{外贸出口总额}=521.69+129.20z_1$$

$$=2.06x_1+0.11x_2+0.13x_3-188.02$$

（四）货物吞吐量

表 6-15　货物吞吐与影响要素之间的相关性

		港口吞吐量	对外贸易额	港口通行能力
港口吞吐量	Pearson 相关性	1	0.934*	0.868
	显著性(双侧)	0.020	0.057	
	N	5	5	5
对外贸易额	Pearson 相关性	0.934*	1	0.731
	显著性(双侧)	0.020		0.161
	N	5	5	5
港口通行能力	Pearson 相关性	0.868	0.731	1
	显著性(双侧)	0.057	0.161	
	N	5	5	5

* 在 0.05 水平(双侧)上显著相关。

表 6-16　货物吞吐量各影响要素的系数

模　型		非标准化系数		标准系数	t	Sig.
		B	标准误差	试用版		
1	（常量）	8893.371	6052.877		1.469	0.280
	对外贸易额	20.777	7.825	0.643	2.655	0.117
	港口通行能力	0.505	0.308	0.398	1.642	0.242

a. 因变量：港口吞吐量。

令：

$$x_1 = \text{对外贸易额}$$
$$x_2 = \text{港口通行能力}$$

可得：

$$\text{外贸出口总额} = 20.78x_1 + 0.51x_2 + 8893.37$$

（五）码头泊位数—港口投资额

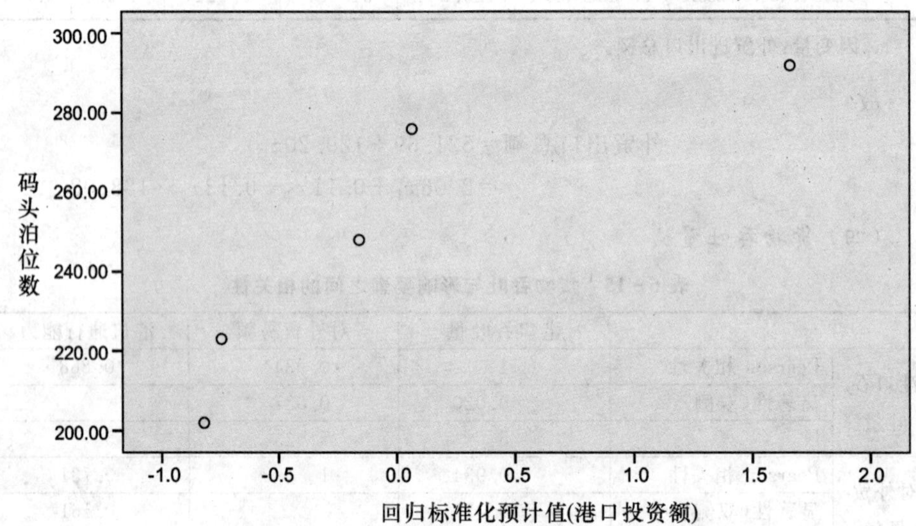

图 6-1　码头泊位数—港口投资额散点图

表 6-17　码头泊位数—港口投资额的回归系数

模　型		非标准化系数		标准系数	t	Sig.
		B	标准误差	试用版		
1	(常量)	95.551	46.875		2.038	0.134
	港口投资额	6.407	1.932	0.886	3.316	0.045

a. 因变量：码头泊位数。

令：

$$x_1 = \text{港口投资额}$$

得：

$$\text{码头泊位数} = 6.41x_1 + 95.55$$

（六）仓库面积—港口投资额

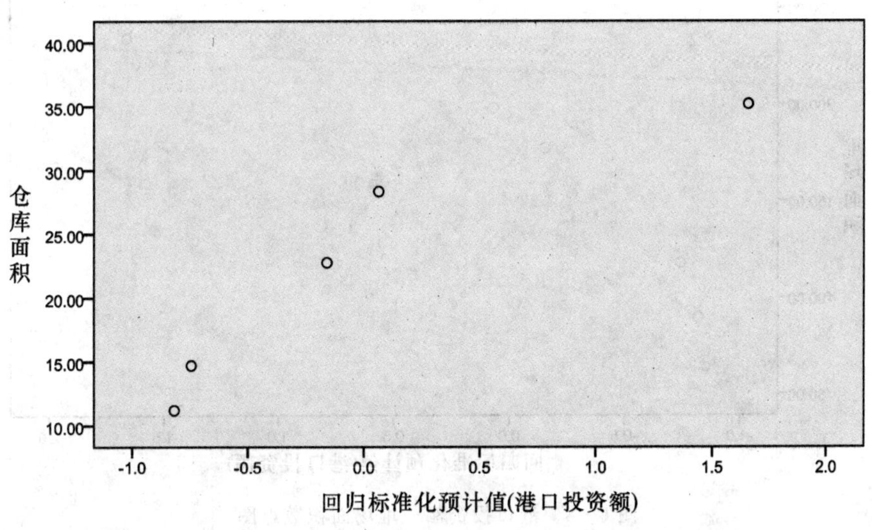

图 6-2　仓库面积—港口投资额散点图

表 6-18　仓库面积—港口投资额回归系数 a

模　型		非标准化系数		标准系数	t	Sig.
		B	标准误差	试用版		
1	（常量）	−19.971	9.893		−2.019	0.137
	港口投资额	1.780	0.408	0.929	4.364	0.022

a. 因变量：仓库面积。

令：

$$x_1 = \text{港口投资额}$$

得：

$$\text{仓库面积} = 1.78x_1 - 19.97$$

（七）堆场面积—港口投资额

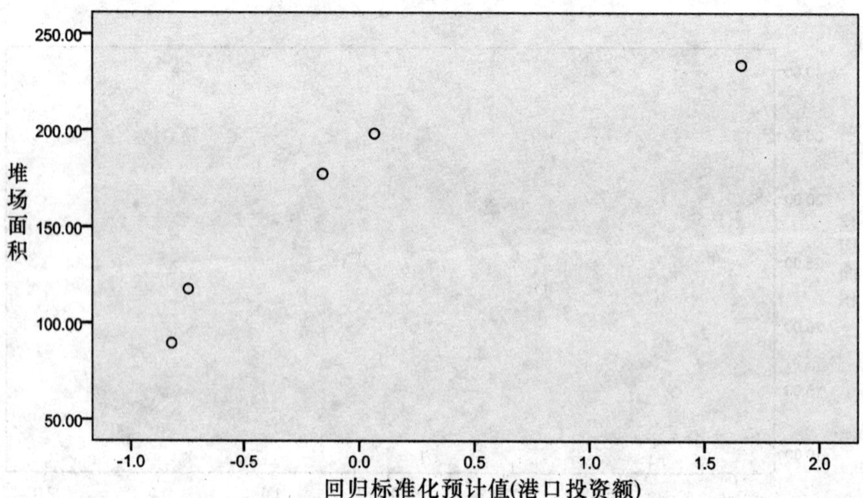

图 6-3　港口投资额—堆场面积散点图

表 6-19　堆场面积—港口投资额回归系数

模型		非标准化系数		标准系数	t	Sig.
		B	标准误差	试用版		
1	（常量）	−83.615	71.773		−1.165	0.328
	港口投资额	10.370	2.959	0.897	3.505	0.039

a. 因变量：堆场面积。

令：

$$x_1 = \text{港口投资额}$$

得：

$$\text{堆场面积} = 10.37x_1 - 83.62$$

（八）装卸机械数—港口投资额

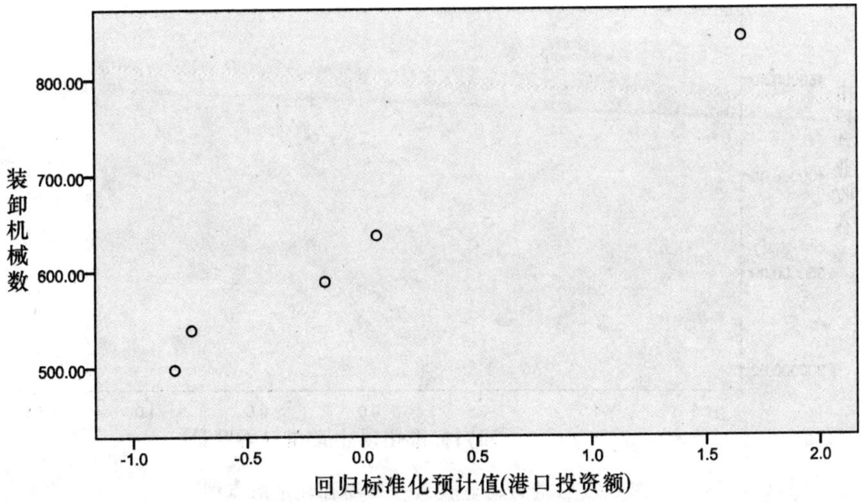

图 6-4　装卸机械数—港口投资额散点图

表 6-20 装卸机械数—港口投资额回归系数

模型		非标准化系数		标准系数	t	Sig.
		B	标准误差	试用版		
1	(常量)	−3.097	35.142		−0.088	0.935
	港口投资额	26.204	1.449	0.995	18.089	0.000

a. 因变量：装卸机械数。

令：

$$x_1 = \text{港口投资额}$$

得：

$$\text{装卸机械数} = 26.20x_1 - 3.10$$

（九）港口营业收入—货物吞吐量

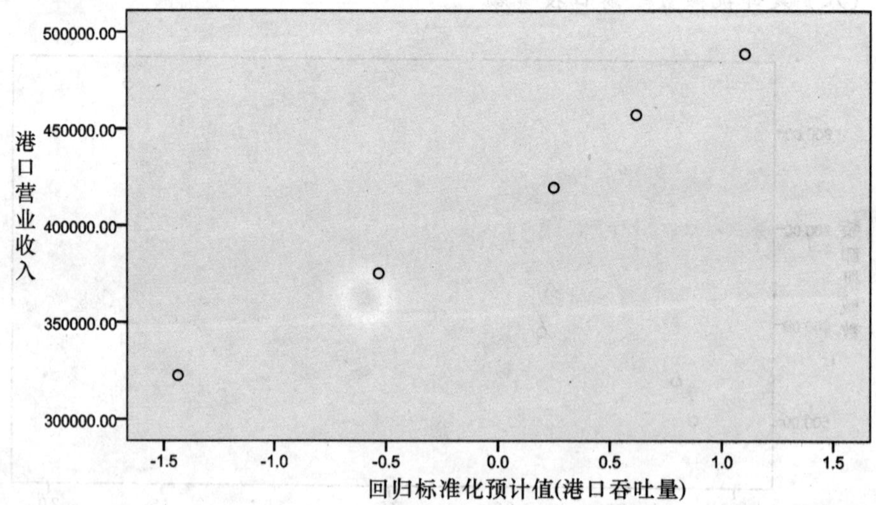

图 6-5 港口营业收入—货物吞吐量散点图

表 6-21 港口营业收入—货物吞吐量回归系数

模型		非标准化系数		标准系数	t	Sig.
		B	标准误差	试用版		
1	(常量)	−70466.985	25275.050		−2.788	0.069
	港口吞吐量	14.474	0.751	0.996	19.261	0.000

a. 因变量：港口营业收入。

令：

$$x_1 = \text{港口吞吐量}$$

得：

$$港口营业收入=14.47x_1-70466.99$$

三、港城互动系统动力学模型

本书构建的港城互动模型使用由 Ventana 公司开发的 Vensim 软件。Vensim 是在全球和国内获得最广泛使用的系统动力学建模软件，它具有图形化的建模方法，除具有一般的模型模拟功能外，还具有复合模拟、数组变量、真实性检验、灵敏性测试、模型最优化等强大功能。Vensim 提供对于模型的结构分析和数据集分析。Vensim 有 Vensim PLE，PLE Plus，Professional 和 DSS 版本。本书使用 Vensim PLE。

以上通过相关性分析、因子分析和回归分析确定了港城互动系统中各个要素之间的动态方程。由此可以构建港口与城市的系统动力学模型（见图 6－6）。

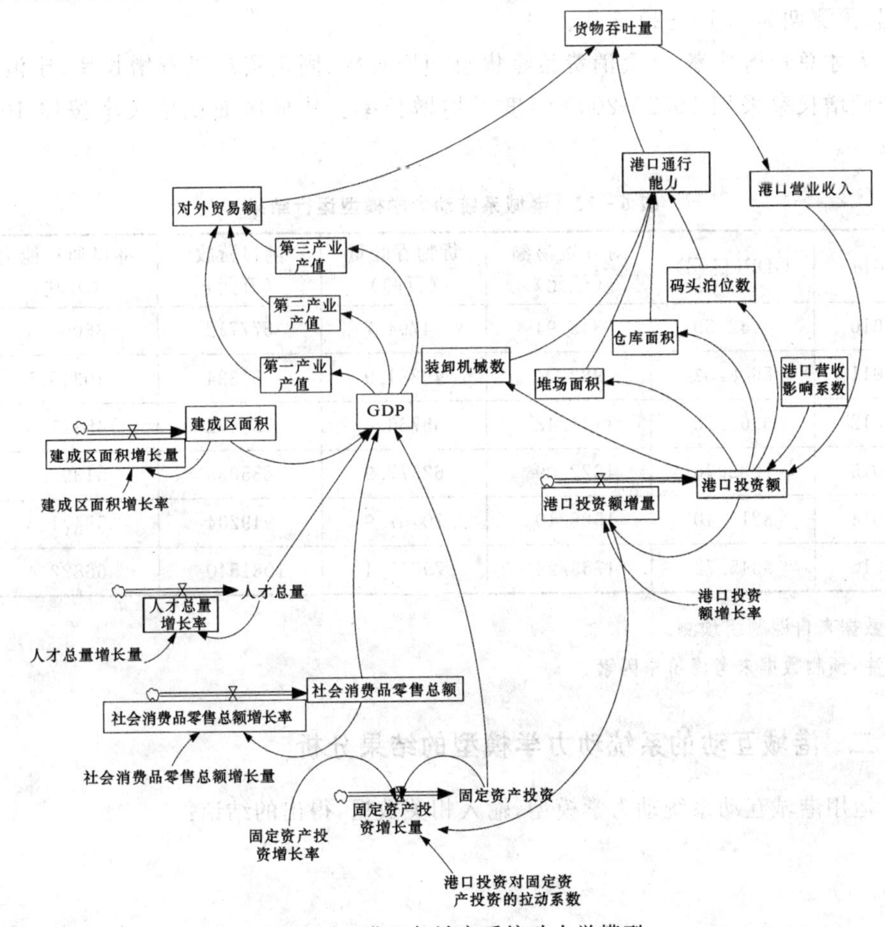

图 6－6　港口与城市系统动力学模型

第二节　计算及结果分析

系统动力学模型不仅可以在设定周期内对系统运行情况进行模拟，而且可以分析系统中不同变量变动时系统的相应变化。本节根据港城互动的系统动力学模型运行结果进行分析，并研究投入要素变动时系统的变动情况，进而揭示港口与城市之间相互影响的数量关系。

一、港城互动的系统动力学模型的运算

利用 Vensim 软件将数据代入进行计算。系统运行的初始数据为 2009 年相应数据，预测期为 2010—2015 年。

人才总量增长率、社会消费品零售总额增长率、固定资产投资增长率、宁波港投资额增长率采用 2005—2009 年度平均增长率。建成区面积增长率按照 10%计算。

表 6－22　港城系统动力学模型运行结果

年份	GDP(亿元)	对外贸易额(亿元)	货物吞吐量(万吨)	港口营收(万元)	港口通行能力(万吨)
2010	4942.59	843.94	44794.7	577712	36008.4
2011	5608.82	983.04	49881.9	651324	40315.5
2012	6367.70	1141.48	55766.4	736472	45397.9
2013	7232.70	1322.09	62577.9	835035	51395.1
2014	8219.40	1528.10	70467.9	949204	58471.8
2015	9345.73	1763.26	79613.4	1081540	66822.4

数据来自课题组预测。

注：预测数据未考虑价格因素。

二、港城互动的系统动力学模型的结果分析

运用港城互动系统动力学模型，输入相关数据，得出的结论：

（一）GDP

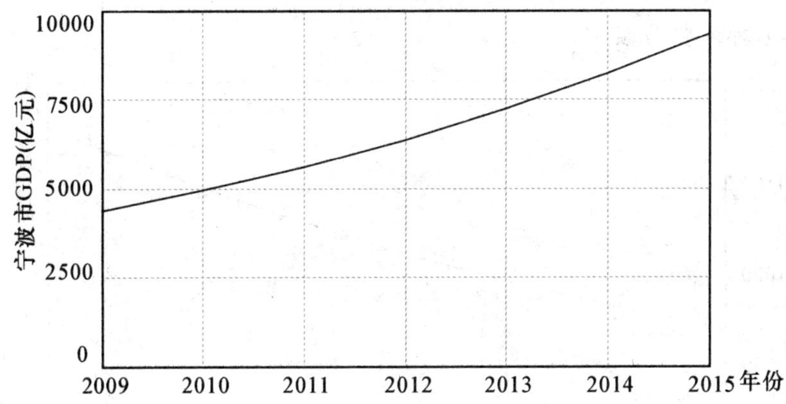

图 6-7 宁波市 GDP 增长趋势预测图

随着宁波市人才总量、社会消费品零售总额、固定资产投资和建成区面积的稳步增长，宁波市 GDP 也将呈现出较快的增长势头。

GDP 对投入要素的敏感度见表 6-23。

表 6-23 GDP 对投入要素的敏感度分析

年份	投入要素分别增长 1%后的 GDP 总量				
	人才总量（万人）	建成区面积（平方公里）	社会消费品零售总额（万元）	固定资产投资（万元）	宁波港投资（万元）
2010	4955.03	4949.52	4952.63	4957.62	4943.89
2011	5637.00	5624.15	5632.47	5642.50	5612.05
2012	6415.54	6393.10	6409.45	6424.28	6373.66
2013	7304.94	7270.14	7298.24	7317.26	7242.48
2014	8321.63	8271.11	8315.85	8337.87	8234.40
2015	9484.63	9414.29	9481.99	9505.12	9367.74
GDP 总量增长比例	0.96%	0.49%	0.90%	1.12%	0.14%

数据来自课题组预测。

由表 6-23 可知，对 GDP 增长最敏感的因素是固定资产投资。在其他因素均不变的情况下，当固定资产投资增长 1%，则 GDP 增长 1.12%。其次是人才总量，在其他因素不变的情况下，人才总量增长 1%，则 GDP 增长 0.96%，充分说明了人才对于经济发展的重要作用。同理，提高居民收入，刺激消费，进而提升社会消费品零售总额，也是提高 GDP 的重要途径。

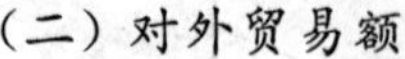

（二）对外贸易额

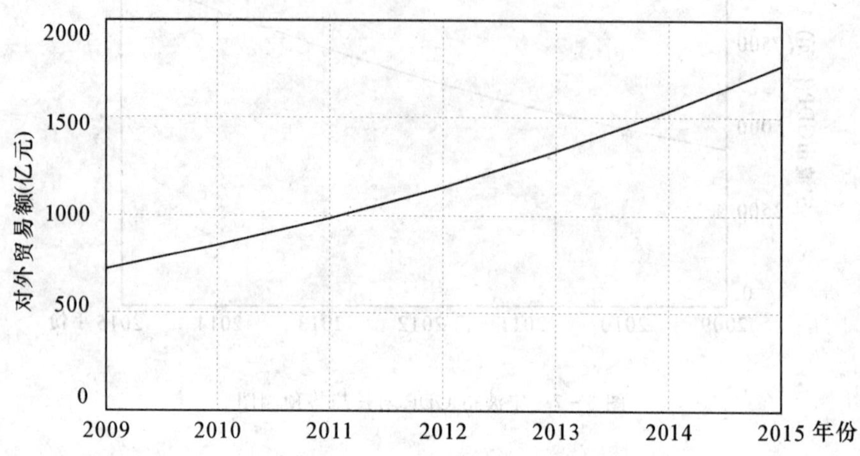

图 6－8　宁波市对外贸易额的增长趋势图

表 6－24　对外贸易额对投入要素的敏感度分析

年份	投入要素分别增长 1%后的对外贸易额				
	人才总量（万人）	建成区面积（平方公里）	社会消费品零售总额（万元）	固定资产投资（万元）	宁波港投资（万元）
2010	846.54	845.39	846.03	847.08	844.209
2011	988.92	986.24	987.98	990.07	983.714
2012	1151.48	1146.79	1150.20	1153.30	1142.73
2013	1337.17	1329.90	1335.77	1339.74	1324.13
2014	1549.45	1538.90	1548.24	1552.84	1531.23
2015	1792.27	1777.58	1791.72	1796.55	1767.86
对外贸易额增长比例	1.11%	0.57%	1.03%	1.29%	0.16%

数据来自课题组预测。

由表 6－24 中可以看出，对对外贸易额边际影响最大的因素分别是固定资产投、人才总量和社会消费品零售总额。其中人才总量提升 1%，则带动对外贸易额提升 1.11%。

（三）港口货物吞吐量

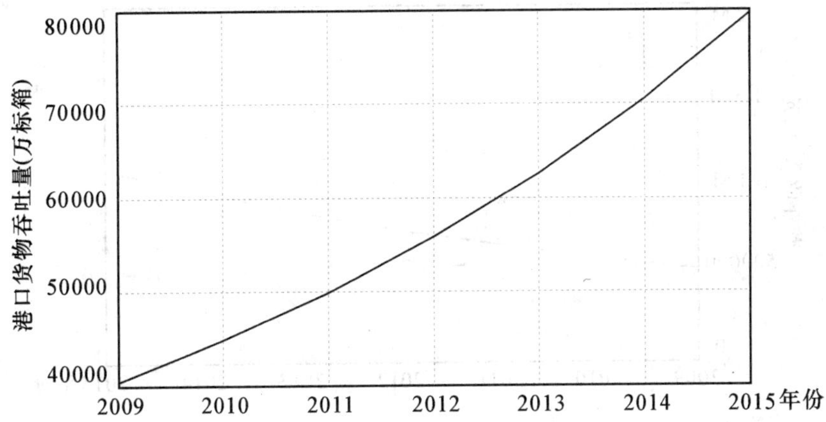

图 6－9　宁波市港口货物吞吐量增长趋势预测图

表 6－25　货物吞吐量的敏感度分析

年份	投入要素分别增长 1%后的货物吞吐量				
	人才总量（万人）	建成区面积（平方公里）	社会消费品零售总额（万元）	固定资产投资（万元）	宁波港投资（万元）
2010	44848.7	44824.8	44838.3	44859.9	44903.8
2011	50004.1	49948.4	49984.4	50028.0	50141.0
2012	55974.0	55876.6	55947.5	56011.9	56227.9
2013	62891.3	62740.3	62862.2	62944.7	63308.7
2014	70911.5	70692.3	70886.4	70981.9	71552.7
2015	80216.1	79910.9	80204.6	80305.0	81158.9
货物吞吐量增长比例	0.48%	0.25%	0.45%	0.56%	1.15%

数据来自课题组预测。

由表 6－25 可以看出，港口投资增加 1%，带动货物吞吐量增长 1.15%。另外，城市投入中，人才总量、社会消费品零售总额和固定资产投资额对非中转货物吞吐量提升比例大致相当。

（四）港口营业收入

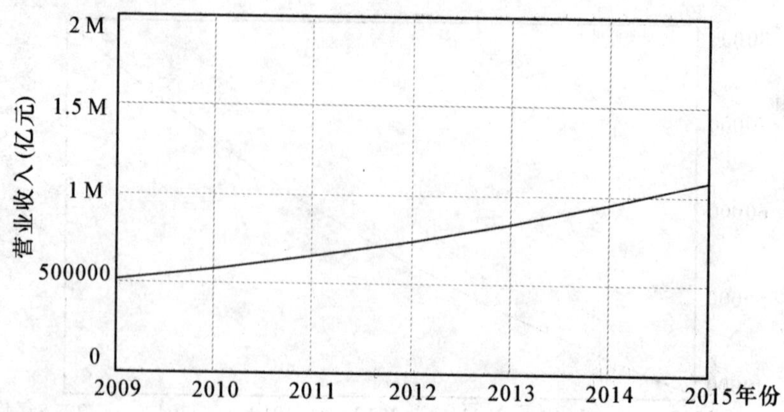

图 6－10　宁波市港口营业收入增长趋势图

表 6－26　港口营业收入的敏感度分析

年份	投入要素分别增长 1%后的港口营业收入				
	人才总量（万人）	建成区面积（平方公里）	社会消费品零售总额（万元）	固定资产投资（万元）	宁波港投资（万元）
2010	578493	578148	578343	578656	579290
2011	653093	652286	652808	653438	655073
2012	739476	738067	739093	740025	743151
2013	839570	837385	839150	840343	845610
2014	955622	952450	955259	956642	964900
2015	1090260	1085840	1090090	1091550	1103900
港口营业收入增长比例	0.52%	0.27%	0.49%	0.61%	1.26%

数据来自课题组预测。

港口投资增加 1%，带动港口营业收入增加 1.26%，社会固定资产投资增加 1%，则可以拉动港口营业收入增加 0.61%。由此可以看出港口经济与城市经济具有紧密的联系。城市固定资产投资的增长，将大大带动港口经济的发展。同时，人才总量的增加，也对提升港口经济起到重要作用。

（五）港口通行能力

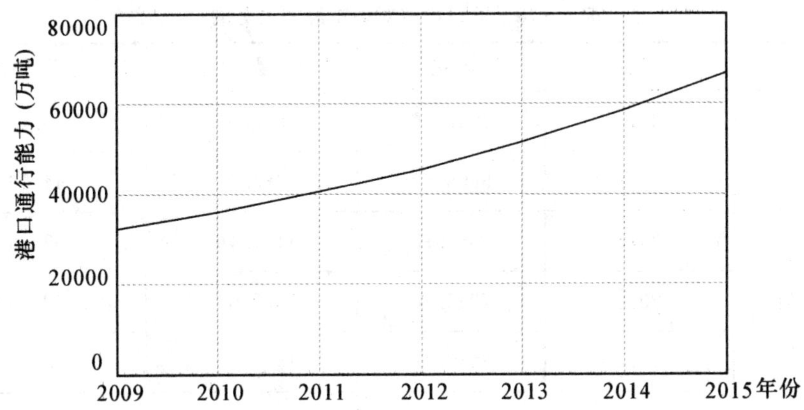

图 6-11　宁波市港口通行能力增长趋势预测图

表 6-27　港口通行能力的敏感度分析

年份	宁波港投资
2010	36211.2
2011	40796.1
2012	46252.2
2013	52744.9
2014	60471.2
2015	69665.5
港口通行能力增长比例	2.59％

数据来自课题组预测。

港口投资增加1％，则港口的通行能力增加2.59％，体现了港口投资对增加港口通行能力的巨大推动作用。这说明宁波港口自然条件非常优越，对港口腹地也具有较大的吸引力。需要在此基础上加强基本设施建设，不断挖掘港口潜力，提升港口通行能力。

（六）港口对城市的推动作用分析

表 6－28 港口投资对城市经济的影响

	年份	GDP(亿元)	对外贸易额(亿元)	港口投资额(亿元)
原　值	2010	4942.59	843.94	38.10
	2011	5608.82	983.04	44.96
	2012	6367.70	1141.48	53.05
	2013	7232.70	1322.09	62.60
	2014	8219.40	1528.10	73.87
	2015	9345.73	1763.26	87.17
	合计	41716.94	7581.91	359.75
港口投资增长率增加 1%后的值	2010	4943.89	844.21	38.43
	2011	5612.05	983.71	45.73
	2012	6373.66	1142.73	54.41
	2013	7242.48	1324.13	64.75
	2014	8234.40	1531.23	77.06
	2015	9367.74	1767.86	91.70
	合计	41774.22	7593.87	372.08
	增长量	57.28	11.963	12.33

数据来自课题组预测。

由表 6－28 中港口投资增长 1%以后的结果看出，港口投资额的增加对城市 GDP 和对外贸易额具有较大的带动作用。从绝对数量上来看，2010—2015 年，1 元的港口投入对 GDP 的边际增长效用是 4.65 元，对城市对外贸易额的边际效用是 0.97 元。

（七）城市对港口的推动作用分析

表 6－29　城市投入要素增长对港口的影响

	年份	GDP(亿元)	对外贸易额(亿元)	港口吞吐量(万吨)	港口营收(万元)
原　值	2010	4942.59	843.94	44794.7	577712
	2011	5608.82	983.04	49881.9	651324
	2012	6367.70	1141.48	55766.4	736472
	2013	7232.70	1322.09	62577.9	835035
	2014	8219.40	1528.10	70467.9	949204
	2015	9345.73	1763.26	79613.4	1081540
	合计	41716.94	7581.91	363102.2	4831287
城市投入要素增长率全部增加 1%	2010	4987.04	853.22	44987.6	580503
	2011	5709.64	1004.09	50319.3	657653
	2012	6539.29	1177.31	56510.8	747245
	2013	7492.46	1376.32	63704.9	851343
	2014	8588.26	1605.11	72068.3	972361
	2015	9848.85	1868.31	81796.3	1113130
	合计	43165.54	7884.36	369387.2	4922235
	增长率	3.47%	3.99%	1.73%	1.88%

数据来自课题组预测。

可以看出，城市投入要素增长率均提高 1%，则城市 GDP 提高 3.47%，对外贸易额提高 3.99%。根据港城互动的系统动力学模型可知，对外贸易额的提高将直接增加港口货物吞吐量，可将港口货物吞吐量提高 1.73%，港口营业收入相应地提高 1.88%。也就是说，港口货物和港口营业收入对城市 GDP 增长的弹性系数分别为 0.50 和 0.54。

三、临港产业与港口货物分析

(一)临港产业

表 6-30 临港产业增量 (单位:万吨)

临港产业	2006 年	2007 年	2008 年	2009 年
煤炭及制品	616	1616	1902	2018
石油及制品	−47	−61	−535	135
金属矿石	830	1188	1225	1636
钢铁	273	356	335	367
矿建材料	476	480	610	878
非金属矿石	−11	87	108	98
机械设备	332	1412	2031	2252
化工原料及制品	149	413	429	604
轻工、医药	1448	1958	3085	3984
其他	22	197	142	958

数据来自:《宁波市统计年鉴(2005—2010 年)》。

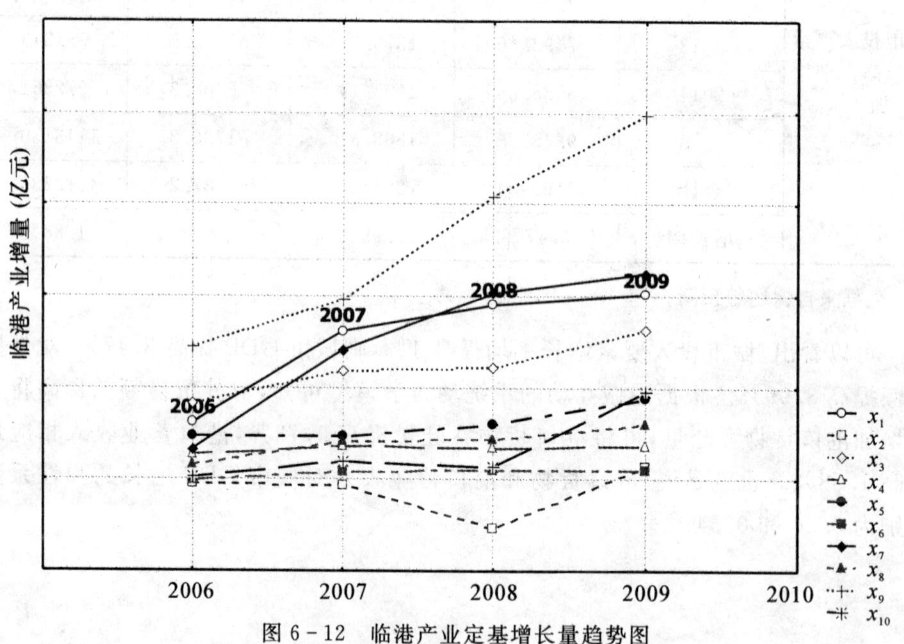

图 6-12 临港产业定基增长量趋势图

注:图中横轴表示年份,纵轴表示变量。变量 x_1,x_2,x_3,x_4,x_5,x_6,x_7,x_8,x_9,x_{10} 分别表示煤炭、石油、金属、钢铁、矿建、木非、机械、化工、轻工、其他。

资料来源:《宁波市统计年鉴(2005—2010 年)》。

表 6-31　港口吞吐量　（单位：万吨）

	2005 年	2006 年	2007 年	2008 年	2009 年
煤炭及制品	2771	3387	4387	4673	4789
石油及制品	7432	7385	7371	6897	7567
金属矿石	5990	6820	7178	7215	7626
钢铁	446	719	802	781	813
矿建材料	241	687	763	904	1170
水泥	127	157	85	57	82
木材	37	48	56	41	43
非金属矿石	256	234	314	360	348
化肥及农药	38	14	16	6	9
盐	44	61	71	78	66
粮食	219	219	220	209	240
机械设备	5370	5702	6782	7401	7622
化工原料及制品	515	664	928	944	1119
轻工、医药	3335	4783	5293	6420	7319
农林牧渔业产品	19	31	39	38	25
其他	41	58	213	162	1000
总量	26881	30969	34518	36186	39840

资料来源：《宁波市统计年鉴（2005—2010 年）》。

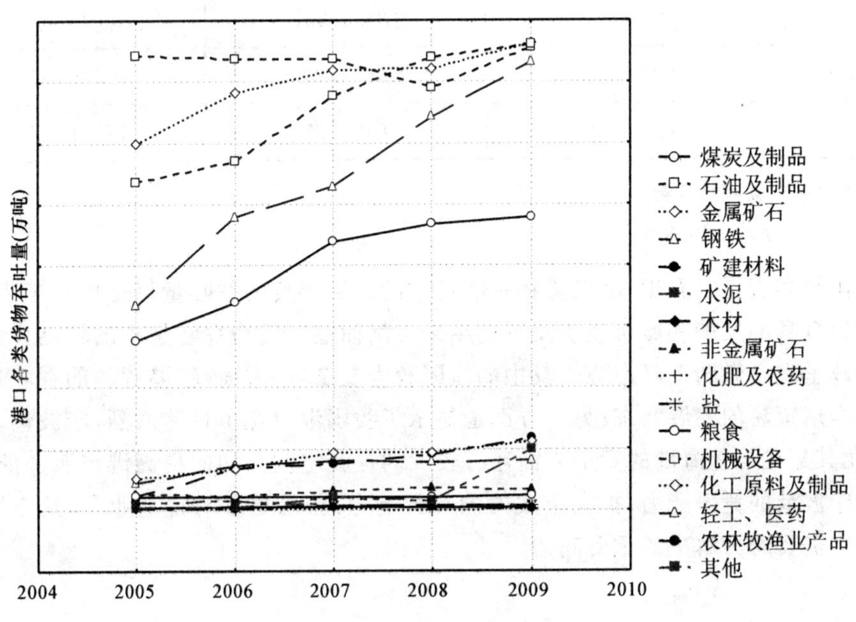

图 6-13　结构趋势图

资料来源：《宁波市统计年鉴（2005—2010 年）》。

（二）港口货物分析

1. 港口货物吞吐量预测

表 6－32　港口货物吞吐量预测

年份	非转港货物吞吐量(万吨)	转港货物吞吐量(万吨)	港口货物吞吐量(万吨)
2005	18459.18	8421.82	26881.00
2006	21297.46	9671.65	30969.11
2007	24856.91	9661.78	34518.69
2008	26889.31	9296.01	36185.32
2009	29161.08	9223.92	38385.00
2010	*35001.00*	*9080.53*	*44081.53*
2011	*39939.00*	*8939.38*	*48878.38*
2012	*45664.20*	*8800.42*	*54464.62*
2013	*52306.40*	*8663.62*	*60970.02*
2014	*60017.40*	*8528.95*	*68546.35*
2015	*68974.90*	*8396.37*	*77371.27*

数据来自课题组预测。

注：斜体字均为预测值。

由预测表可以看出，港口货物吞吐量中的非转港货物吞吐量保持增长态势，这是港口自身的发展和城市经济发展的结果。然而港口货物吞吐量中的转港货物吞吐量却呈现出微弱下降态势。其中的原因较为复杂，一方面，转港货物的吞吐量取决于全球贸易的发展状态；另一方面也显示了我国港口竞争日趋激烈，宁波港在港口，尤其是在与上海港的竞争方面还有较大的提升空间。如何提高港口服务能力，提升宁波港的竞争能力，扩大宁波的国际影响力，获得更多的转港业务，是宁波港发展中需要着力解决的重要问题。

2. 港口货物结构分析

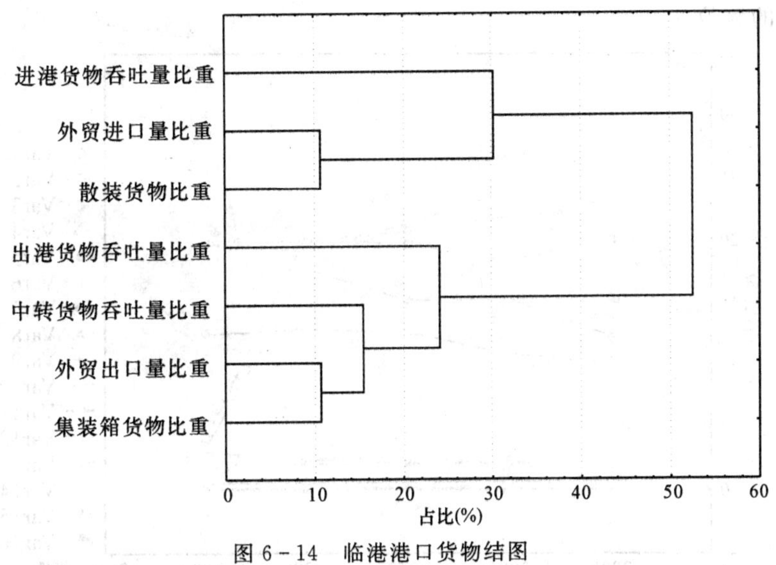

图 6-14　临港港口货物结图

由此谱系图可以看出，临港港口货物结构还是比较明显的。进口散装为主，出口以集装箱为主。

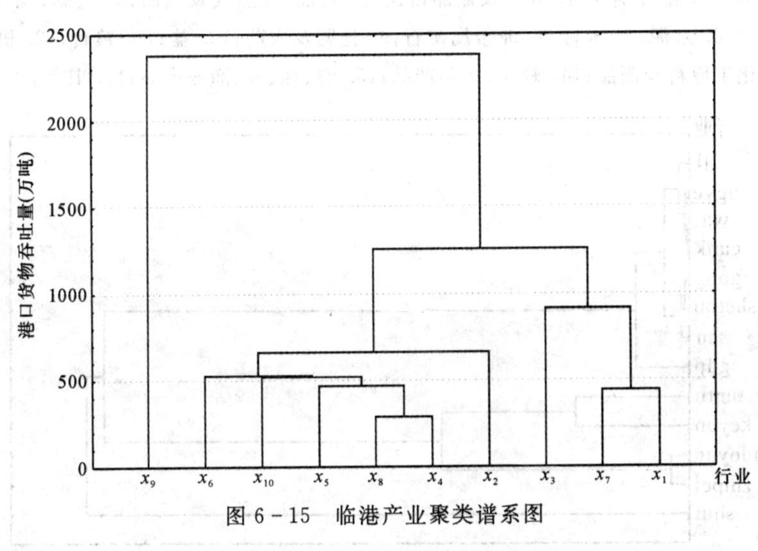

图 6-15　临港产业聚类谱系图

从中可以看出金属、机械、煤炭归属于同一类，在宁波临港产业发展中处于比较重要的地位。

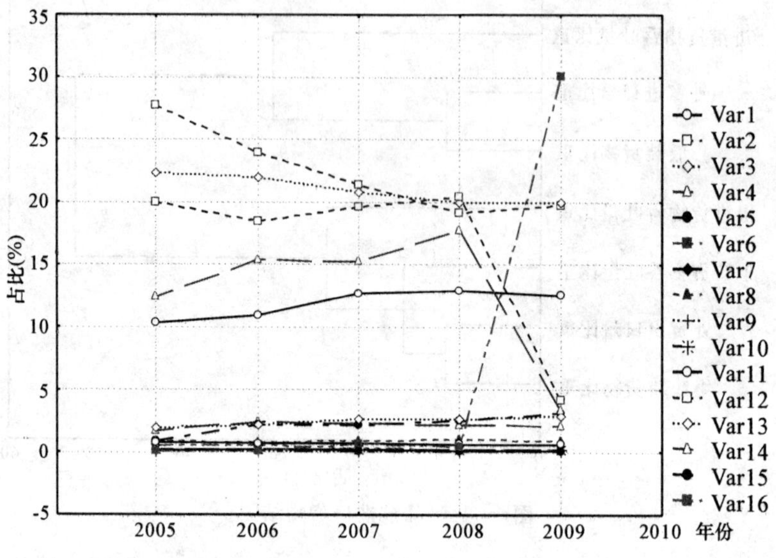

图 6－16　港口吞吐量的结构分布图

注：对应的变量分别为：1. 煤炭及制品占比；2. 石油、天然气及制品；3. 金属矿石；4. 钢铁；5. 矿建材料；6. 水泥；7. 木材；8. 非金属矿石；9. 化肥及农药；10. 盐；11. 粮食；12. 机械、设备、电器；13. 化工原料及制品；14. 轻工、医药产品；15. 农、林、牧、渔业产品；16. 其他。

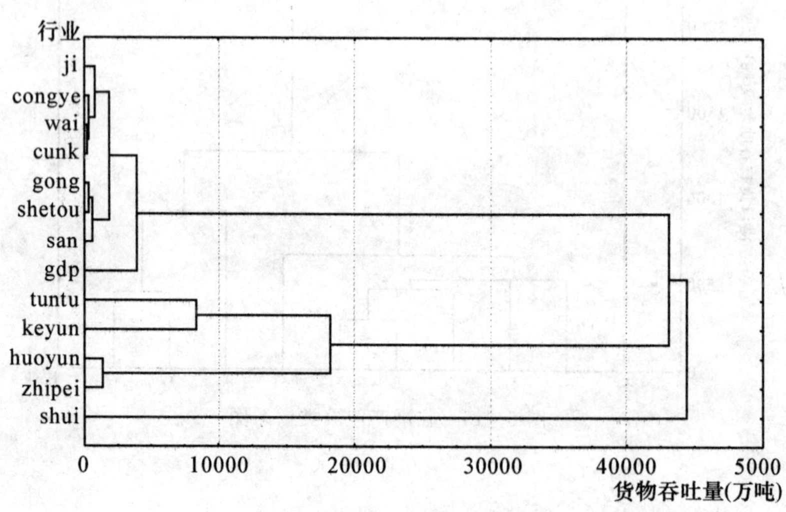

图 6－17　聚类谱系图

由此可以看出，变量指标分成了三类：一类是税收，港城互动增加了城市经济发展的税收；第二类是运输类（客货以及港口吞吐量）与人均可支配收入，也是合乎情理的。余下的一类为港口基础设施影响城市的国内生产总值。

四、港城互动的因子分析

表 6-33　港口货物吞吐量　（单位：万吨）

年份	2005	2006	2007	2008	2009
货运量	26881	309069	34519	36184	39838

表 6-34　第三产业

年份	社会消费品零售总额（亿元）	市区居民人均可支配收入（元）	全社会固定资产投资（亿元）	交通运输、仓储和邮政业（亿元）	金融机构人民币存款余额（万元）	居民消费价格总指数（%）
2005	759.8314	17408	1336.30	112.1103	35919362	102.0
2006	882.5390	19764	1502.77	135.3746	45734811	101.9
2007	1035.4628	22307	1597.54	152.9719	51772379	103.9
2008	1238.0183	25304	1728.24	174.4875	62164580	105.0
2009	1434.4	27368	2004.20	190.5642	80839000	99.4

资料来源：《宁波市统计年鉴(2010)》。

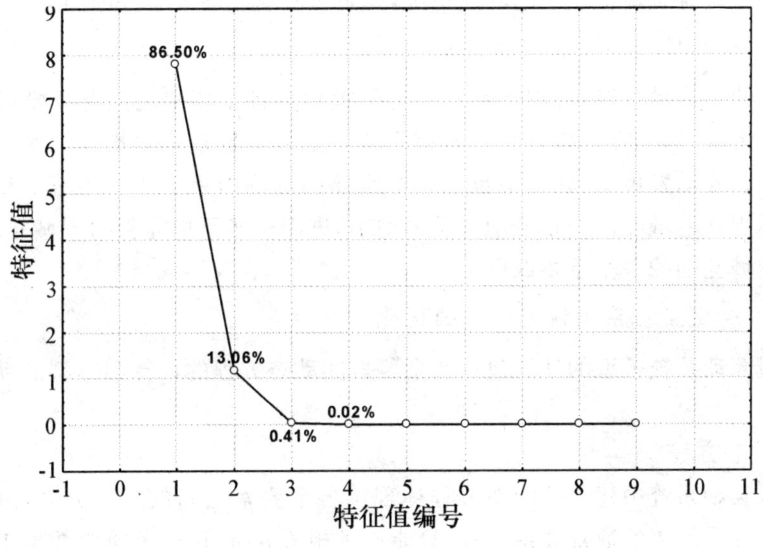

图 6-18　碎石图

第一主因子说明了货运与金融等三产业上的载荷，占了86.5%的份额，而第二主因子就是居民消费价格指数(CPI)有13.06%的份额。可以说明港口与城市经济的密切联系。

五、需要进一步深入研究的问题

以上基于港城互动的系统动力学模型以及相关的统计分析，对港口与城市之间的互动关系、港城相互影响的内在联系和机理进行了分析。然而，由于港城系统是一个复杂系统，要素众多，并且各个要素之间相互影响、相互制约。本书所建立的系统动力学模型虽然能够反映港城互动的内在联系，但由于对港城系统作了一些简化，加上复杂系统的系统动力学理论研究还有待深入，因此还有一些问题需要作进一步的研究：

(一) 港城互动系统要素尚需进一步完善

本书对港城系统的分析，选择了港口与城市之间的主要因素，对港城系统作了适当简化。这种简化抓住了港城之间的主要矛盾和关键联系，便于利用模型分析港口与城市系统之间各个要素的动态关系，有利于分析港口与城市之间的主要关系。另一方面，对其他要素的舍弃势必影响模型的精确性，由于各个要素之间错综复杂的关系，这种简化对结果的客观性带来的影响也很难评估。

因此，如何进一步完善系统，提高港口与城市互动系统的完整性、系统性，保证港城互动系统符合经济发展的客观情况，是下一步研究需要解决的问题。

(二) 软环境在港城互动系统中的体现

在构建港城模型时，考虑到系统动力学模型对各个要素之间有非常明确的数量方程的要求，因此在港口系统和城市系统中选取了数量化的指标。而在港口与城市之间的互动发展中，软环境也是一个重要的影响因素。如何将城市和港口的软环境体现在港城互动的系统动力学模型中，进而构建更加完善的港城互动系统，是研究港城互动的一个重要课题。

(三) 港城互动系统模型计算的优化

港城互动系统模型的计算包括各个要素间动态方程的计算和模型的动态模拟运算。

1. 动态方程

港城互动系统中建立的动态方程体现了各个要素之间的相互关系，由于这种相互关系并非简单的数量关系，因此只能通过相关分析、回归分析等数学工具加以确定。但在进行数量关系分析时，并未考虑其相互影响的滞后性。因此，如何将港城互动系统中要素之间相互影响的滞后性体现在动态方程中，还需要进一步研究。

2. 模型的模拟运算

系统动力学的模拟运算是在构建系统动力学模型的基础上，对未来发展趋势的预测。该预测依据历史数据进行循环运算，形成对未来若干周期的预测结果。但这种预测并未考虑未来新的因素的影响和外部环境的变化，因此如果预测的周期越多，其结果的误差也就越大。如何将外部环境的变化也作为模型的一个重要影响因素，还需要从系统动力学理论角度进行深入研究。

第七章
宁波港城互动数据采集

人类要认识了解事物，离不开各种各样的数据资料，并需要对这些资料作出分析研究。数据向来是对事物进行定性和定量研究的基石，直接决定研究工作的质量高低。在本书相关前述章节的研究指标体系确定后，问题的关键就落在了数据的采集上。经过长达数月的不懈努力，模型中各变量的数据资料基本获得。本章针对确定的指标体系说明每个指标数据的来源、出处、计算口径和计算过程等。

第一节　数据采集的方法与经过

所谓统计数据采集，就是按照统计研究的目的和任务，运用各种科学有效的方式和方法，有针对地收集反映客观现实的统计数据的活动过程。是整个统计活动的基础阶段，数据收集是否准确、及时、完整直接影响到统计分析的质量。本节主要说明本书在研究中常用的数据类型、采集的方式方法、数据的处理和结果的显示等统计分析研究的基本内容。

一、数据采集的方法

简而言之，统计就是关于统计数据的科学。

（一）数据的类型

数据分类的方式很多，按照所采用的计量尺度不同，将统计数据分为定类数据、定序数据、定距数据和定比数据。统计数据是采用某些计量尺度对事物进行计量的结果，但采用不同的计量尺度会得到不同类型的统计数据。

就上述四种计量尺度计量的结果来看，可以大体上将统计数据分为两种类型：定性数据和定量数据。

1. 定性数据

亦称品质数据，是说明事物的品质特征表现的具体类别，不能用数值表示；因这类数据由名类尺度和顺序尺度计量形成，故又可细分为分类数据和顺序数据。

2. 定量数据

亦称数量数据或数值型数据，是说明现象数量特征表现的，能够甚至必须用数值来表现；因这类数据由区间尺度和比尺度计量形成，故又可细分为区间数据和比数据。对不同类型的数据，可采用不同的统计方法来处理和分析，比如，对定性数据一般只采用分组法计算，分析各组的频数或频率，而对定量数据则可用更多的统计方法去处理，计算、分析更多的统计指标或统计量。

本书试图用数学模型的形式来阐述港口与城市的互动关系，所以绝大部分采用到定量数据，而对极少量的定性数据的使用，也均是过渡到了数量状态才可用的。

（二）统计数据收集方式

统计数据收集方式，是指获取数据的组织方式。根据数据的来源不同，其收集方式有两种：统计调查方式和实验方式。本书采用的基本是统计调查方式。

所谓统计调查方式，是运用合适的调查手段去收集调查对象总体的全部或部分个体的原始数据，实际中常用的统计调查方式主要有普查、抽样调查、统计报表、重点调查和典型调查。有时，还需要进行间接的统计调查，称之为统计推算。

1. 普查

普查是为某一特定目的而专门组织的一次性全面调查方式，如人口普查、工业普查、农业普查等。世界各国一般都定期进行各种普查。普查适用于特定目的、特定对象，旨在收集有关国情国力的基本统计数据，为国家制定有关政策或措施提供依据。它主要用于收集处于某一时点状态上的社会经济现象的数量。普查作为一种特殊的调查组织方式有以下几个特点：

(1)普查通常是一次性或周期性的。普查涉及面广，调查单位多，要耗费大量的人力、物力和财力，所以间隔较长时间。

(2)普查一般需要规定统一的标准调查时间，以避免调查数据的重复或遗漏，保证普查结果的准确性。标准时间一般定为调查对象比较集中、相对稳定的时期。

(3)普查的数据一般比较准确，规范化程度也高，因此可作为抽样调查和其他调查的依据。

(4)普查的使用范围较窄，只能调查一些最基本或特定的现象。

2008 年，宁波市第二次全国经济普查开始，这次普查的对象包括在宁波市辖区内从事第二产业和第三产业的全部法人单位、产业活动单位和个体经营户。涉及除农业以外的 19 个国民经济门类、90 个行业大类、378 个行业中类和 875 个行业小类，普查对象大约有 10 万家法人单位、1.2 万家产业活动单位和将近 40 万家个体经营户。

市统计局在2007年已经会同各有关部门做了大量的筹备工作,研究普查的总体方案。按照市政府的总体部署,2008年要组建市及地方各级普查机构,落实普查经费,开展宣传动员和方案试点,选调并培训普查人员,开展单位清查,具体部署普查工作。2009年上半年,进行普查的入户登记,基层普查数据处理和逐级审核上报;2009年下半年以后,进行数据审核汇总,发布普查结果,陆续出版普查资料,并利用普查数据对宁波市经济的发展进行分析研究。

2010年上半年宁波市各区、县陆续公布了第二次经济普查数据,本书的部分数据即来自其中。

2. 抽样调查

抽样调查是按照一定的概率从总体中抽取一部分单位构成样本,并根据样本信息推断总体数量特征的一种非全面调查。它的调查单位比全面调查少得多,因而既能节约人力、费用和时间,又能比较快地得到调查的结果。而且只要组织得当,抽样调查的结果会比全面调查更为准确,所以是一种应用最为广泛的调查组织方式。

我国于2005年底开展了全国1%人口抽样调查工作。这次调查以全国为总体,以各省、自治区、直辖市为次总体,采取分层、多阶段、整群概率比例的抽样方法。最终样本单位为调查小区。这次调查的样本量为1705万人,占全国总人口的1.31%。

宁波也认真组织完成了此次抽查。这次抽样调查的目标是,查清查准人口总量,摸清人口结构和素质情况,包括年龄、性别、地区分布等结构状况;职业、收入、住房等经济状况;身体健康、受教育程度、婚姻家庭等素质状况;以及就业、社会保障等劳动力的基本情况。

为准确无误地绘制高质量的普查区和调查小区地图,宁波市人口调查办公室对地图绘制工作提出高要求。首先是在业务培训时发放绘制精确的样图,对绘图的要求作出明确规定。其次是对绘图的步骤作出规定,即五步骤绘图:一画小区边界;二画主要道路;三画明显标志物,如水库、坑塘;四画明显建筑物,如学校、电影院等;五画房屋,编房屋号。再次是要求上报地图,以便抽查和核对。

为准确掌握调查小区内的户数和每户的基本情况,市人口调查办公室要求各地先后进行三次摸底调查。第一次在8月份,在绘制上报村级调查小区地图时进行"一摸"。第二次在10月中旬,开展全面的入户摸底调查,即为"二摸"。由调查员根据调查小区地图,挨家挨户上门摸底,编制户主姓名底册。第三次在10月下旬,调查基本结束后,距离1%人口抽样调查还有几天时间,摸底和调查对象仍在发生变化。因此,市人口调查办公室要求各地在不影响安全感调查的前提下,进行跟踪摸底，即“三摸”。随时掌握调查对象的变化情况。

省人口调查办公室检查组事后对宁波的1%人口抽样调查工作表示了肯定，认为宁波市该项工作扎实到位，措施得力，完全符合上级质量要求。

本书部分人口方面的资料来自该次人口抽查数据公报。抽样调查法是本书获得大部分数据所采用的调查法之一。

3. 统计报表

统计报表是按照国家有关法规规定，自上而下统一布置，自下而上逐级填报的一种调查组织方式。这种调查组织方式在我国政府统计工作中，经过几十年的改进和完善，已形成了一套比较完备的统计报告制度。它要求以原始数据为基础，按照统一的表式、指标、报送时间和报送程序填报，已成为国家和地方政府部门获取统计数据的主要统计调查组织方式。

统计报表类型多样。统计报表按调查范围可分为全面报表和非全面报表；按报送时间可分为日报、月报、季报和年报等；按报送受体可分为国家、部门、地方统计报表。

2010年3月，宁波市服务业统计报表制度再次要求各地区和相关部门按统一规定的统计范围、计算方法、统计口径等，组织实施，按时以电子邮件方式报送，分为年度报表和定期报表。统计调查方法有全数调查和抽样调查两种。全数调查对象为：(1)限额以上服务业企业法人；(2)限额以上行政、事业单位。抽样调查对象为：(1)限额以下服务业企业法人；(2)限额以下行政、事业单位；(3)服务业个体经营户。统一规定服务业财务统计部分的基层报表包括：《单位基本情况表》、《服务业企业法人单位财务状况调查表》、《服务业行政、事业法人单位财务状况调查表》、还要上报一个相关行业的业务活动表。

运输邮电业统计报表主要是反映全国运输邮电业经济发展的基本情况。由国家统计局制定，各省、自治区、直辖市统计局负责和国务院有关部门负责统计，上报国家统计局。

运输邮电业的统计内容、统计范围和调查方法：

(1)民用车辆(船舶)拥有量：主要反映全国的民用车辆和船舶的实际拥有情况，车辆包括民用车辆、轮胎式拖拉机、摩托车等；船舶包括机动船、驳船、帆船等。资料来源一部分来自各省、自治区、直辖市统计部门，另一部分来自公安部门的登记和交通部门的登记。

(2)客货运输(吞吐)量：包括公路、铁路、船舶、航空、管道等。主要分为客运量和货运量以及周转量。资料来源交通部门、铁道部门、民航部门以及石化部门。

(3)运输企业财务状况：反映企业的经营成果，指标主要包括资产债方面的固定资产、流动资产、无形资产、折旧、负债、所有者权益等；损益及分配方面的销售收入、成本、费用、利润、纳税等;福利费和工资总额等。

(4)港口码头吞吐量:主要反映内河和沿海港口客运吞吐量和货运吞吐量,码头和泊位情况。资料来源交通部门。

(5)邮电通讯状况:反映邮电通讯企业的基本情况,如邮电局所数、服务点、邮路长度、公众电报、长途电话、邮电通讯设备等。

宁波市从2005年下半年起就全面采用统计数据网上直报系统。这种方法在采集数据时方便、准确、及时、全面,各行业、企业、部门的数据基本采用这种方法收集。本书中的数据很大部分是这种方法的成果。

4. 重点调查

重点调查是这样一种调查组织方式,它只从全部总体单位中选择少数重点单位进行调查,这些重点单位尽管在全部总体单位中出现的频数极少,但其某一数量标志却在所要研究的数量标志值总量中占有很大的比重。此法在集中度高的行业调查中使用较多。

5. 典型调查

典型调查是从全部总体单位中选择一个或几个有代表性的单位进行深入细致调查的一种调查组织方式。典型调查的目的是通过典型单位具体生动、形象的资料来描述或揭示事物的本质或规律,因此所选择的典型单位应能反映所研究问题的本质属性或特征。

典型调查主要用于定性研究,调查结果一般不能推断总体。

(三)统计数据收集的方法

不论采用哪种方式组织调查,都要运用具体的数据收集方法来采集统计数据。统计数据收集方法,是获取被调查对象数据的渠道或途径,最常用的数据收集方法就是询问调查。询问调查是调查者与被调查者直接或间接接触以获得数据的一种方法。具体包括访问调查、邮寄调查、电话调查、电脑辅助调查、座谈会、个别深度访问等。

1. 访问调查

又称派员调查,是调查者与被调查者通过面对面交谈从而得到所需资料的调查方法,又可分为标准式访问和非标准式访问两种。标准式访问又称结构式访问,是按照调查人员事先设计好的,有固定格式的标准化问卷或表格,有顺序地依次提问,并由受访者作出回答。

询问调查在市场和社会调查中常被采用。

2. 邮寄调查

是通过邮寄、宣传媒体和专门场所等将调查表或问卷送至被调查者手中,由被调查者填写，然后将调查表寄回或投放到收集点的一种调查方法。这是一种标准化调查。

邮寄调查在统计部门进行的统计报表及市场调查机构进行的问卷调查中经常使用。

3. 电话调查

是调查人员利用电话同受访者进行语言交流，从而获得信息的一种调查方法。随着电话的普及，电话调查也越来越广泛。

电话调查可以按照事先设计好的问卷进行，也可以针对某一专门问题进行电话采访。

4. 电脑辅助调查

也叫做电脑辅助电话调查，就是在电话调查时，调查的问卷、答案都由计算机显示，整个调查过程，包括电话拨号、调查记录、数据处理等也都借助于计算机来完成的一种调查方法。

5. 座谈会

也称为集体访谈法，就是将一组被调查者集中在调查现场，让他们对调查的主题发表意见，从而获取资料的方法。

6. 个别深度访问

是一种一次只要一名受访者参加的特殊的定性研究。“深访”暗示着要不断深入到受访者的思想中，努力发掘其行为的真实动机。深访是一种无结构的个人访问，调查者运用大量的追问技巧，尽可能让受访者自由发挥，表达他的想法和感受。

深度访问常用于动机研究。

二、数据采集的经过

必须按照客观性、真实性原则，确立数据采集过程。

（一）数据的预处理

数据预处理是统计整理的先前步骤，是在统计分组、汇总前对原始数据所做的必要工作。包括对调查收集数据的审核、历史资料的审核。

1. 调查数据的审核

对于原始数据，主要审核资料的完整性和准确性，确保数据的质量。其中完整性审核，就是看应调查或观测的个体是否齐全；规定的项目是否都有答案，应报资料的份数是否符合规定。准确性审核是检查所收集的资料是否存在差错，是否符合客观实际。常用的审核方法有逻辑检查和计算检查等。

对于次级数据，除了检查其完整性和准确性外，还要检查其适用性和时效性，即弄清其来源、口径和有关背景，判断是否需要再加工等。

2. 历史资料的审核

在利用历史资料(或其他间接资料)时，应审核资料的可靠程度、指标含义、所属时间与空间范围、计算方法和分组条件与规定的要求是否一致。一般可以从调查资料的历史背景、调查者收集资料的目的以及资料来源等，来判断资料的可靠程度，也可以从指标间的相互关系以及指标的变动趋势来检查它的正确性。对不能满足现在要求、缺漏或有疑问的资料，要进行有科学根据的推算、弥补和订正。

(二) 数据的来源

从统计数据本身的来源看，统计数据最初都是来源于直接的调查或实验。但从使用者的角度看，统计数据主要来源于两种渠道：

1. 来源于直接的调查和科学实验。对使用者来说，这是统计数据的直接来源，称之为第一手或直接的统计数据。

2. 来源于别人调查或实验的数据。对使用者来说，这是统计数据的间接来源，称之为第二手或间接的统计数据。对大多数使用者来说，亲自去做调查往往是不可能的。所使用的数据大多数是别人调查或科学实验的数据，对使用者来说称为二手数据。

二手数据主要是公开出版的或公开报道的数据，当然有些是尚未公开出版的数据。在我国，公开出版或报道的社会经济统计数据主要来自国家和地方的统计部门以及各种报刊媒介。除了公开出版的统计数据，还可以通过其他渠道使用一些尚未公开发布的统计数据，以及广泛分布于各种报纸、杂志、图书、广播、电视传媒中的各种数据资料。现在，随着计算机网络技术的发展，也可以在网络上获取所需的各种数据资料。

(三) 统计数据的显示

统计调查得来的资料，经过整理，按一定的顺序排列在图表上，就形成了统计表和统计图。它们能清楚地、有条理地显示统计资料，直观地反映统计分布特征，是统计分析的一种重要工具。

1. 统计表

从结构上看，统计表可以从表式和内容两个方面来认识：

(1)从表式上看，统计表是由纵横交叉的线条组成的一种表格，表格包括总标题、横行标题、纵栏标题和指标数值四个部分。

总标题是统计表的名称，它扼要地说明表的基本内容，并指明时间和范围。它置于统计表格的正上方。横行标题是横行的名称，一般放在表格的左方。纵栏标题是纵行的名称，一般放在表格的上方。横行标题和纵行标题共同说明填入表格中的统计数字所指的内容。指标数值是列在横行和纵栏的交叉处,即表格中的数字就是指标数值,用来说明总体及其组成部分的数量特征,它是填写在统计表格的核心部分。

(2)从内容上来看,统计表是由主词栏和宾词栏两个部分组成。

主词栏是统计表所要说明的总体及其组成部分,一般都列在表的左半部分;宾词栏是统计表用来说明总体数量特征的各个统计指标及其数值,一般都列在统计表的右半部分。

此外,统计表还有补充资料、注解、资料来源、填表单位、填表人等附加内容。

另外,统计表根据主词是否分组和分组的程度,可以分为简单表、分组表和复合表。

(1)简单表:主词未经任何分组,仅列出总体各单位按时间顺序简单排列的统计表。本书中所列的统计表大多是这种类型。

(2)分组表:主词只按一个标志进行分组形成的统计表,又称为简单分组表。简单分组表应用十分广泛,对比简单表,它还可以区分事物的类型,研究总体结构,分析现象的依存关系。

(3)复合表:主词按两个以上标志进行分组的统计表,又称为复合分组表。当然要特别注意的是,第二标志进行分组的组别名称要后退一二字,以提醒阅读者。

2. 统计图

能直观、形象、生动地表现统计数据的方式,种类很多。Excel 提供了 14 种标准图形。其中最常用的为以下两种:

(1)柱形图,亦称直方图,是用直方形的宽度和高度来表示次数分布的图形,即在直角坐标系上,以横轴表示变量,纵轴表示次数或频率,以各个宽度为组距、高度为次数和频率的直方块矩形所构成的图形。

(2)饼图,也叫圆形图,以整个圆形代表研究对象总体,按各构成部分占总体的比重大小将圆形划分成面积不等的扇形来表示现象总体内部结构及比例关系的一种统计图。

本书大量用到了上述的柱形图和饼图。

(四)数据采集的经过

首先,直接走访掌握宁波市港口与城市互动方面调查统计数据的有关部门和单位,如宁波市交通局(港口管理局)、港航管理局、统计局、对外贸易经济合作局、发改委、宁波海关、宁波港集团、经委、人事局、建委、规划局等。他们有专业的数据上报及处理机制,数据具有极强的准确性。

其次,查阅公开的统计数据刊物,如《中国统计年鉴》、《宁波市统计年鉴》、《宁波交通年鉴》、《中国港口年鉴》、《中国海洋统计年鉴》、国民经济和社会发展统计公报、统计概览、统计月报、统计季报等。这些数据有很强的时间延续性，根据课题组成员的研讨结果，收集了从 2005 年到 2009 年五年间宁波相关的数据，可配合进行时间序列分析。本书中的数据大部分来自这种途径，故除特别说明外，列出的数据表后就不再赘述其数据来源。

最后，有部分数据取自有关的权威网站和新闻媒体报道，许多较重要的数据因为各种各样的原因，无法获取第一手的资料，于是借助网络、查阅报纸杂志，通过分析指标内涵和构成，重构和整合指标内容获取数据，并对其中个别年份所缺的数据进行了合理的估算，如比例推算法、比例插值法、抽样推断法、概率推算法等。

（五）统计推算法的使用

统计在研究社会经济现象发展过程中，要用各种综合指标描述其数量特征和数量关系，都是以实际统计调查资料为基础的。但由于社会经济现象复杂多变，不可能或者没必要都进行直接的调查，可以进行科学的统计推算来获得需要的数据。

统计推算就是以实际统计资料为基础，根据社会经济现象的特点、内在联系和发展规律，运用各种统计方法，间接地推算现象发展变化的数量表现与趋势。本书在收集数据过程中，常常用到以下几个方法：

1. 比例推算法

是利用已知某一时期、某一地区或某一单位的某种指标与其有关的指标的比例关系，推算其他类似时期、地区或单位的同类指标数值，或者从局部资料的比例推算总体的指标数值。用作推算的比例可以有结构相对数、指数、换算关系、利用率等等。

2. 平衡推算法

根据社会经济现象之间客观存在的平衡关系，从已知的实际统计资料，推算某项指标数值的方法。要求平衡关系式中的各个项目不发生重复或遗漏，而且计算口径要一致，以保证推算指标数据的准确性。

3. 内插推算法

为了插补历史资料，根据时间数列的变化情况，采用不同方法推算个别时期所缺的资料。

4. 线性插值法

如果掌握两个地区或单位有关的数量对应关系的资料，推算另外一个地区或单位对应的未知资料，就要采用此法。

5. 抽样推算法

根据抽样或典型调查资料推算系统总体特征的方法。这种方法是数理统计分析中常用的方法，是以部分样本代表整个样本空间来对总体进行统计分析的一种方法。可以直接推算所需的总体资料，或用修正系数法来修正补充全面调查的资料。

6. 概率推算法

概率是指某一事件发生的可能性大小。事故的发生是一种随机事件，任何随机事件，在一定条件下是否发生是没有规律的，但其发生概率是一客观存在的定值。因此，根据有限的实际统计资料，采用概率论和数理统计方法可求出随机事件出现各种状态的概率。

第二节　宁波港口对城市发展作用的数据采集

前述第四章，分析了港口与城市之间的内在联系和相互作用，选择了港口与城市之间的互动指标，建立了指标体系。港口影响城市发展指标体系是港城互动指标体系的重要组成部分，对这部分数据的采集将为港城互动模型的构建提供重要支持。

一、港口规模

港口规模对其所在的城市经济必然会产生影响，通过研究，本书将从港口货物吞吐量、集装箱吞吐量、港口航线数量、港口营运状况四个方面进行分析。

（一）港口货物吞吐量

指由水运进出港区范围，并经过装卸的货物数量，包括邮件及办理托运手续的行李、包裹以及补给运输船舶的燃、物料和淡水。其计算单位为吨。货物吞吐量的货种分类及其主要流向流量，反映了港口在国内外物资交流和对外贸易运输中的地位和作用。吞吐量可以分为进口、出口，又可以分为国内贸易和对外贸易。

本书收集的数据涵盖了宁波港 2005—2009 年五年间的港口吞吐总量、转口量、外贸量、内贸量、出口量和进口量以及货物分类等全部内容。

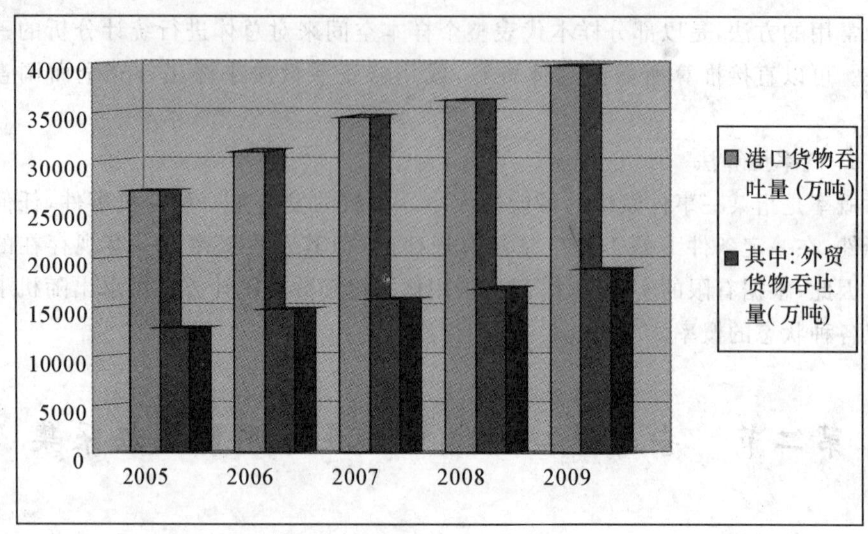

图 7-1 港口货物吞吐量及外贸货物吞吐量增长图

注:图中横轴表示年份,纵轴表示港口货物吞吐量、外贸货物吞吐量。

资料来源:《宁波市统计年鉴(2006—2010)》,以及有关部门提供。

表 7-1 港口货物分类 (单位:万吨)

货物类别	2005 年	2006 年	2007 年	2008 年	2009 年
煤炭及制品	2771	3387	4387	4673	4789
石油及制品	7432	7385	7371	6897	7567
金属矿石	5990	6820	7178	7215	7626
钢铁	446	719	802	781	813
矿建材料	241	687	763	904	1170
水泥	127	157	85	57	82
木材	37	48	56	41	43
非金属矿石	256	234	314	360	348
化肥及农药	38	14	16	6	9
盐	44	61	71	78	66
粮食	219	219	220	209	240
机械设备	5370	5702	6782	7401	7622
化工原料及制品	515	664	928	944	1119
轻工、医药	3335	4783	5293	6420	7319
农林牧渔业产品	19	31	39	38	25
其他	41	58	213	162	1000
合计	26881	30969	34518	36186	39838

资料来源:《宁波市统计年鉴(2006—2010)》,以及有关部门提供。

（二）集装箱吞吐量

指某港口一段时间内经由水路运进、运出港区范围，并经装卸的集装箱数量的总和，通常以 TEU（习惯叫做标箱）为单位。其中的 8 英尺×8 英尺 6 英寸×20 英尺称为标准集装箱。宁波港码头亦参照国际习惯，为了计算方便，使用标箱作为统计标准，40 英尺的 1 个集装箱折算成 2 标箱。

为本书的研究需要，增加收集了在宁波港集装箱在国际航线、内支线和国内航线中的吞吐量标箱数，以及吞吐重量吨数。

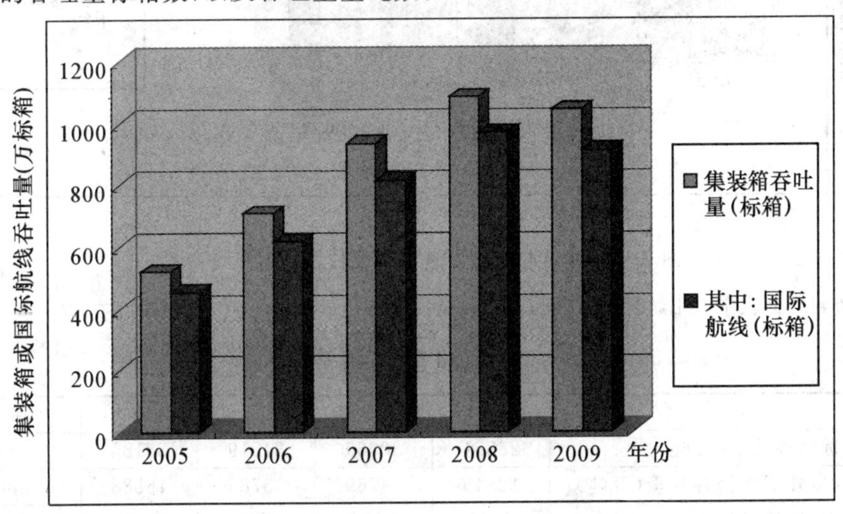

图 7－2　集装箱吞吐量及国际航线标箱数增长图

注：图中横轴表示年份，纵轴表示集装箱吞吐量、国际航线吞吐量。

资料来源：《宁波市统计年鉴（2006—2010）》，以及有关部门提供。

（三）集装箱航线数

船舶从事海洋运输，必须按照规定的线路进行，这种路线叫做航海交通线，简称航线。

宁波习惯上以亚丁港为界，把去往亚丁港以西，包括红海两岸和欧洲以及南北美洲广大地区的航线划为远洋航线。开辟的远洋航线数量通常作为衡量港口集装箱运输能力的重要指标。

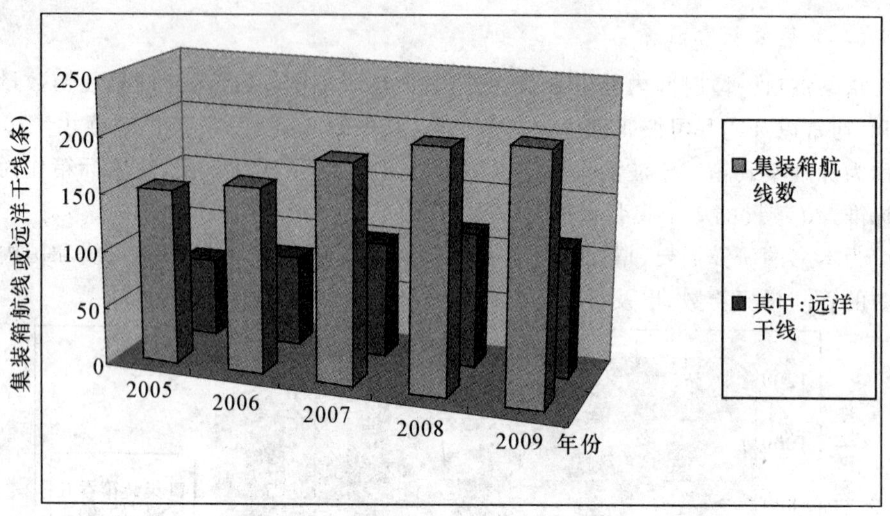

图 7-3 集装箱航线及远洋干线数增长历年统计图

资料来源:《宁波市统计年鉴(2010)》,以及有关部门提供。

表 7-2 2005—2009 年宁波港发展规模汇总

	2005 年	2006 年	2007 年	2008 年	2009 年
港口货物吞吐量(万吨)	26881	30969	34519	36185	39838
其中:外贸货物吞吐量(万吨)	12845	14769	15785	16888	18867
其中:出口量(万吨)	2465	3438	4199	5070	5038
进口量(万吨)	10380	11331	11586	11817	13829
转口货物吞吐量(万吨)	8422	9673	9662	9296	9572
其中:外贸(万吨)	3557	4185	4328	4048	4169
集装箱航线数(条)	153	163	191	210	216
其中:远洋干线(条)	69	80	101	118	113
集装箱吞吐量(标箱)	5208055	7067890	9350027	10846295	10423432
其中:国际航线(标箱)	4538906	6170092	8159031	9693884	9116000
集装箱吞吐重量(吨)	43626665	61617861	71675625	83934237	88435551
其中:国际航线(吨)	36639191	52024309	61281266	71389961	73235975

资料来源:《宁波市统计年鉴(2006—2010)》,以及有关部门提供。

(四)港口财务状况

对于此块资料,本书原计划收集关于宁波港整港的营运收入、税收收入等财务数据,但多方寻找未果,只好退而求其次,选用宁波港集团的资料,借助其上市 IPO 融资之际,查阅了其招股说明书,获取其相关数据。鉴于宁波港集团在宁波港口发展中的重要地位，研究该集团的资料也基本做到了“窥一斑而见全豹”。

关于表 7－3 中的“港航规费征收总额”与“交通固定资产投资完成额”两块指标数据，2009 年的数据尚未统计出，于是采用比例推算法计算了估计值。

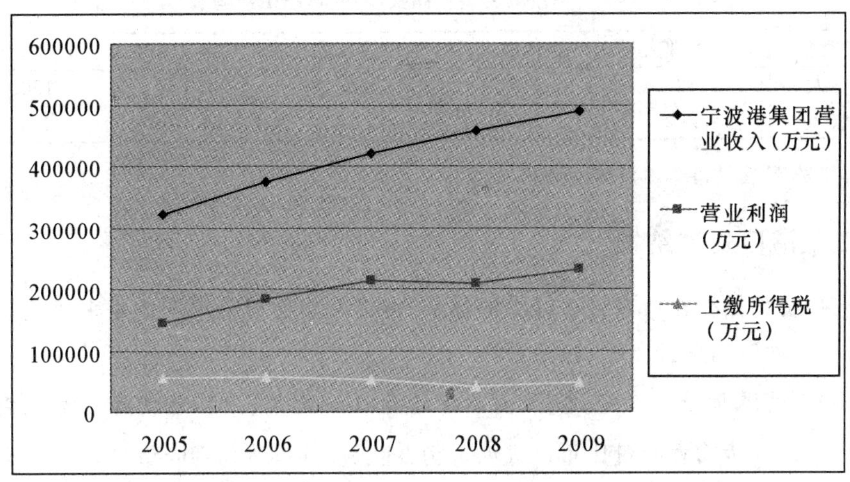

图 7－4　宁波港集团营运效益增长图

注：图中横轴表示年份，纵轴表示宁波港集团营业收入、营业利润、上缴所得税额。

资料来源：宁波港集团招标说明书、年报以及测算得出。

表 7－3　2005—2009 年宁波港财务状况汇总表

	2005 年	2006 年	2007 年	2008 年	2009 年
宁波港集团营业收入(万元)	322479	375490	419771	457397	488875
营业利润(万元)	145116	183490	213300	209833	232431
上缴所得税(万元)	54821	57384	53150	42257	48766
港航规费征收总额(万元)	8611	11265	12646	14226	15976
交通固定资产投资完成额(万元)	1307052	1511673	1434474	1670721	1921329

资料来源：宁波港集团招标说明书、年报以及测算得出。

（五）企业专业技术人员

企业的专业技术人员是指具有一定的专业知识或专门技能，能够胜任岗位能力要求，进行创造性劳动并对企业发展作出贡献的人，是人力资源中能力和素质较高的员工。包括经营人才、管理人才、技术人才和技能人才。

经营人才指企业的单位负责人和部门负责人；管理人才、技术人才是具有中级及以上专业技术资格或本科及以上学历的人员；技能人才是在生产技能岗位工作，具有高级工及以上技能等级或具有专业技术资格的人员。

当今世界，人才问题已经成为关系到企业生存发展的关键问题，培养及使用人才、有效发挥人才的作用，都是值得深入思考的问题。

表 7-4　宁波港集装箱码头 2008 年职工结构表

人员类型	高级管理人员	一般管理人员	工程技术人员	劳务人员	其他人员
人数(人)	42	541	350	4339	1506
比例(%)	0.62	7.98	5.16	64.02	22.22

资料来源：宁波港集团招标说明书、年报。

二、港口货物结构

港口货物结构对所在城市经济的影响，本书希望通过若干个比重来研究，利用表 7-2 所列数据展开分析，包括：

(一）进港货物吞吐量比重、出港货物吞吐量比重、中转货物吞吐量比重

进港货物吞吐量比重＝进港货物吞吐量/港口货物吞吐量

出港货物吞吐量比重＝出港货物吞吐量/港口货物吞吐量

中转货物吞吐量比重＝中转货物吞吐量/港口货物吞吐量

计算并比较近五年来上述三大比重的数据，可以研究宁波港在货物流向上的变化情况。

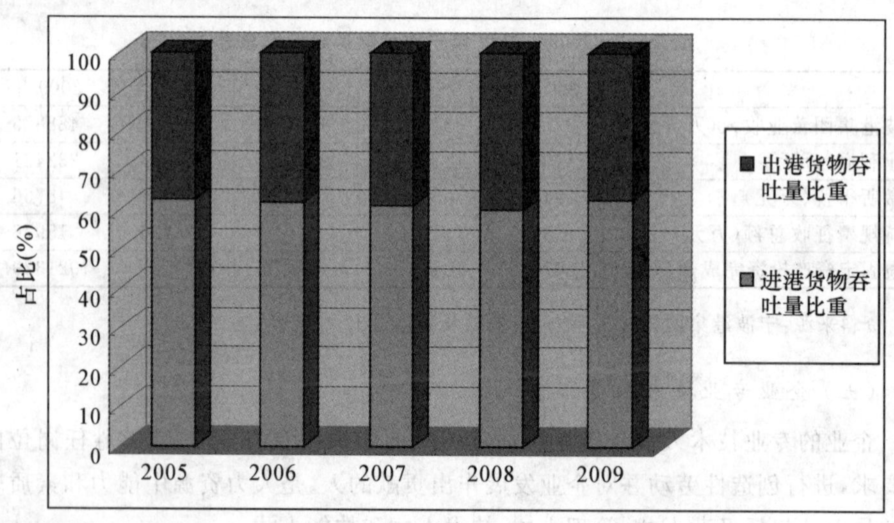

图 7-5　2005—2009 年货物流向结构图

注：图中横轴表示年份，纵轴表示出港、进港货物吞吐量比重。

资料来源：《宁波市统计年鉴(2010)》，以及有关部门提供。

（二）内贸货物量比重、外贸货物量比重

内贸货物比重＝内贸货物吞吐量/港口货物吞吐量

外贸货物比重＝外贸货物吞吐量/港口货物吞吐量

研究宁波港在货物内外贸方式上的变化。

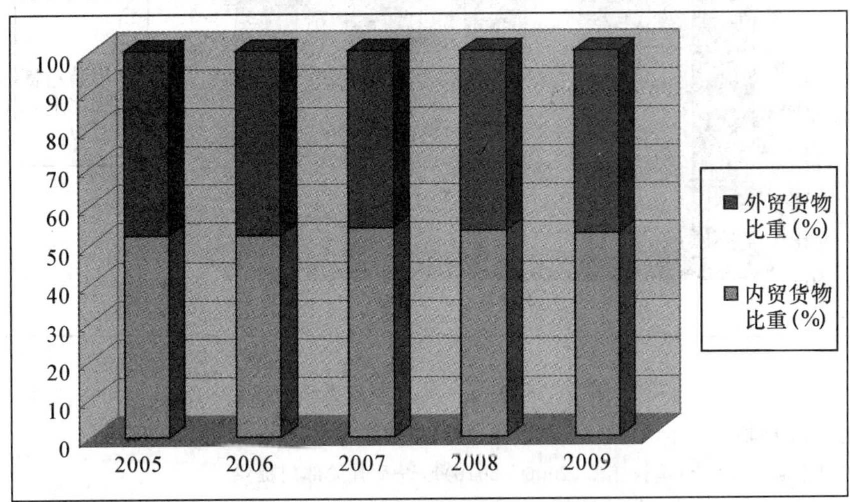

图 7－6　2005—2009 年外贸结构图

注：图中横轴表示年份，纵轴表示外贸货物、内贸货物比重。

资料来源：《宁波市统计年鉴(2010)》，以及有关部门提供。

（三）集装箱货物比重、散货比重

集装箱货物比重＝集装箱货物吞吐量/港口货物吞吐量

散货比重＝散装货物吞吐量/港口货物吞吐量

研究宁波港在货物吞吐中装载方式的变化。

表 7－5　港口货物结构比重分析表

	2005 年	2006 年	2007 年	2008 年	2009 年
进港货物吞吐量比重(%)	62.55	61.97	61.14	60.07	62.71
出港货物吞吐量比重(%)	37.45	38.03	38.86	39.93	37.29
中转货物吞吐量比重(%)	31.33	31.23	27.99	25.69	24.03
外贸出口量比重(%)	19.19	23.28	26.60	30.03	26.70
外贸进口量比重(%)	80.81	76.72	73.40	69.97	73.30
内贸货物比重(%)	52.22	52.31	54.27	53.33	52.64
外贸货物比重(%)	47.78	47.69	45.73	46.67	47.36
集装箱货物比重(%)	16.23	19.90	20.76	23.2	23.04
散货比重(%)	83.77	80.10	79.24	76.8	76.96

资料来源：《宁波市统计年鉴(2006—2010)》，以及有关部门提供。

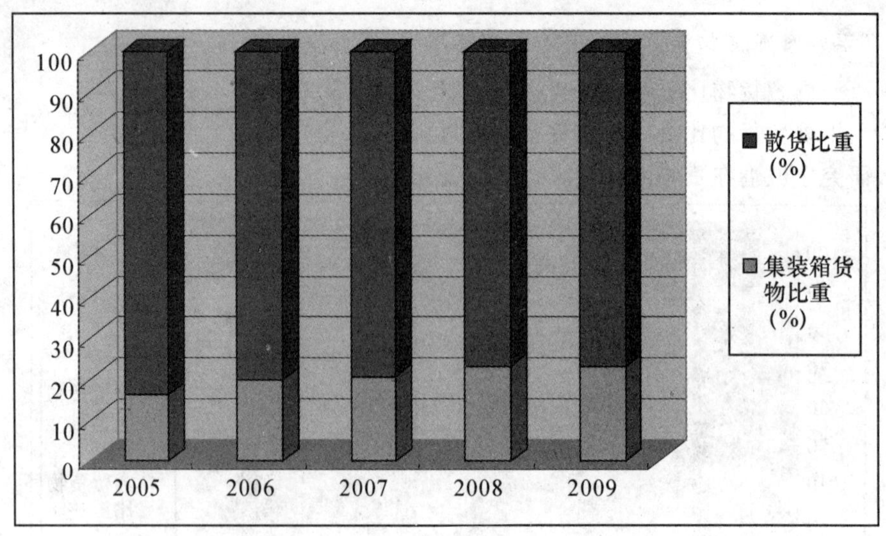

图 7-7　2005—2009 年货类结构图

注:图中横轴表示年份,纵轴表示散货、集装箱货物比重。

资料来源:《宁波市统计年鉴(2006—2010)》,以及有关部门提供。

三、港口基础设施

港口基础设施的配置直接影响港口的发展,进而对其所在的城市经济产生影响,通过研究,本书从码头泊位数、集装箱堆场面积、集装箱装卸机械数、集装箱专用车数四个指标进行分析。

(一) 码头泊位

码头是供船舶停靠、装卸货物和上下游客的水工建筑物,它是港口的主要组成部分。

专供集装箱装卸的码头,一般要有专门的装卸、运输设备,要有集运、贮存集装箱的宽阔堆场,有供货物分类和拆装集装箱用的集装箱货运站。由于集装箱可以把各种繁杂的件货和包装杂货组成规格化的统一体,因此可以采用大型专门设备进行装卸、运输,保证货物装卸、运输质量,提高码头装卸效率。

泊位是集装箱船靠岸停泊的地方,集装箱泊位是集装箱船靠泊时所需要的岸壁线即船舶停泊靠岸的地方,安装着起重机械,集装箱装卸作业在这里进行。泊位长度一般包括船舶的长度 L 和船与船之间的必要安全间隔 d。d 值的大小根据船舶大小而变化,一个万吨级泊位为 15～20 米。泊位的数量与大小是衡量一个港口或码头规模的重要标志。一座码头可能由一个或几个泊位组成,视其布置形式和位置而定。

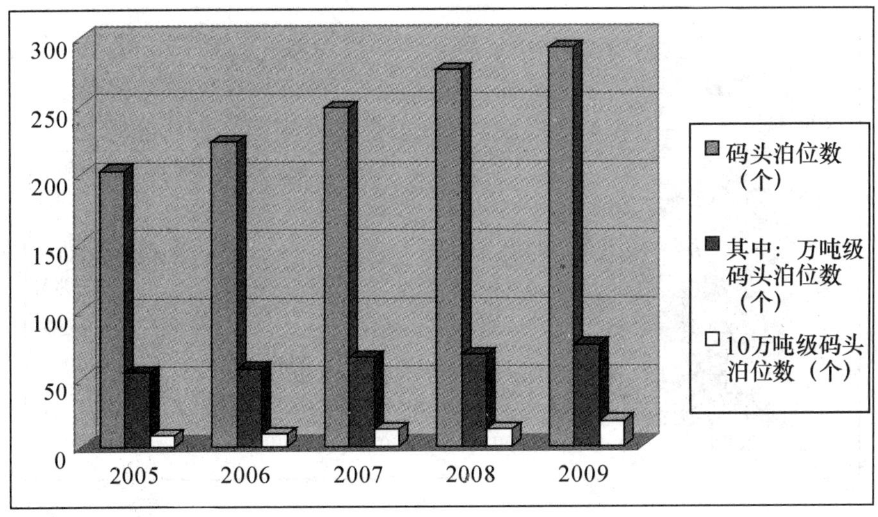

图 7－8 码头泊位及万吨级和 10 万吨级泊位数增长图

注：图中横轴表示年份，纵轴表示码头泊位数。

资料来源：有关部门提供及实地调研。

（二）集装箱堆场

集装箱堆场是专供通过港口的集装箱进行临时或短期存放保管的建筑物，是港口的重要组成部分之一，其主要作用是便利货物贮存、集运、加速车、船周转，提高港口通过能力，保证货运质量。为了流动机械、车辆能在库内作业、通行，其建筑结构要求跨度大、净空高、库门宽。

集装箱堆场一般有两种含义：广义的可理解为进行装卸、交接和保管重箱、空箱的场地，包括前方堆场、后方堆场和码头前沿在内；狭义的是指除码头前沿以外的堆场，其中也包括存放底盘车的场地。

前方仓库设在码头前方第一线与船舶装卸作业直接相关的建筑物。其容量一般要与泊位通过能力相适应。后方仓库是与前方仓库相对而言的，位于港区的后方，距离码头泊位比较远的建筑物。堆存时间较长的货物通常保管在后方仓库（场）。为加速车船周转，避免港口堵塞，卸在前方仓库（场）的货物，如超过堆存期限，物资部门仍未提货，港口即将其转到后方仓库（场）堆存保管。后方仓库的容量，要根据货物集散的速度和港口所在地区的要求而定。

本书中所指的堆场面积是以广义概念来统计的。

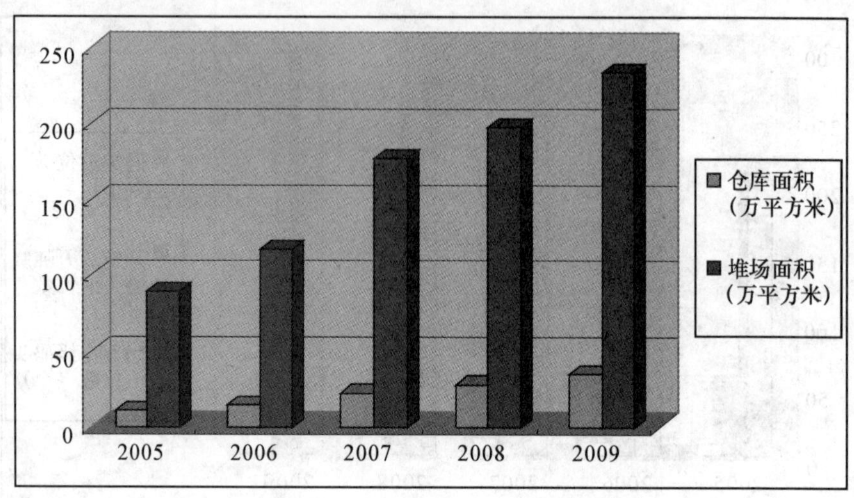

图 7-9　仓库、集装箱堆场面积增长图

注：图中横轴表示年份，纵轴表示仓库面积、集装箱堆场面积数。

资料来源：有关部门提供及实地调研。

（三）集装箱装卸机械数

集装箱装卸机械数，按照港区集装箱作业需要，通常要配备的装备有：集装箱岸边起重机、轮胎龙门吊、门机、带斗门机、装船机、斗轮机、皮带机、集卡堆高机、正面吊、固定吊、集装箱装卸桥、轨道式龙门吊、正面吊运机等机械，这些机械数量的多少对缩短集装箱船舶在港的停泊时间、增强码头堆场集装箱的周转能力、提高集装箱船舶的装卸速度等，起着至关重要的作用。

从计算方便性考虑，本书将这些机械统一相加按台套来统计。

（四）集装箱专用车

集装箱专用车，亦称集卡，是运送集装箱的专业车辆，通常根据装载的集装箱大小不同而不同。

本书在统计中并未统一将其折算到标准箱大小，而简单以车辆数计算。

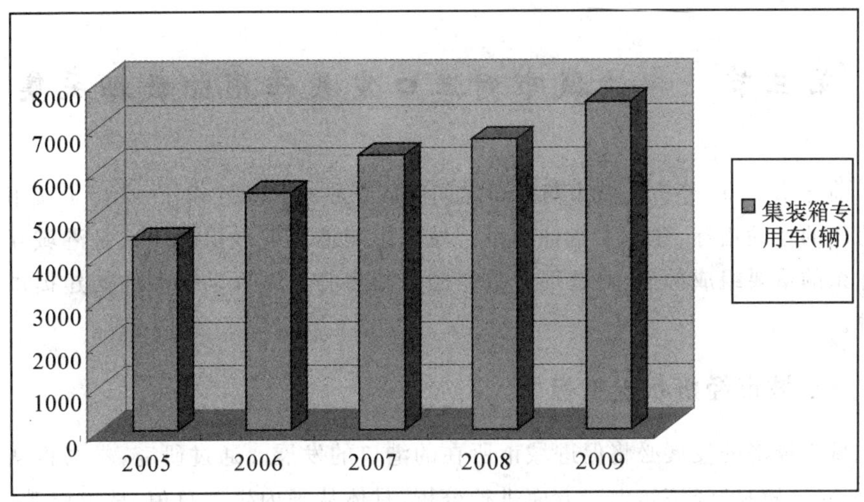

图 7-10　集装箱专业车增加图

注:图中横轴表示年份,纵轴表示集装箱专业车数。

资料来源:有关部门提供及实地调研。

表 7-6　2005—2009 年宁波港口基础设施汇总表

	2005 年	2006 年	2007 年	2008 年	2009 年
码头泊位数(个)	202	223	248	276	292
其中:万吨级码头泊位数(个)	54	57	65	67	74
10 万吨级码头泊位数(个)	8	9	12	12	18
内河航道里程(公里)	943.35	934.35	934.35	927.41	927.41
装卸机械数(台套)	498	539	589	637	843
仓库面积(万平方米)	11.2	14.7	22.76	28.34	35.17
堆场面积(万平方米)	89.6	117.6	177.48	198.23	234.3
载货汽车数(辆)	76224	89632	107291	107110	108290
其中:集装箱专用车(辆)	4397	5444	6309	6670	7550

资料来源:有关部门提供及实地调研。

第三节　宁波城市对港口发展作用的数据采集

前述第五章,分析了城市与港口之间的内在联系和相互作用,选择了城市与港口之间的互动指标,建立了指标体系。城市影响港口发展指标体系是港城互动指标体系的重要组成部分,对这部分数据的采集将为港城互动模型的构建提供重要支撑。

一、城市经济状况指标

城市经济的发展必将促进城市所在的港口的发展。通过研究,本书将从产业结构、对外贸易、经济实力三方面进行分析,具体从国内生产总值、地方财政收入、进出口总额、外商直接投资、利用外资这一系列的宏观数据入手,并选择六大主要临港支柱产业群在宁波的发展情况来展开分析。

(一) 国内生产总值(GDP)

国内生产总值(GDP),指一个国家(或地区)所有常住单位在一定时期内生产活动的最终成果。它有三种表现形态,即价值形态、收入形态和产品形态。在实际核算中,GDP有三种计算方法,即生产法、收入法和支出法。三种方法分别从不同的方面反映国内生产总值及其构成。从理论上说,按支出法、收入法与生产法计算的GDP在量上是相等的,但实际核算中常有误差,因而要加上一个统计误差项来进行调整,使其达到一致。

我国从1985年开始计算GDP。在具体的核算过程中,基本上是按国际通行的核算原则,即对各种类型资料来源进行加工计算得出的。主要资料来源包括三部分:第一部分是统计资料,包括国家统计局系统的统计资料,如农业、工业、建筑业、批发零售贸易餐饮业、固定资产投资、劳动报酬、价格、住户收支统计资料,国务院有关部门的统计资料,如交通运输、货物和服务进出口、国际收支统计资料;第二部分是行政管理资料,包括财政决算资料、工商管理资料等;第三部分是会计决算资料,包括银行、保险、航空运输、铁路运输、邮电通信系统的会计决算资料等。近年来,统计资料在越来越多的领域是采用抽样调查方法和为避免中间层次干扰的超级汇总法来获得的。

而且,GDP的计算需要经过以下三个过程:初步估计过程、初步核实过程和最终核实过程。在初步估计过程中,某年的GDP是在次年的年初,依据统计快报进行初步估计得出的。统计快报比较及时,但范围不全,准确性不很强。初步估计数一般于次年 2 月底发表。其次是在次年第二季度，利用统计年报数据对 GDP 数据重新进行核实。年报比快报统计范围全，准确度也高，采用这类资料计算得到的 GDP 数据是初步核实数，但工作并没有就此结束。因为核算除了大量统计资料外，还要利用诸如财政决算资料、会计决算资料等大量其他资料，这些资料一般来得比较晚，大约在第二年 10 月左右才能得到，所以在第二年年底的时候，根据这些资料再做一次核实，叫最终核实。最终核实数在隔一年的《中国统计年鉴》上发布。三次数据发布后，如果发现新的更准确的资料来源，或者基本概念、计算方法发生变化，为了保持历史数据的准确性和可比性，还需要对历史数据进行调整。因此会出现 GDP 数字的不断变化。

宁波市的 GDP 数据，是市统计局按国家的统一做法逐级汇总而得，并经逐步调整最终确定，本书中涉及的这一数据，就是最终核实后的数据。

本书为研究产业结构，收集了宁波市第一产业 GDP，第二产业 GDP，包括工业产值，第三产业 GDP。另外，为研究临港工业在宁波城市发展中的作用，还采集了主要临港产业群的财务资料。

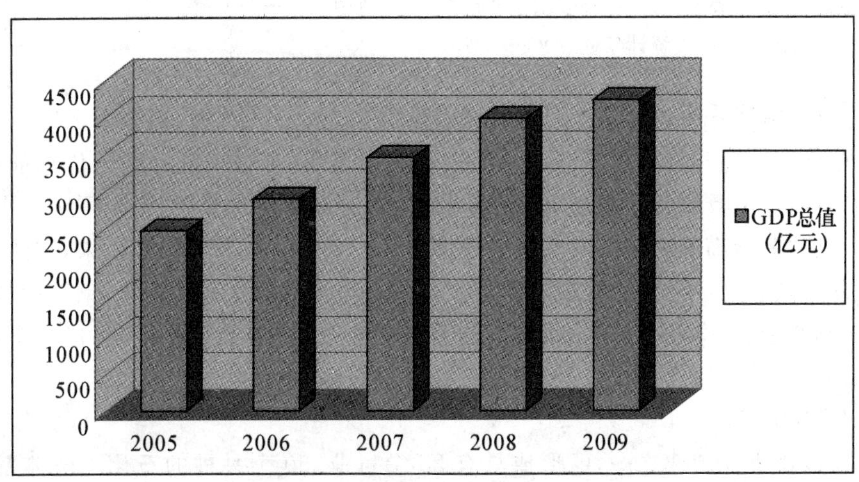

图 7－11　宁波市 GDP 总值增加图

注：图中横轴表示年份，纵轴表示宁波市 GDP 总值。

资料来源：《宁波市统计年鉴(2006—2010)》。

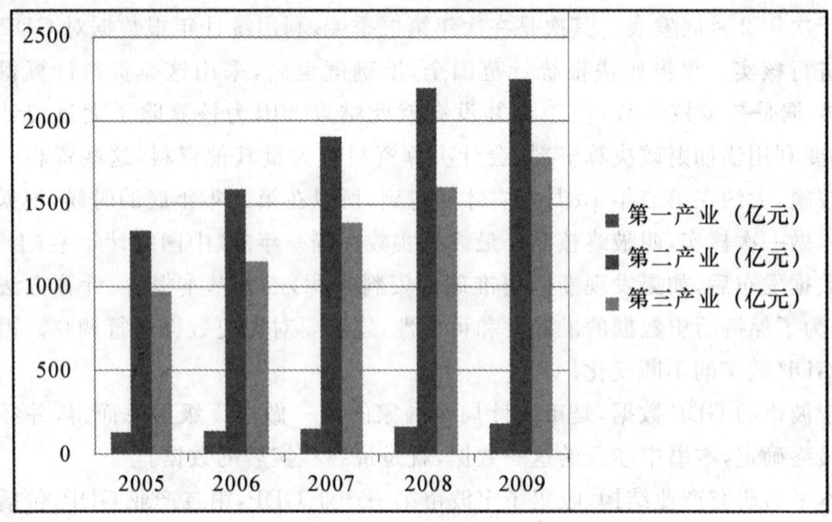

图 7-12　宁波市 GDP 总值中三大产业结构变化图

注：图中横轴表示年份，纵轴表示宁波市 GDP 总值中三大产业产值。

资料来源：《宁波市统计年鉴(2006—2010)》。

（二）临港工业

临港工业通常指布局于港口及周边区域内，依托港口资源和转运优势催生发展的产业，一般具有货物进出大运载量特征，并且具有对水资源、资金需求量大，对技术、人才要素高和经济外向度高等经济特征。从 20 世纪 70 年代以来，宁波临港产业从无到有，从小到大，规模不断扩大，实力不断增强，尤其是石化、钢铁、交通设备(船舶修造、汽车及零部件)、能源、造纸以及装备制造业六大产业群，成为宁波经济最具活力的支柱产业。

1. 石化产业

宁波市支柱产业之一，已形成具有 25 个行业、50 个品种的石化工业体系，其中炼油工业、合成材料、精细化工、化肥农药、基本无机化工原料和橡塑加工等行业已在全国具有重要的地位和较强的市场竞争力。

2. 钢铁产业

利用宁波港作为全国最大铁矿石中转港这一独特优势，通过项目合资合作和先进技术的引进与研发，积极推进钢铁的规模化生产和各种优质钢、特种钢的生产，丰富钢铁产品品类，提高钢铁产品附加值。

3. 能源产业

改革开放以来，大力建设发电厂、抽水蓄能电站、热电厂等电力项目。已形成

1100 多万 kW 的发电装机容量。天然气开发利用工程、石油储备基地等项目建设，将使宁波成为华东地区最大的电力和能源储运中转基地。

4. 交通设备

积极培育若干具有现代化交通设备生产模式的经济型轿车生产基地和大、中型造船总装厂，以及一批具有“专、特、精、新”特色的汽车零部件生产企业和中小型船舶修造企业，初步形成国内重要的交通设备生产基地。

5. 造纸产业

宁波已成为亚洲最大的高档包装纸生产基地，并由此带动了宁波印刷制品、包装制品等产业的发展。

6. 装备制造产业

经过几十年的建设发展和市场经济的磨炼，宁波市装备制造业在全国同行中形成明显的区域优势产业或产品，这些具有比较优势的产业带动了宁波装备工业整体的发展。

本书列出了宁波市 2005—2009 年临港工业总产值和利税额，六大临港支柱工业产业相关的主要产品数据，用以研究这六大产业的发展情况。

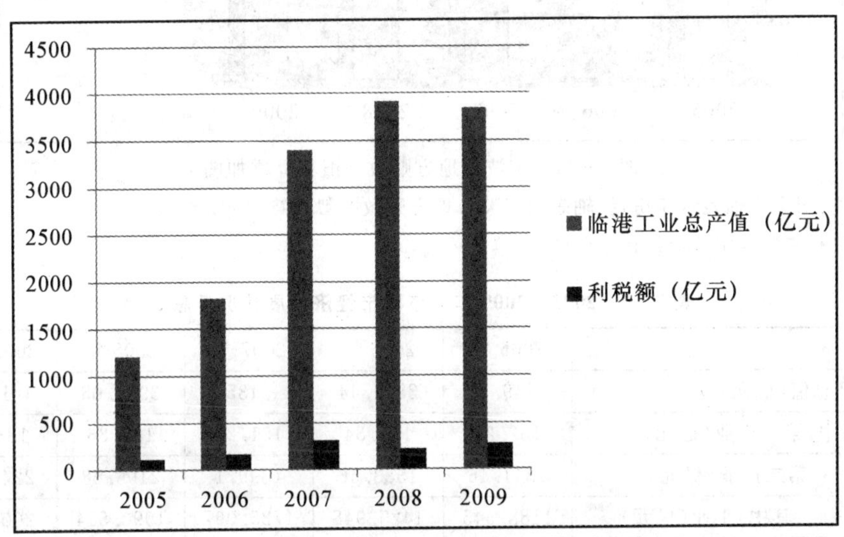

图 7-13　临港工业总产值及利税变化图

注：图中横轴表示年份，纵轴表示宁波市临港工业总产值、利税额。

资料来源：根据《宁波市统计年鉴(2010)》，以及有关部门提供数据测算得出。

（三）地方财政收入

地方财政收入是指地方财政年度收入，包括地方本级收入、中央税收返还和转移支付。包括:(1)地方所属企业收入和各项税收收入。(2)各项税收收入包括营业税、地方企业所得税、个人所得税、城镇土地使用税、固定资产投资方向调节税、土地增值税、城镇维护建设税、房产税、车船使用税、印花税、农牧业税、农业特产税、耕地占用税、契税、增值税、证券交易税(印花税)的25%部分和海洋石油资源税以外的其他资源税。(3)中央财政的调剂收入,补贴拨款收入及其他收入。地方财政预算外收入的内容主要有各项税收附加,城市公用事业收入,文化、体育、卫生及农、林、牧、水等事业单位的事业收入,市场管理收入及物资变价收入等。

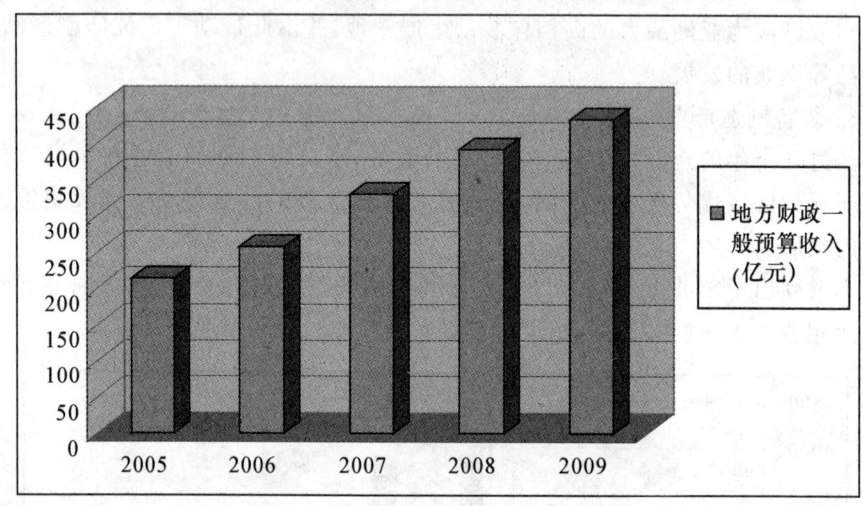

图 7-14 宁波市地方财政一般预算增加图

注:图中横轴表示年份,纵轴表示宁波市地方财政一般预算收入。

资料来源:《宁波市统计年鉴(2010)》。

表 7-7 2005—2009 年宁波城市经济发展状况汇总表

	2005 年	2006 年	2007 年	2008 年	2009 年
GDP 总值(亿元)	2449.31	2874.44	3435	3964.05	4214.6
其中:第一产业(亿元)	132.26	139.34	151.28	167.36	183.8
第二产业(亿元)	1341.46	1583.56	1899.1	2196.68	2247.8
其中:工业(亿元)	1188.545	1425.948	1725.067	1990.514	2006.6
第三产业(亿元)	975.59	1151.55	1384.62	1600.01	1783
临港工业总产值(亿元)	1209.7	1829.1	3398	3911.6	3841
利税额(亿元)	122.2	167.2	313	209.7	279.1
人均 GDP(元)	44120	51459	60774	69687	76012
地方财政一般预算收入(亿元)	212.38	257.38	329.12	390.39	432.8

资料来源:《宁波市统计年鉴(2010)》。

（四）进出口总额

进出口总额指实际进出口我国国境的货物总金额。包括对外贸易实际进出口货物、来料加工装配进出口货物，国家间、联合国及国际组织无偿援助物资和赠送品，华侨、港澳台同胞和外籍华人捐赠品，租赁期满归承租人所有的租赁货物，进料加工进出口货物，边境地方贸易及边境地区小额贸易进出口货物(边民互市贸易除外)，中外合资经营企业、中外合作经营企业、外商独资经营企业进出口货物和公用物品，到、离岸价格在规定限额以上的进出口货样和广告(无商业价值、无使用价值和免费提供进出口的除外)，从保税仓库提取在中国境内销售的进口货物以及其他进出口货物。进出口总额用以观察一个国家在对外贸易方面的总规模。

我国规定出口货物按离岸价格计算，进口货物按到岸价格计算。

本书数据来自宁波海关的统计，亦是按照我国的习惯计算法。

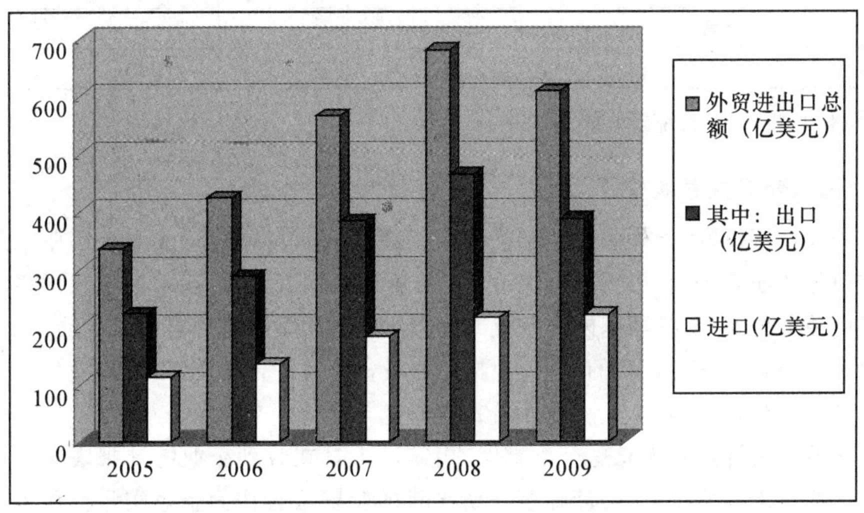

图 7－15　宁波市进出口贸易值变化图

注：图中横轴表示年份，纵轴表示宁波市进出口总额、出口额、进口额。

资料来源：《宁波市统计年鉴(2010)》。

表 7－8　港口货物贸易量占比表　(单位：%)

	2005 年	2006 年	2007 年	2008 年	2009 年
煤炭及制品占比	10.3	10.9	12.7	12.9	12
石油、天然气及制品	27.7	23.9	21.4	19.1	19
金属矿石	22.3	22	20.8	19.9	19.1
钢铁	1.7	2.4	2.3	2.2	2

续表

	2005年	2006年	2007年	2008年	2009年
矿建材料	0.9	2.2	2.2	2.5	2.9
水泥	0.5	0.5	0.25	0.2	0.2
木材	0.13	0.2	0.2	0.1	0.1
非金属矿石	0.9	0.8	0.9	1	0.9
化肥及农药	0.1	0.08	0.05	0.01	0.02
盐	0.2	0.2	0.2	0.2	0.2
粮食	0.8	0.7	0.7	0.6	0.6
机械、设备、电器	20	18.4	19.6	20.4	19.1
化工原料及制品	1.9	2.2	2.7	2.6	2.8
轻工、医药产品	12.4	15.4	15.3	17.74	18.4
农、林、牧、渔业产品	0.07	0.1	0.1	0.11	0.08
其他	0.1	0.02	0.6	0.45	2.6

资料来源:《宁波市统计年鉴(2010)》。

(五)外商直接投资

外商直接投资,指外国企业和经济组织或个人(包括华侨、港澳台同胞以及我国在境外注册的企业)按我国有关政策、法规,用现汇、实物、技术等在我国境内开办外商独资企业、与我国境内的企业或间接组织共同举办中外合资经营企业、合作经营企业或合作开发资源的投资(包括外商投资收益的再投资)以及经政府有关部门批准的项目总额内,企业从境外借入的资金。

宁波市统计局在汇总这个数据时,由统计人员在收到企业统计报表和验资报告后将数据录入系统,以会计师事务所出具的验资报告作为企业实际使用外资数据的原始凭证。最终的实际使用外资金额数据以报告期末中心数据库的数据为准,未及时验资、未及时上报报表和未及时将数据录入系统的,不得计入当期实际使用外资统计。

(六)利用外资

利用外资,指我国各级政府、部门、企业和其他经济组织通过对外借款、吸收外商直接投资以及用其他方式筹措的境外现汇、设备、技术等。

宁波市的这一数据是按照国家商务部口径统计的,对外商以国(境)外现汇(包括现金、进口设备、外资企业经外汇管理部门认证的税后利润等)出资,人民币的现金出资、实物出资等项目,均需要在通过工商行政管理部门注册登记、联合年检、税务部门办理税务登记,并提供由会计师事务所出具的验资报告后才能登记在内。

表 7-9　2005—2009 年宁波对外贸易发展汇总表

	2005 年	2006 年	2007 年	2008 年	2009 年
外贸进出口总额(亿美元)	334.71	422.14	565.09	678.40	608.13
其中:出口(亿美元)	222.17	287.71	382.55	463.30	386.51
进口(亿美元)	112.54	134.43	182.53	215.10	221.62
新批外商投资项目(个)	873	1034	854	528	403
直接投资总额(亿美元)	89.19	87.46	81.20	74.58	51.56
合同外资金额(亿美元)	42.10	44.27	45.01	41.23	34.24
实际使用外资金额(亿美元)	23.11	24.30	25.05	25.38	22.05

资料来源:《宁波市统计年鉴(2010)》。

表 7-10　临港工业主要产品产量表

	2005 年	2006 年	2007 年	2008 年	2009 年
1. 石化					
原油加工量(万吨)	1710.14	1750.36	1861.64	1937.91	1917.35
汽油(万吨)	278.00	241.67	246.06	267.18	304.18
煤油(万吨)	130.97	127.29	153.78	129.41	146.08
柴油(万吨)	710.56	726.32	738.93	804.11	735.38
石油沥青(万吨)	46.14	67.98	60.03	59.12	214.24
液化石油气(万吨)	92.53	94.15	99.69	105.82	106.42
硫酸(折 100%)(万吨)	8.03	10.38	9.96	6.93	9.16
盐酸(含量 31%以上)(万吨)	10.47	8.70	9.56	14.36	15.61
烧碱(折 100%)(万吨)	10.46	9.37	28.86	32.20	33.88
合成氨(万吨)	33.81	29.99	27.30	19.57	18.30
农用化肥(折纯)(万吨)	27.11	24.58	23.77	17.20	16.30
氮肥(折含 N100%)(万吨)	27.11	24.37	23.58	17.20	16.30
尿素(万吨)	27.11	24.37	22.22	15.67	14.96
化学农药(吨)	8841.00	1365.00	807.00	2730.00	4093.00
纯苯(万吨)	15.97	21.52	21.99	22.10	16.70
建筑涂料(吨)	2828.00	433.00	3208.00	2906.00	2586.00
染料(吨)	10833.00	9882.00	11748.00	9408.00	9018.00
塑料树脂及共聚物(万吨)	39.07	74.10	168.12	208.89	268.71
化学原料药(吨)	614.00	1250.00	1159.00	1611.00	2157.00
塑料制品(万吨)	100.53	112.80	148.12	244.68	94.07

续表

	2005年	2006年	2007年	2008年	2009年
2. 钢铁					
粗钢(万吨)	5.97	8.72	9.52	305.09	318.31
成品钢材(万吨)	82.69	196.33	275.59	305.09	539.35
铜(万吨)	4.24	12.21	13.46	8.58	0.09
铜加工材(万吨)	49.83	54.29	55.74	54.83	54.41
铝材(万吨)	8.08	9.98	17.65	23.41	22.60
3. 能源					
发电量(亿千瓦小时)	348.29	463.51	623.47	618.18	692.13
4. 交通设备					
大中型拖拉机(台)	15855	20278	16583	18688	28777
轿车(辆)	25032	64053	77430	85625	106487
摩托车(万辆)	25.72	23.41	16.06	12.33	8.82
自行车(万辆)	118.66	396.78	440.84	428.11	360.18
民用钢质船舶(综合吨)		322925	280962	709915	863317
5. 造纸					
机制纸及纸板(万吨)	133.11	176.06	194.61	212.34	172.37
纸制品(万吨)	43.54	59.30	90.30	105.94	94.47
6. 装备制造					
液压元件(万件)	62.34	394.88	4627.19	6704.95	3242.36
气动元件(万件)	841.53	1391.95	2021.76	4793.87	4210.28
交流电动机(万千瓦)	111.87	266.38	268.83	285.43	212.65
变压器(万千伏安)	1126.89	1747.77	1324.62	1556.18	1436.49
电力电缆(万公里)	15.03	13.24	16.11	15.00	13.65
自动化仪表系统(万套)	1489.38	776.80	888.76	1002.89	609.81
原电池(折一号电池)(万只)	251887	234752	374003	402411	376593
家用洗衣机(万台)	763.24	1118.48	1205.49	1338.88	1259.41
吸尘器(万台)	886.99	963.50	1566.94	1378.77	1094.78
电风扇(万台)	331.49	320.08	277.93	650.27	479.94
房间空气调节器(万台)	365.69	242.91	265.36	385.06	241.59
排油烟机(万台)	108.41	94.52	115.78	130.49	107.01
移动电话机(万部)	1205.17	1264.86	1614.13	802.50	383.22
光学仪器(万台)	239.38	306.94	330.53	277.10	212.42

资料来源:《宁波市统计年鉴(2010)》。

（七）全社会固定资产投资

全社会固定资产投资是以货币表现的建造和购置固定资产活动的工作量，是反映固定资产投资规模、速度、比例关系和使用方向的综合性指标。

本书在引用这个数据时，查阅了市统计局的资料，宁波的做法是：国有、集体、联营、股份制、私营、个体、外商、港澳台商、其他等投资主体在50万元以上的固定投资项目监理项目名录库，实施全面统计，有建造和购置固定资产投资项目的投资主体按月向市统计局填报项目完成投资进度数据，逐级汇总而得。

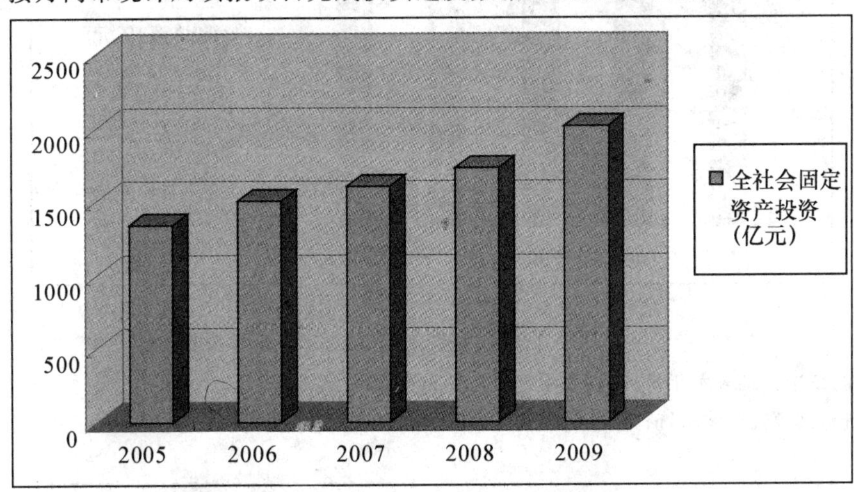

图7-16　宁波市全社会固定资产投资额增加图

注：图中横轴表示年份，纵轴表示宁波市全社会固定资产投资额。

资料来源：《宁波市统计年鉴(2010)》。

（八）港口及临港工业投资额

港口及临港工业投资额，我国的港口投资大致分为两个部分：一部分是公共基础设施，如航道、防波堤、疏港道路、锚地、公务码头等；另一部分是经营性设施，如生产性码头泊位、作业浮筒、仓库、堆场、机械、设备等。公共基础设施大多由政府和大型港口企业投资。

近几年来，随着海洋经济时代的到来，临港产业投资欲望跃上高点。按照“港为城用，城以港兴”的原则，宁波重点安排了一批以港口为中心、以疏港公路为重点的交通集疏网络建设项目，建设各种运输方式协调发展的现代化综合运输网络，使交通更为顺畅，同时实施了一批上规模、具有较强带动作用的临港型工业和高新技术产业项目，目前石化、钢铁、汽车、能源、造纸和造船六大临港工业已进入集群时代，临港大企业业已完成了大量的基础设施，如今的投入主要用在扩大规模和延伸产业链上。

宁波正积极将港口规划、港口建设与城市规划和发展相互兼顾，使港口真正发挥服务地方经济的功效，促进港城协同发展。

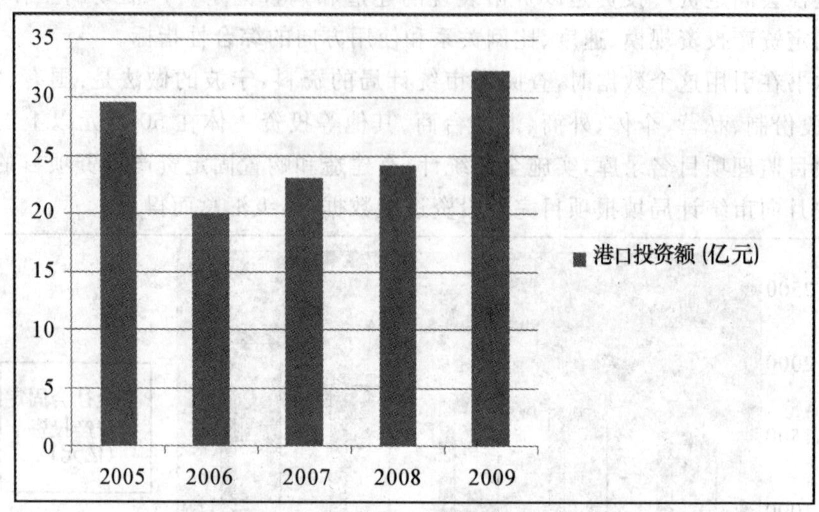

图 7－17　2005—2009 年宁波市港口投资额变化图

注：图中横轴表示年份，纵轴表示宁波市港口投资额。

资料来源：《宁波市统计年鉴(2006—2010)》，以及有关部门提供。

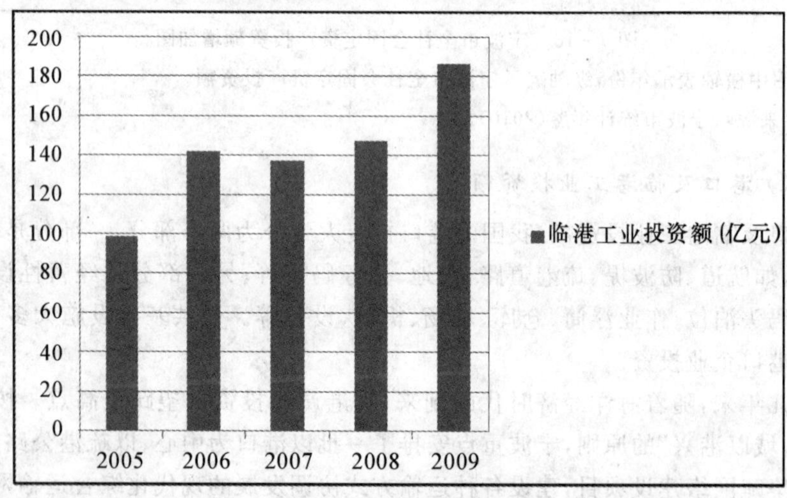

图 7－18　2005—2009 年宁波市临港工业投资额变化图

注：图中横轴表示年份，纵轴表示宁波市临港工业投资额。

资料来源：《宁波市统计年鉴(2006—2010)》，以及有关部门提供。

表 7-11　2005—2009 年宁波相关投资规模汇总

	2005 年	2006 年	2007 年	2008 年	2009 年
全社会固定资产投资(亿元)	1336.3	1502.77	1597.54	1728.24	2004.2
港口投资额(亿元)	29.64	20.02	23.01	24.1565	32.2948
临港工业投资额(亿元)	98.82	141.66	136.89	147.45	186.17

资料来源:《宁波市统计年鉴(2010)》,以及有关部门提供。

二、城市硬件环境指标

城市硬件环境的好坏直接影响促进城市本身以及城市所在的港口的发展,通过研究,本书将从交通运输指标、城市规模指标、固定资产投资指标、环境保护能力指标四个方面进行分析,具体选择公路里程、铁路里程、货运量、户籍人口、建成区面积、固定资产投资总额、绿化覆盖率、污水处理率、工业固体废物综合利用率等指标。

(一) 公路里程

公路里程指一定时期内实际达到《公路工程技术标 JTJ01－88》规定的等级公路,并经公路主管部门正式验收交付使用的公路里程数。其计算单位为公里。它包括郊区公路以及通过小城镇街道部分的公路里程,也包括桥梁、渡口的长度,但不包括城市街道、厂矿、林区生产用道的里程。两条或多条公路共同经由同一路段,只计算一次,不得重复计算里程长度。

考虑到高速公路在目前宁波客货运输中的重要作用,本书将宁波高速公路里程数一并列出。

(二) 货运量

货运量指运输企业在一定的时期内实际运送的货物数量,其计量单位为吨。不论货物运输距离长短或货物种类如何,凡货物重要达到一吨者,即计算为一个货物吨。货运量是反映运输生产成果的指标,体现着运输业为经济服务的数量。一定时期货运数量的大小,也是反映经济状况的一个重要指标。反映货运量的指标有发送货物吨数、到达货物吨数和运送货物吨数。

1. 发送货物吨数是指货物在发送站(港)始发的货物重量。表明物质生产部门交给运输业运送的产品数量,也说明运输业满足经济对运输需要的程度,它直接关系运输工具的调度。

2. 到达货物吨数是指到达目的站(港)的货物重量。它是从一批货物的运输已经完成的角度来反映运输业的成果,能准确地反映货物运输的最终结果。通过运到站(港)所在地区的产品种类和数量,在一定程度上反映出地区的经济特征并表示地区还需要其他地区供给的产品种类及数量。

3. 运送货物吨数是指运输企业为完成运输任务而从事运送工作的货物重量，一项运输任务由同一运输方式、同一运输企业来完成时，发送、到达和运送货物吨数都是相同的。

本书分别列出了宁波市从2005年到2009年公路、铁路、水路的货运量。

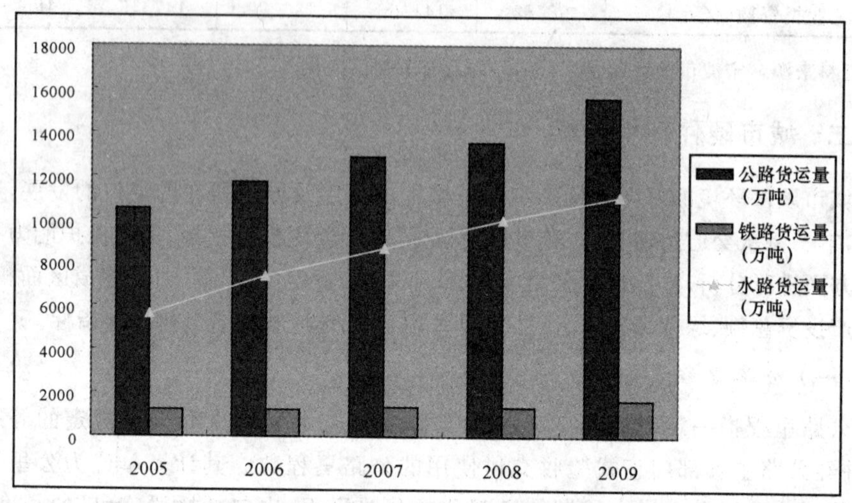

图7-19　宁波市公路、铁路、水路货运量增长图

注：图中横轴表示年份，纵轴表示宁波市公路、铁路、水路货运量。

资料来源：《宁波市统计年鉴(2010)》，以及有关部门提供。

（三）货物周转量

货物周转量指在一定时期内，由各种运输工具运送的货物数量与其相应运输距离的乘积之总和，通常以吨公里为计算单位。它是反映运输业生产总成果的重要指标，也是编制和检查运输生产计划，计算运输效率、劳动生产率以及核算运输单位成本的主要基础资料。计算货物周转量通常按发出站与到达站之间的最短距离，也就是计费距离计算。计算公式为：

$$货物周转量 = \sum 货物运输量 \times 运输距离$$

本书分别列出了宁波市从2005年到2009年水路、公路的货物周转量。

（四）户籍人口

户籍人口指公民依照《中华人民共和国户口登记条例》，已在其经常居住地的公安户籍管理机关登记了常住户口的人。这类人口不管其是否外出，也不管外出时间长短，只要在某地注册有常住户口，则为该地区的户籍人口。户籍人口数一般是通过公安部门的经常性统计月报或年报取得的。

宁波共有6区3市2县，其中的6区为海曙区、江东区、江北区、镇海区、北仑区和鄞州区，3 市为余姚市、慈溪市和奉化市，2 县是象山县和宁海县。本课题中所述的市区即上述的 6 区。

在观察宁波人口的历史沿革及变动过程时，通常采用这类数据。计算人均指标时也是采用这一标准。

（五）建成区

建成区指中国的市中的城市化区域，并不是地理学上的城市化区域，而是一个行政区划单位，管辖以一个集中连片或者若干个分散的城市化区域为中心，大量非城市化区域围绕的大区域。

从广义上讲，建成区是指城市行政范围内，实际建成或正在建成的、相对集中分布的地区，是城市建设发展在地域分布上的客观反映。包括市区集中连片的部分，以及分散到近郊区内、但与城市有着密切联系的其他城市建设用地。建成区标志着城市不同发展时期建设用地状况的规模和大小。一般不包括市区内面积较大的农田和不适宜建设的地段。

宁波市统计局用建成区来反映宁波市的城市化区域的大小。具体指市政区范围内经过征用的土地和实际建设发展起来的非农业生产建设的地段，包括市区集中连片的部分以及分散在近郊区域城市有密切联系，具有基本完善的市政公用设施的城市建设用地（如机场、污水处理厂、通讯机站）。

建成区是一个“动态化”的指标，宁波的建成区面积在近五年里呈不断增加态势。

（六）城市环境保护能力

这块指标由三个具体指标构成，包括：

1. 城市绿化覆盖率是城市园林绿地总面积占城市用地总面积的百分比。

因为只查阅到宁波市的城市绿化覆盖面积，所以本书在计算这个指标时，用到了公式：城市绿化覆盖率（%）＝城市绿地总面积/城市建成区面积×100%，得出了城市绿化覆盖率数据。

2. 污水处理率是指经过处理的生活污水、工业废水量占污水排放总量的比重，计算公式：污水处理率＝污水处理量/污水排放总量×100%。

3. 工业固体废物综合利用率是指工业固体废物综合利用量占工业固体废物产生量的百分率。计算公式为：工业固体废物综合利用率＝工业固体废物综合利用量/（工业固体废物产生量＋综合利用往年贮存量）×100%。

表 7-12 2005—2009 年宁波城市发展规模汇总表

	2005 年	2006 年	2007 年	2008 年	2009 年
年末户籍总人数(万人)	556.7	560.45	564.56	568.09	571
其中:市区人口(万人)	213.42	215.81	218.91	220.12	221.8
市区建成区面积(平方公里)	120.6	215.2	221.4	241.57	250.93
城市绿化覆盖率(%)	35.89	36.92	39.62	37.11	37.45
污水处理率(%)	59.19	68.89	75.61	79.69	68.87
工业固体废物综合利用率(%)	85.06	91.2	87.19	85.7	83.5
公路里程(公里)	5823.79	8900.17	9320.11	9571.75	9883.9
其中:高速公路(公里)	226.0	226.0	325.5	366.0	370.1
铁路里程(公里)	186.7	186.7	186.7	186.7	186.7
其中:营业长度(公里)	102	102	102	102	102
公路货运量(万吨)	10480	11725	12889	13550	15594
铁路货运量(万吨)	1207	1227.86	1329.79	1354.79	1705.76
水路货运量(万吨)	5619	7349.34	8705.9	9993	11050
水路货运周转量(万吨公里)	6806210	8696860	9775967	10745111	10999544
公路货物周转量(万吨公里)	644800	719114	812007	856713	1351300

资料来源:《宁波市统计年鉴(2006—2010)》,以及有关部门提供。

三、城市软件环境指标

进入 21 世纪以来,越来越多的城市建设者意识到城市的软件环境对城市发展的重要性,而且它对于发展城市所在的港口,也起着至关重要的作用。通过研究,本书将从港口物流仓储服务指标、人才指标、金融服务指标、信息网络指标和会展发展指标等五个方面进行分析,因为其中的许多具体指标数据极难获取,故只列出了很小部分。

(一) 港口服务企业

确定了与港口服务相关的九种企业类型:货代公司、船代公司、报关行、仓储公司、驳船运输公司、理货公司、陆运公司、空运公司和快递公司。

外轮代理公司,业务范围包括船舶代理、货运代理、揽货订舱、客运代理、国际联运及其他有关业务。这是港口物流仓储服务业中最主要的企业类型。

外轮理货公司,代表船方进行点数、计量、交接货物。外轮理货是外贸运输中不可缺少的一个环节，它对承、托运双方履行运输契约，买卖双方履行贸易合同和船方保质保量地完成运输任务，都起着重要的作用。

货物仓储企业，货物到达港口不一定会马上运离港口。这可能是由于运输环节没有很好衔接，也有可能是货主有意识的行为。货主企业有时为了等待更好的市场机遇或者因为港口的仓储成本低，有意识地将货物存储在港口。有些货物在港口存储时还进行一些简单的加工，如包装、分拣、贴标签等。这些业务一般都是由港口的货物仓储公司来完成的。

报关行，是经海关准予注册登记，接受进出口货物收发货人的委托，以进出口货物收发货人名义或者以自己的名义，向海关办理代理报关业务，从事报关服务的境内企业法人。

货物的陆上运输企业，港口作为水陆运输的枢纽，每天有大量的货物进出。在货物的集疏运过程中陆上运输起着极其重要的作用，因而港口也是陆上运输企业最为集中的地区。港口的陆上运输企业主要包括公路运输企业和铁路运输企业。货主通过其代理与公路运输企业签订运输合同，有些港口或者其装卸公司自己拥有卡车运输公司。

驳船运输企业，驳船运输是港内利用水运短途集疏运的重要手段，是降低换装成本、集疏运成本的最经济的方法之一。驳船运输主要有两项业务：一是完成港内货物短途集疏运；二是完成港口之间较长距离的货物运输。港口拥有的驳船多数是为了港口范围内的货物位移。目前，在世界的主要港口内，驳船运输仍是港口内货物移动的主要方式。

货物装卸企业，货物的装卸是港口最基本的业务，也是船舶到达港口的最基本目的。企业一般拥有为进行货物装卸的装卸机械和工具，并且拥有专业的装卸工人和机械司机。装卸作业分为码头岸上作业和船上作业两个环节。货物装卸作业的岸上作业主要包括货物在码头前沿的搬运、堆码垛和装卸机械将货物在码头岸上与船上之间的起吊和放下等工序。船上装卸是指船舶到达港口以后，由港口的码头工人操作船上装卸机械，在甲板上或船舱里整理货物或摘挂吊钩，以及打开舱盖或关上舱盖等。

快递公司，是目前国内市场上除了邮政之外的其他快递公司，运用自己的网络进行快递服务。是从航空货运代理业派生出来的，是传统航空货运的发展和延续。快递的服务性质是为客户派送物品，方式为门到门服务。近年来，每年的业务量以30％的速度增长，在对外贸易工作中发挥了举足轻重的作用。

通过查阅最新版的宁波黄页号簿结合部门调研，根据每家企业的注册年份来统计此块数据。

表 7－13 2005—2009 年宁波市物流仓储服务企业汇总表

	2005 年	2006 年	2007 年	2008 年	2009 年
货代公司数(家)	163	751	1706	2885	3566
船代公司	7	49	109	164	234
报关行	1	5	7	30	139
仓储公司	1	9	18	41	126
驳船运输公司	0	0	0	1	45
理货公司	0	0	0	0	30
陆运公司	4	31	84	152	303
空运公司	106	195	872	2028	2504
快递公司	3	14	32	62	117

数据来源：根据《2010 宁波大黄页(宁波黄页电话号簿)》，以及部门调研得出。

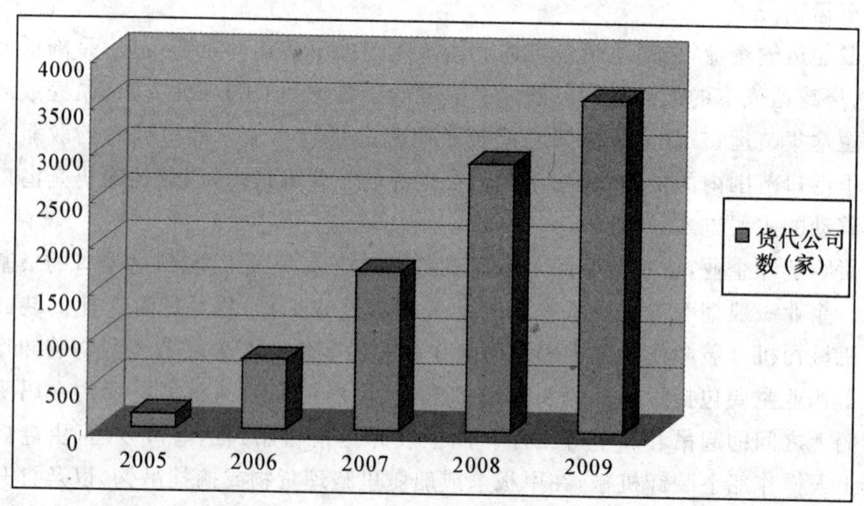

图 7－20 宁波市货代企业数增加图

注：图中横轴表示年份，纵轴表示宁波市货代企业数。

资料来源：根据《2010 宁波大黄页(宁波黄页电话号簿)》，以及部门调研得出。

(二) 城市软环境相关指标

1. 人才

2009 年宁波提出“人才强市”战略，进一步解放思想，开拓创新，坚持人才优先、高端引领的原则，确立企业人才优先开发，突出以海外高层次人才和创新型领军拔尖人才为重点，科学编制发展规划，精心打造开发平台，着力提升公共服务，持续优化人才环境，为促进宁波经济社会又好又快发展、加快推进现代化国际港口城市建设提供有力的人才保障和智力支撑。

截至 2009 年底，全市人才资源总量达 78.5 万人（年增长率为 13.77%），占全市户籍人口的 13%，每万人人才资源数为 1375 人，人才总体实力较以前相比有了较大的提高。

2. 银行

银行是经营货币的企业，它的存在方便了社会资金的筹措与融通，是金融机构里非常重要的一员。在经济社会发展中发挥了重要的支撑和促进作用，有力地支持国民经济又好又快地发展。

3. 保险

保险公司秉承"人民保险、造福于民"的企业使命，建立多元化销售渠道，开发健全产品体系，构筑强大的后援服务支持平台，为企业提供个性化产品和服务。

4. 互联网

1993 年以来，国际互联网应用的急剧高涨为网络经济的蓬勃发展，提供了不可多得的发展机遇。第三产业中的商业、运输业、金融业等均因有相应的网络而发展起来，网络化极大地加快了经济的市场化和全球化进程，是一种全新的生产力。

5. 会展业

宁波会展业按照"政府强势推动、市场化培育运作"的发展思路，不断演进和提升，已成为发展快、辐射广、带动力强的新兴产业。

表 7－14　宁波城市软环境相关指标汇总表

	2006 年	2007 年	2008 年	2009 年
人才总量（万人）	57.8	60.5	69	74.8
银行业机构数（家）	989	1011	1037	1057
银行业人员数（人）	16615	17410	19090	21055
保险机构数（家）	32	37	41	44
国际互联网用户（万户）	90.81	173.79	138	137.26
会议展览活动（次）	148	206	276	298
其中：展会	82	103	136	145
展览面积（万平方米）	80	102	139.2	153.7

资料来源：《宁波市统计年鉴（2007—2010）》，以及实地调研。

第八章 宁波港城互动的发展趋势与推进对策

港口是宁波崛起的最大优势，决定宁波的发展兴衰和前途命运。考察宁波的“以港兴市、以市促港”发展历史进程，可得出一个结论“宁波的发展史就是一部港城共兴史”。本章在分析宁波港城互动发展的历史沿革与演变过程的基础上，分析宁波港城互动关系的新特点与发展趋势，提出进一步推进宁波港城互动发展的对策措施。

第一节 宁波港城互动的历史沿革与演变过程

新中国成立后，特别是改革开放以来，宁波提出了“以港兴市、以市促港”的发展战略，港城互动发展经历了初始阶段、成长阶段、成熟阶段，宁波经济社会发展也体现了从港口兴起——港口工业城市发展——现代化国际港口城市建设的历史进程，“港”、“市”两者相互促进，相得益彰。当前，宁波港城互动进入了转型期，围绕新时期现代化国际港口城市建设目标，实施港港联动、区港联动、港城联动、港桥海联动，推进宁波港城关系成功转型。

一、宁波的发展史就是一部港城共兴史

宁波历史悠久，早在7000年前，先民们就在这里繁衍生息，创造了灿烂的河姆渡文化。从宋代开始乃宁波港城的全盛时期，鸦片战争后，宁波成为五大通商口岸之一。新中国成立后，宁波仍然是全国重要的港口城市之一。

(一) 宁波港发展现状

宁波港地处太平洋的西海岸，我国大陆海岸线中部、长江三角洲东南部，浙江省境内、杭州湾以南、东海以西、三门湾以北，毗邻舟山群岛，地理位置适中，是我国著名的深水良港。宁波港口由海港“一港八区”，即甬江、北仑、镇海、大榭、穿山、梅山、象山港以及石浦八个港区和河港组成。宁波港内外辐射便捷，向外直接面向东

亚及整个环太平洋地区。海上至香港、高雄、釜山、大阪、神户均在1000海里之内；向内不仅可连接沿海各港口，而且通过江海联运，可沟通长江、京杭大运河，直接覆盖整个华东地区及经济发达的长江流域，是中国沿海向美洲、大洋洲和南美洲等港口远洋运输辐射的理想集散地（宁波港的区位状况见图8-1）。宁波港自然条件得天独厚，水深流顺风浪小。进港航道水深在18.2米以上，25万吨至30万吨的船舶可候潮进出港。北仑港区北面有舟山群岛为天然屏障，在北仑港区建码头无须修建防浪堤，投资省、效益高，且深水岸线后方陆域宽阔，对发展港口堆存、仓储和滨海工业极为有利。

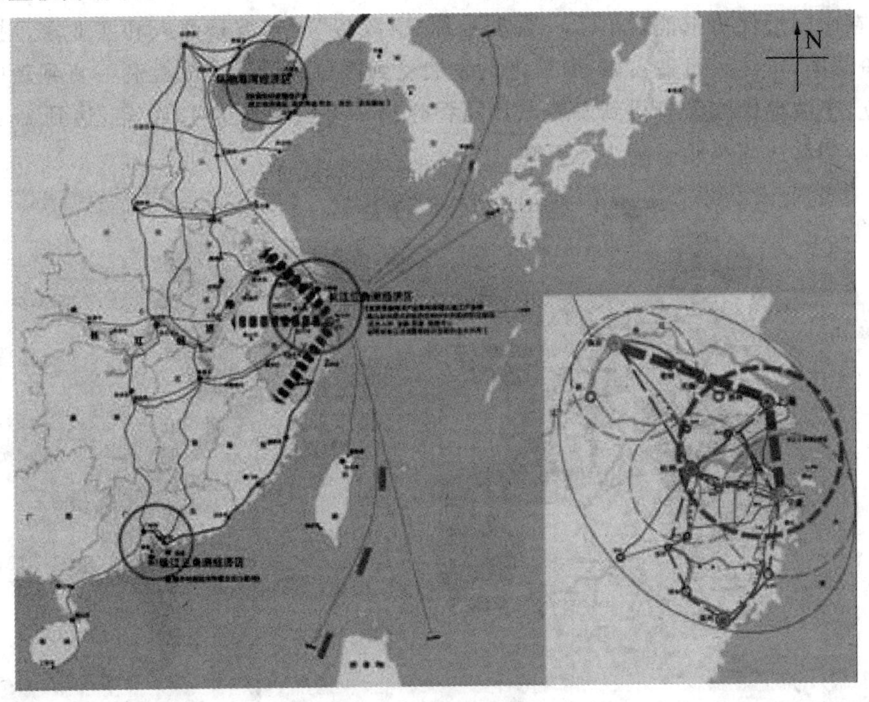

图8-1　宁波港区位图

宁波历史悠久，是有7000年文明史河姆渡文化的发祥地。宁波先民们早已学会造木船和用木桨，并有了河姆渡渡口。到前473年，越王勾践在城山渡（乍山乡）筑城称为句章，宁波港的古中心由河姆渡迁至城山渡，并设句章港，宁波港的"祖先"由此降生，并成为中国最古老的海港之一。589年，句章古港逐渐衰落，甬江流域的港口开始东迁至三江口。唐开元二十六年（738）设明州，宁波港正式开埠。宁波在唐时与扬州、广州并称中国三大对外贸易港口，宋时又与广州、泉州同列对外贸易的三大港口重镇。以越窑青瓷和丝织品出口著称于世的宁波港，曾被誉为"海上瓷器之路"的开端。821年，明州州治由鄞江小溪迁至三江口，刺史韩察发民筑子城，古宁波的城市中心随迁至三江口。898 年，明州刺史黄晟发民筑明州罗城，奠定了宁波城市的基本框架。明朝以后，因屡兴海禁，清初袭之，使港口一度中衰。清代中后期，宁波又成为我国重要的金融中心、贸易中心。

鸦片战争以后，宁波港被辟为“五口通商”口岸之一。1844 年 1 月 1 日宁波港以“条约口岸”正式开埠，英国先设领事署，后法、美、德、俄、西班牙、葡萄牙、瑞典、挪威、荷兰等国相继来甬设领事署或置领事。港口区最初设立在江北岸三江口至下白沙一带，后逐步发展至江东太丰面粉厂一带。但是，在上海港快速发展的挤压下，宁波没有能够抓住机遇发展起来，大批优秀的宁波籍人士转移至上海以图发展，在中国近代史上涌现出了一大批号称“宁波帮”的宁波籍商人和实业家。抗日战争时期，宁波为日寇占领，宁波港的发展受到严重制约。抗战胜利一直到新中国成立，宁波港始终没有得到发展。其间吞吐量最多的年份为 1910 年，达到 153.68 万吨，到解放前夕则下降为 4 万吨。

图 8-2　宁波港海相腹地示意

新中国成立后，特别是改革开放以来，宁波港发展迅速。到 2009 年，宁波港共有生产性泊位 292 座，其中万吨级泊位 74 座，5 万吨至 35 万吨级深水泊位 33 座，集装箱码头泊位 18 个，是中国大陆大型和特大型深水泊位最多的港口。宁波港开辟了 210 条集装箱班轮航线，其中远洋干线就有 118 条，每月集装箱航班近 900 班，已与世界上 100 多个国家和地区的 600 多个港口有贸易运输往来，形成了覆盖全球的集装箱运输网络。以港口为依托，日益繁忙的国际机场，四通八达的铁路、高速公路以及世界最长的宁波杭州湾跨海大桥共同构成了宁波现代化的立体交通网络。已成为中国大陆主要的集装箱、矿石、原油、液体化工中转储存基地，华东地区主要的煤炭、粮食等杂货中转和储存基地。2005 年 12 月，浙江省政府对外公告，决定自 2006 年 1 月 1 日起正式启用“宁波—舟山港”名称，原“宁波港”和“舟山港”名称不再使用，同时决定成立宁波—舟山港管理委员会，根据“统一规划、统一建设、统一品牌、统一管理”的原则，协调两港一体化重大项目建设。这标志着两港一体化取得突破性进展。

（二）宁波城市发展现状

宁波，取自“海定则波宁”，简称“甬”。宁波位于我国东海之滨，大陆海岸线中段，长江三角洲南翼，东有舟山群岛为天然屏障，北濒杭州湾，西接绍兴市，南临三门湾，并与台州的三门、天台相连，是我国东南沿海重要的港口城市和长江三角洲南翼经济中心。宁波属亚热带季风气候，温和湿润，四季分明，年平均气温 16.2℃，平均气温以 7 月份为最高，达 28.8℃，1 月份最低，为 4.2℃。全年无霜期一般为 230 天至 240 天，年平均降水量为 1300 毫米至 1400 毫米。5 月至 9 月降水量占全年的 60％。

宁波市总面积 9365 平方千米，人口 550 万人，辖 6 个市辖区（海曙、江东、江北、镇海、北仑、鄞州）、2 个县（宁海、象山），3 个县级市（慈溪、余姚、奉化）。是中央计划单列市和有制定地方性法规权的较大的市，属于 14 个沿海开放城市，是中华人民共和国文化部批准的全国历史文化名城，副省级城市，浙江对外开放的门户。宁波是浙东交通枢纽，陆、海、空、水立体交通发展迅速，“东方大港”之称的北仑港称誉国内外，栎社机场与全国各地主要城市之间和海外许多城市建立了航运业务联系，铁路、公路、水运以及市内交通四通八达。2008 年 12 月，宁波轨道交通方案通过国家发改委评审。根据国家批准的建设规划，宁波市将首先建设轨道交通 1 号线和 2 号线一期工程，初步形成“十字形”轨道交通基本骨架，线路全长 72.1 公里。2009 年 6 月，宁波轨道交通 1 号线一期工程开工建设。2010 年 12 月 23 日，宁波轨道交通 2 号线一期工程开工建设。

宁波是长江三角洲南翼重要的经济中心城市和重化工业基地，是中国华东地区重要工业城市，也是浙江省经济中心之一。宁波 2010 年实现地区生产总值 5125.8 亿元，同比增长 12.4％。其中第一、第二和第三产业分别实现增加值 2059.2 亿元、2848.2 亿元和 2059.2 亿元。2010 年宁波实现工业总产值 13171.2 亿元，同比增长 32.％。规模以上工业产值突破万亿大关，全年累计实现总产值 10867.5 亿元。2010 年宁波市区居民人均可支配收入为 30166 元，2010 年全市农村居民人均纯收入达到 14261 元，城乡居民收入比由上年的 2.165∶1 缩小为 2.115∶1。

伴随着宁波港的发展壮大，宁波市在经济快速发展的同时，社会事业发展呈现出良好的势头。宁波市一直强化教育优先发展战略,各级各类教育事业得到协调发展,基础教育保持全省领先水平,高等教育发展迅猛,博士后流动站已实现零的突破,仅 2009 年全市新增各类人才 9.5 万人,目前宁波市人才总量已达 78.5 万人,其中,专业技术人员 53 万,高级职称人才 2.78 万人,博士(后)1534 人,硕士 14317 人,海外留学人才已达到 1502 人。宁波市紧紧抓住文化大市建设的目标,各类文化事业蓬勃发展,以服装节、七艺节、"双纪念"活动等为载体,民间艺术创作和群众性文化活动日趋活跃。社会各项事业取得长足的进步,城市面貌发生深刻变化,宁波先后被评为首批中国优秀旅游城市、国家环保模范城市、国家卫生城市、国家园林城市和全国首批文明城市。

(三) 宁波的发展史就是一部港城共兴史

港口城市的历史就是一部"港城共生"的历史。宁波的发展从客观机理上得益于得天独厚的港口资源禀赋,港口资源优势决定宁波的发展优势,港口的战略地位决定宁波的发展地位。宁波经济社会发展的历史,实质上是从港口兴起——港口工业城市发展——现代化国际港口城市建设的历史。考察宁波的历史进程,可得出一个结论:宁波的发展史就是一部港城共兴史。

1. 宁波城市因港口而发展兴起

宁波港对宁波城市的发展有着重要影响。宁波城市的发展就是一部"以港兴市"的历史,宁波港对宁波城市的发展主要表现在:

(1)港口开发极大地促进了宁波经济的快速发展

综观宁波城市以及宁波城市经济的发展,可以明显地看出,宁波城市兴起的轨迹是"以港兴市、以商成市"。宁波资源有限,历史上也没有成为政治中心,其得以兴起,主要是地理位置的优越性,只有在海运发展的情况下才能通过港口显示出来,宁波港在宁波经济发展中起着举足轻重的作用。首先,港口是地方经济的一部分,直接创造国内生产总值、上缴地方税收和产生就业机会。例如,2009 年宁波港集团上缴的所得税达到 48766.1 万元。其次,港口具有积聚产业、发展对外贸易的得天独厚的优越条件。港口的发展促使相关公司、供应商和关联产业相应集中,促进区域间物流、人流、资金流、信息流等生产要素的沟通和交流,带动仓储、运输、物流、加工、贸易、餐饮、金融、保险、代理、旅游、信息、口岸等相关服务发展,形成相关产业链条,构成广阔的经济辐射面,从而从多方面带动宁波城市经济的发展。

(2)港口发展促进了宁波城市基础设施的建设

城市基础设施是城市生存和发展所必须具备的工程性基础设施和社会性基础设施的总称,是城市中为顺利进行各种经济活动和其他社会活动而建设的各类设施的总称。宁波港本身就是宁波市重要的交通设施,在宁波市的对外交往中起着重要作用。宁波港及港航产业的蓬勃发展为宁波城市基础设施建设提供了资金来源，而宁波城市基础设施的建设亦需着眼于宁波港及港航产业的需求。近几年来，宁波市政府完善了港口集疏运网络，象山港跨海大桥、大碶疏港高速等项目已建成通车，甬台温铁路宁波段、舟山大陆连岛工程宁波连接线、栎社机场国际货运中心等项目亦逐个完成。机场快速干道、绕城高速连接线、铁路南站客运枢纽、地铁一号线、二号线等项目也处于建设之中。

(3)港口发展推动了宁波社会事业的发展

社会正常运转与不断发展，社会成员的生活与福利，需要各种社会性事务的支持和保障，这些社会性事务的总称是社会事业。它不仅包括传统的科技、教育、文化、卫生和体育事业，还包括社会福利、社会救济、社会保障、社区服务等方面。宁波港口及相关产业的发展，是宁波社会事业发展的催化剂，推动了宁波各项社会事业的发展。宁波港口及相关产业的发展，不但为宁波城市公共事业和城市财政收入提供了资金来源，也为宁波创造了大量的就业机会，利于城市社会安定。同时，作为重要的基础设施，宁波港集聚了大量的生产要素，给宁波带来了蓬勃的贸易、大量的投资和新兴的产业，令整个城市充满活力。

2. 港口依托城市的发展而进步

“以港兴市、以市促港”发展战略中，“港”、“市”两者相互促进，相得益彰。宁波港口的形成和发展，促进了宁波城市的兴起，而宁波城市经济的振兴，又带动了港口规模的扩大。宁波城市对宁波港的发展有重要影响。

(1)城市对宁波港口发展的要素支撑

城市发展为港口的发展能提供重要的腹地支撑和资源要素支持。宁波城市是宁波港最直接的经济腹地，是宁波港转运货物的重要来源。近些年来，随着宁波工业经济的不断发展和工业品竞争力的提高，宁波港口的货物吞吐量不断增加，2008年宁波港货物吞吐量就已跨上亿吨台阶，货物种类与日俱增，主要经营进口铁矿砂、内外贸集装箱、原油成品油、液体化工产品、煤炭以及其他散杂货装卸、储存、中转业务。随着货物种类和数量的不断增多，宁波港的货物运输专业化程度不断提升，运输效率大大提高。此外，宁波市雄厚的资金、技术、人才等要素资源，也为宁波港的发展插上了腾飞的翅膀。

(2)城市对宁波港口发展提供经济、政策支撑

港口的发展离不开资源、土地、集疏运等硬件设施，不能缺少金融和贸易等软件环境，亦需要政策的大力支持。宁波城市经过改革开放后 30 年的建设，已经成为长江三角洲南翼重要的经济中心城市，具备良好的金融贸易环境和健全的管理体制，宁波货柜班轮航线密集，在港口服务、金融结算、通关服务等方面有明显的进步，这为宁波港的长远发展打下了扎实的基础。在宁波港的发展过程中，宁波市在

各个阶段与时俱进，通过对城市的管理与规划，突出港口功能，优化港口布局；通过制定港口发展规划和对港口功能进行定位，指导港口的有序发展；通过完善集疏运体系和经济互补政策，加强港口与腹地的联系，扩大港口的辐射范围；通过实行更为开放的经济政策，积极推进自由港建设；通过加强港口设施、装卸设备等硬件的建设提升港口的竞争力，从而实现港口的最大效益。

(3)城市发展对宁波港口功能提升的支撑

城市经济的发展对港口的功能战略、服务范围、生产特点和地位作用产生重要影响。宁波作为浙江省的经济中心和中国华东地区重要工业城市，势必提升宁波港的港口功能。宁波港，不仅拥有装卸、存货、中转这一功能，还是货物转运、聚集、增值、拼装、配送甚至贸易的中心，并且控制着货物的及时流转。随着经济全球化、市场国际化和信息网络化，在功能定位方面，宁波—舟山港具备装卸仓储、中转换装、运输组织、现代物流、临港工业、通信信息、综合服务、旅游和国家战略物资储备等多种功能。宁波—舟山港以能源、原材料等大宗物资中转和外贸集装箱运输为主，将逐步发展成为设施先进、功能完善、管理高效、效益显著、资源节约、安全环保的现代化、多功能、综合性港口。

二、新中国成立以来宁波港城互动的历史进程

港城关系在港口城市演进的过程中互为因果关系，港口的发展将促进依托港口的城市的发展，城市的繁荣又促进港口的繁荣。根据港口城市的生命周期理论，把宁波港口城市的发展分为 4 个阶段：生长期、发展期、成熟期和转型期。

（一）新中国成立初期至 1979 年是港城互动的初始阶段

在初始阶段宁波港口发展始终处于河岸港发展阶段，港口与城市合为一体。甬江口建设镇海港区，标志着宁波港实现从河岸港向河口港转变。这一阶段港口和城市在区域上紧密接壤，在功能上强烈依赖，处于相互依存、共同增长、发展的阶段。这是港城关系史的必经阶段。

1. 港口规模小

承接解放前发展，宁波港长期设立在三江口甬江两岸，离出海口 26 公里。通过港道疏通，新建与扩建一批码头设施，开设外马路客货轮、白沙联运、江东三大作业区，其职能各有区分。外马路客货轮主要装卸什货，白沙联运作业区主要装卸煤、黄沙、矿石、什货，江东作业区主要装卸煤、黄沙、化工原料。1959 年建成的姚江大闸，虽然较大程度地改善了姚江两岸水利条件，但也带来了潮差增大、航道变浅等问题，直接影响到港口的发展。长期以来市区港口最大只能通行 3000 吨轮船。

1960 年根据《浙江省宁波港港口规划(1961—1967)》，宁波市政府明确提出以市内河岸港为主、适当发展镇海港的总体要求，提出了新建与扩建相结合的方针，白沙作业区进 3000 吨海轮，镇海河进 7000 吨海轮的目的，但由于"文化大革命"影响，致使镇海港计划迟迟没有实行。

1973 年，受周恩来总理"三年改变港口面貌"的重要指示以及粟裕将军在全国港口建设会议上的提议，宁波港的地位与作用得到了进一步明确，甬江口建设镇海港区的方案正式确立下来。建设镇海新港，标志着宁波港实现从河岸港向河口港的转变。1978 年 10 月万吨级、3000 吨级煤炭专用码头落成并投产运营。两年后的 11 月 4 号，宁波港终于结束了只能靠 3000 吨级船舶的历史——万吨级的"红旗 110 号"煤轮，平稳地靠上镇海港区的煤码头。这是宁波靠泊的第一艘万吨轮。

在这个阶段，港口长期处于城市之中，与城市融为一体，固然可以带来交通便捷的优势，但也造成与城市发展争夺空间、城市框架不易拉开、城市功能混乱等矛盾。

2. 产业链延伸处于初级阶段

在初始阶段港口对城市推动作用的主要动力因素是港口的运输中转功能，由这一基本功能诱发产生的港务部门和集散部门，成为港口直接产业，它是港城初始联系的最初媒介。宁波当时的产业布局呈现与河岸港发展相适应的特点，呈现利用港口条件，沿甬江两岸布局、推进工业化的特点。自 1953 年执行第一个五年计划开始，围绕建成浙东地区近代化、现代化的综合性工业基础目标要求，宁波规划建设了 6 个工业区：江东冰厂路沿甬江一带为发展纺织、造纸、基本化学、化肥和电力等工业的地区；江北新马路、草马路一带为发展机械制造、金属冶炼、金属加工等工业的地区；江北白沙区孔浦沿甬江一带为发展造船、渔业加工、木材加工、纺织及为渔业服务的工业地区；江东镬厂巷以南沿奉化港一带为发展手工业金属加工等中小型工业地区；西郊马园村附近为发展罐头食品工业地区；北郊路一带为发展电力、漂染等工业地区。除西郊马园村外，其他 5 个呈现沿甬江、姚江两岸布局的特点。

随着港口外迁变化，宁波开始依托港口建设现代临港产业。宁波利用其得天独厚的港口资源条件，采用嵌入式模式发展港口城市产业链，引入新企业、新行业发展临港产业。针对当时缺乏电力、严重影响沿海城市工农业生产与生活的现状，在国家与浙江省的支持下，宁波依托港口开工建设镇海发电厂和浙江炼油厂，使临港工业有了初步的发展。在临港工业建立以后，城市产业结构开始向重化工业方向发展。

3. 港口城市发展缓慢

港口主要体现运输功能，虽然带来了一定程度上人流和物流的集聚，但是受港口发展规模以及交通条件等因素的限制，这个时期的城市规模普遍很小，空间结构比较简单，港口对城市的推动作用很有限。根据当时港口、产业以及人口集中于三江口，特别是甬江两岸布局特点，宁波重点发展江北区、江东区，逐步形成以三江口为中心，沿三江口及其甬江两岸扩展的发展态势。宁波中心城区面积扩大的幅度十分有限。市区面积仅从新中国成立初的14平方公里，增至1972年的16平方公里。在港口外迁的影响下，开始依托港口建设港口城市框架，通过非连续的方式扩大城市规模，提升中心城市水平。根据宁波当时港口发展的趋势以及产业布局的特点，宁波开始跳出三江片、跳出老城区，重视镇海片建设。宁波通过实施《宁波市1974—1980年城市建设规划》，重点发展镇海片，逐步形成一城一镇(老市区、镇海)的不连续带状群发展格局，为下一步城市空间格局奠定了基础。至1978年宁波市市区面积达到18.3平方公里。

(二) 1979年至1997年是港城互动的成长阶段

北仑港开始建设，标志着宁波港口开发进入新阶段。随着港口外迁变化，产业、城市的功能与分布也发生相应的变化。1997年宁波港货物吞吐量达8220万吨，超过秦皇岛港而上升到第二位。在成长发展期港口对城市推动的主要作用因素是港口的工业功能。

1. 港口规模得以不断扩大，港口功能提升

这个阶段港口设施不断完善，港口的发展速度继续递增，港口逐步形成了自成体系的生存网络，发展空间同城市进一步分离，开始独立于城市进入专业化发展阶段。宁波依托北仑港得天独厚的港口资源条件，开始大规模建设深水良港。1979年，北仑港区的开发建设标志着古老的宁波港走出甬江，开始了由迈向河口港到海港的历史性跨越。“七五”时期以后开始二期工程以及国际集装箱码头建设北仑港区加速向多货种、多功能综合性国际中转港发展。同时，改建宁波老港区码头，加快镇海港区杂货码头建设，形成由老港区、镇海港区和北仑港区组成的三个功能互补、辐射面较广的港口布局。1979年宁波港口货物吞吐量为236万吨，到1997年达到将近10000万吨。1990年开始抓住国际集装箱运输加速发展的态势，大力发展集装箱运输，提升港口竞争力。1990年宁波港集装箱运量只有2.2万箱，到1997年已翻了近百倍。

2. 开始依托港口建设现代临港产业

在港口开发的有力带动下，现代临港产业有了大幅度的提升。在这一阶段，宁波紧紧抓住国际产业转移的有利时机，以宁波经济技术开发区、宁波保税区、宁波大榭开发区和宁波保税物流园区为载体与平台，实行优惠政策，大量吸引外资，承接国际产业转移，发展壮大临港工业。宁波依托港口在北仑、镇海、大榭等沿海地

带建立起石化、能源、汽车、钢铁、造纸、修造船等为代表的临港工业，逐步形成各具特色的港口物流产业集群、临港重化产业集群和加工工业产业集群，进一步推动产业联动。借着港口与政策双重优势，宁波大力发展电力、钢铁、石化、造纸、修造船等临港产业群，形成各具特色的北仑、大榭、镇海三大集聚板块。与此同时，重视发展现代物流业，完善现代物流业的空间布局。

3. 开始依托港口建设港口城市框架。

城市迫切需要重新规划港口和城市之间的协调发展。根据港口发展的特点与趋向，港口城市的框架结构作了进一步的调整与完善，快速扩大面积与规模的非连续式扩张已经成为主基调。为了与海港开发相呼应，宁波在北仑建立新城加快北仑片区发展；又通过建立东部新城，更好地实现城市中心与港口互动，拉开了城市框架，全面拓展港口城市的空间链，提升中心城市功能。

(三) 1998 年至 2008 年港城互动的成熟阶段

在经济全球化加速发展、国内外海运业全面兴旺的背景下，宁波港抓住国际产业转移、长三角地区经济腾飞以及杭州跨海大桥建成的历史机遇，积极实施港桥海联动发展，推进宁波、舟山港一体化，提升港口的国内国际竞争力。1999 年 7 月，国务院批复宁波市新一轮城市总体规划。2005 年 11 月，浙江省政府批准"宁波—舟山港"名称。

1. 港口地位提升，港口功能拓展

从单一海港走向港口群联动是本阶段的重要特点之一。2006 年 1 月 1 日，"宁波—舟山港"的正式启用标志着宁波、舟山两港一体化取得突破性进展，对推动港口、城市的整合，对提升港口城市整体竞争力发挥着重大作用。随着杭州湾跨海大桥、舟山跨海大桥和象山港跨海大桥相继建成通车，标志着港桥海联动发展进入正式实施阶段，宁波现代化国际港口城市进入港口、产业、城市、区域、环境联动发展新阶段。自 2006 年以来，发挥两港合群优势，港口吞吐量保持较快增长态势。宁波—舟山港货物吞吐量在 2009 年达到 5.7 亿吨，位居全球海港吞吐量第一，总量比 2008 年增加了 0.5 亿吨，增幅 10%，增长速度全球第一。据浙江省港航管理局统计，宁波—舟山港 2009 年完成的 5.7 亿吨货物吞吐量占全省全年海港货物吞吐量的 81.4%，其中外贸货物吞吐量 2.4 亿吨，占全省海港的 92.3%；完成集装箱吞吐量 1043 万标准箱(TEU)，占全省海港的 94%。

2. 全面带动了产业链延伸

随着临港产业进一步发展和产业集聚的加速，产业链进一步延伸。目前，宁波临港产业集群主要由港口物流产业群、临港重化工产业群和加工工业产业群构成。港口物流的市场主体的类型可分为：货主、船公司、运输代理企业、港站型企业、联运型企业、仓储型企业。宁波的重化工业集群有着得天独厚的优势，以开发区工业园区为载体，以大工程大项目为抓手，发展节能环保型产业，打造石化、钢铁、能源等临港重化核心产业群。宁波临港区域也有发展加工贸易的独特优势。通过几年的发展，宁波的加工贸易、仓储业务、国际贸易取得了长足进展，已初步形成计算机产业群、微电子光电子产业群、软件产业群、精密机械产业群和国际贸易、仓储物流企业群，为宁波高科技产业和进出口物流集散打下坚实的基础。宁波也将发展现代服务业作为转变经济增长方式、完善提升城市功能的重要内容，商贸、会展、金融、保险、电子商务、信息咨询、法律服务等相关产业不断提升，促进了产业的升级换代。

3. 城市空间框架不断完善

自实施《宁波市城市总体规划(1995—2010 年》以来，宁波市的城市总体框架不断拉开。2002 年 2 月 1 日鄞县撤县设区后，宁波市区面积扩大到 2560 平方公里，市区人口达到 192.6 万人。极大地推进了现代化港口城市的建设。为了更好地适应宁波社会经济发展的需要，更好地贯彻中央、省委以及市委提出加快建设现代化国际港口城市的精神，宁波市于 2002 年第三次修订《宁波市城市总体规划(2004—2020 年)》。

根据《宁波市城市总体规划(2004—2020 年)》，宁波城市城镇空间布局结构为：以宁波中心城为中心，二区、T 轴为主体的面向杭州湾的开放式空间布局结构。二区即以余姚南部四明山麓前沿至东钱湖、穿山半岛为分界线，形成北部都市区、南部生态发展区。T 轴为杭州湾南岸滨海线与沿海国道等交通干线构成的 T 字型发展带。北部都市区是宁波城市化发展的重点地区，重点发展港口、制造业、物流及金融、商贸、信息、科技、风景旅游等第三产业。规划以中心城区为核心，沿杭州湾南岸及滨海线形成带形组团城市结构。以高速公路、轨道交通为纽带，卫星状小城镇为组团，实现网络互动，整体发展。南部生态发展区是城市水源涵养地，重要的生态生产基地。重点发展风景旅游、水产养殖加工和机械电子等与生态环境、风景旅游无矛盾产业。规划以宁海县城、象山县城为中心，西店—宁海县城—岔路，象山县城—石浦两条城镇发展纵轴及象山县城—宁海县城发展横轴组成点轴型结构。

2005 年开始启动宁波东部新城建设，构筑中央商务区和行政中心区基本框架形成展示宁波现代化国际港口城市形象的标志性区域。2006 年，按照科学发展观的要求，宁波市委、市政府适时提出了宁波“十一五”时期“东扩、北联、南统筹、中提升”的统筹区域发展战略。2006 年 9 月，宁波市委、市政府出台了《关于提升中心城区发展水平的若干意见》，根据中心城区的功能定位和空间布局，以及基础设施现状和现代化国际港口城市的承载能力要求，将重点开发建设 10 个功能板块(东部新城中央商务区、湾头休闲旅游区、三江中央商贸区、科技文化创业功能区、长丰滨江休闲居住区、南部商务区、都市文化旅游商贸区、铁路南站客运枢纽区、镇海浙东生产性港口物流区、宁波保税港区），从而全面提升宁波城市的集聚、辐射和服务功能，加快建设现代化国际港口城市。

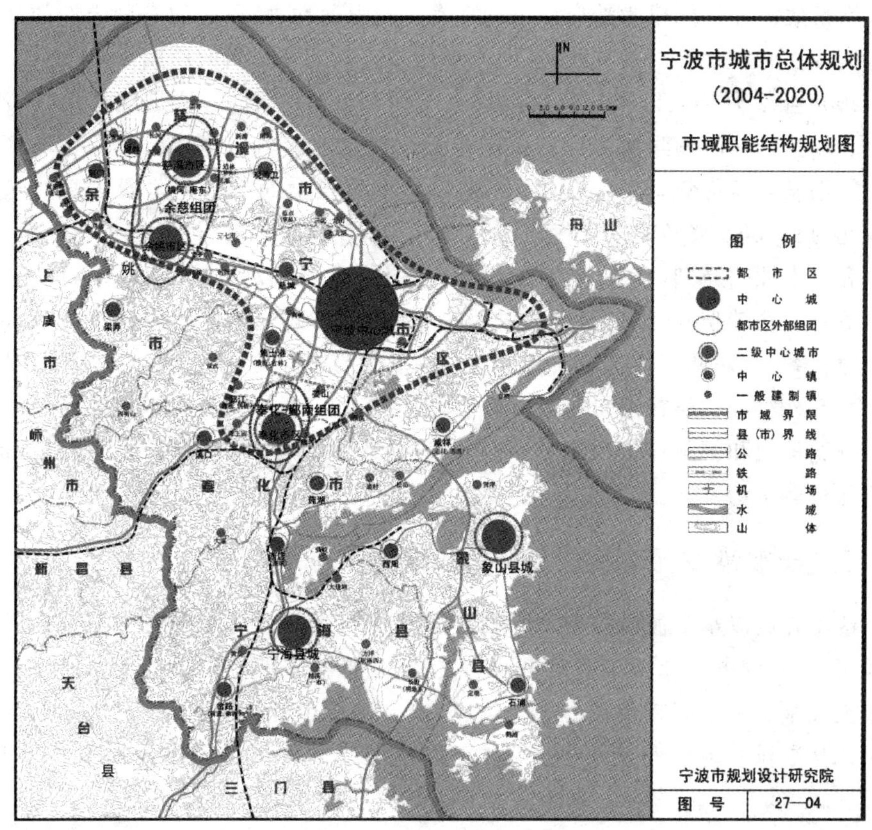

图 8-3　宁波市城市总体规划图

这个阶段港口吞吐量的增长速度与加速度递减，增长的动力明显减弱。港口城市的发展也进入成熟期，港口对城市推动作用逐渐减小。港口直接产业与港口关联产业的发展构成了良好的城市基础设施条件，由此产生空间集聚引力，吸引与港口无直接关系的产业在港口城市的集聚，这种乘数效应的集聚促进了城市产业体系渐趋完善。港口城市发展进入多元型经济发展阶段。

（四）2008 年以来宁波港城互动进入转型期

港口城市最后进入自增长期，即港口不再能明显地推动城市的发展。港口城市在进入多元化型经济发展阶段以后，其发展在很大程度上就取决于这种自增长效应，港口城市的发展逐步取决于产业结构的优化升级、多元化产业发展及城市经济的自增长发展。这时，如果城市凭借自增长效应继续发展，港城关系分离，港口经济的优势地位、主导地位就将逐渐失去、转移，港口的发展逐步停滞、甚至衰败，威尼斯和伦敦就是典型的例子，即表现出港衰而城市成功转型继续兴旺。当然，城市自增长效应并不能成为港口城市继续发展的强劲动力，还必须求助于新的动力，才能实现在原有水平上的飞跃，从而成功转型进入下一个新的周期。

2008 年 2 月 24 日，国务院批准设立宁波梅山保税港区，这是继洋山、天津东疆、大连大窑湾、海南洋浦之后的中国第五个保税港区。创建梅山岛保税港区，是宁波争创发展新优势，把现代化国际港口城市建设全面推向新阶段的必然选择。要以此为契机，围绕新时期现代化国际港口城市建设目标，坚持协调性、科学性、渐进性和人本性的原则，实施港港联动、区港联动、港城联动、港桥海联动，推进宁波港城关系成功转型，在港口与区域关系上，强调港口必须为区域发展服务；在港口与产业关系上，强调依托港口实现产业的高度化与国际化，通过大力发展现代物流业，为产业发展服务；在港口与城市关系上，强调港口必须为提升城市品质、提升城市区域竞争力和国际竞争力服务；在港口与环境关系上，强调保护生态环境，促进港口与自然协调发展。

三、宁波港城互动发展的特色和经验

改革开放以来宁波港口城市的崛起，既得益于党和国家实施的改革开放政策，得益于中央、国务院和浙江省对宁波的支持，也得益于宁波历届市委、市政府带领全市人民坚定走中国特色社会主义道路，以中国特色社会主义理论体系为指导的结果。从港城互动的角度进行总结，宁波港城互动发展的基本经验有以下几个方面。

（一）制定适合本地实际的港口发展战略是宁波港城互动发展的重要举措

城市发展战略的制定关系到城市发展的大方向。它对港口城市的发展、对港城互动的开展具有决定性的意义。而制定科学的发展战略必须从国情、省情、市情出发，立足于充分发挥和挖掘港口资源优势，提出切实可行的奋斗目标及实现目标的行动方略。只有这样，才能制定出科学的城市发展战略，才能对现代化港口城市建设发挥指导作用。

在改革开放初期，宁波市委、市政府充分发挥改革开放的政策优势、区位优势和港口优势，宁波鲜明提出并实施了“以港兴市”战略。港口的率先开发，带动了产业的升级和人口的集聚，也推动着城市功能的提升和城市规模的扩大。在 20 世纪 90 年代初，宁波市委、市政府进而提出“以港兴市，以市促港”的战略思路，强调港口与城市互动发展，对指导港口城市的发展发挥了重要的指导作用。进入新世纪，宁波市委提出推进“六大联动”(城乡联动、产业联动、港桥海联动、内外联动、生产生活生态联动、经济社会发展联动)、努力实现“六大提升”(提升城乡和区域协调发展水平、提升产业综合竞争力、提升港口大桥带动功能、提升城市国际化程度、提升可持续发展能力、提升人民群众生活品质)战略，追求科学发展、协调发展和可持续发展，促进港口与城市互动发展，推进经济又好又快地发展。在15个副省级城市中，2010年宁波地区生产总值仅次于广州、深圳、杭州、青岛、成都、武汉之后居第七位，2010年宁波市地方财政收入仅次于深圳、广州、杭州之后居第四位，2010年宁波市进出口贸易总额仅次于深圳、广州之后居第三位。详见表8-1。

表8-1 2010年全国15个副省级城市经济发展对比表

	生产总值(亿元)	地方财政收入(亿元)	进出口贸易(亿美元)	实际利用外资(亿美元)	城市居民可支配收入(元)	农民纯收入(元)
宁波	5126.00	531.00	829.00	23.20	30166.00	14261.00
杭州	5946.00	671.00	524.00	43.56	30035.00	13186.00
南京	5010.00	519.00	456.00	26.76	28312.00	11128.00
广州	10604.00	873.00	1038.00	39.79	30658.00	12676.00
青岛	5666.00	453.00	571.00	28.43	24998.00	10550.00
深圳	9511.00	1265.00	3467.00	43.00	32381.00	32381.00
厦门	2054.00	289.00	570.00	16.00	29253.00	10033.00
武汉	5516.00	390.00	181.00	32.00	18385.00	7161.00
大连	5158.00	501.00	521.00	100.00	21293.00	12317.00
沈阳	5017.00	465.00	79.00	50.50	20541.00	10022.00
成都	5551.00	527.00	247.00	64.10	20835.00	8205.00
西安	3241.00	242.00	104.00	15.00	22244.00	7750.00
济南	3911.00	266.00	74.00	10.40	15973.00	5407.00
长春	3370.00	143.00	130.00	6.40	17920.00	6050.00
哈尔滨	3666.00	238.00	44.00	7.03	17557.00	8020.00

资料来源：各城市2010年国民经济和社会发展统计公报。

(二)编制城市总体规划是指导港口城市发展的重要经验

城市总体规划是指规定一个城市的性质、规模、发展方向以及行动步骤，推进城市发展的纲领性文件。编制城市总体规划，对于提高资源使用效率、促进城市科学发展具有极其重要的意义。编制合理的城市总体规划,必须在尊重城市发展规律的基础上,深刻把握国家总体战略要求,从实际出发,兼顾当前需要与长远需要,合理界定城市的性质、规模及发展方向,指导城市走全面、协调和可持续发展之路。

回顾宁波港口城市的发展历史,曾经在不同时期编制三次城市总体规划,都发挥着积极的指导作用。在20世纪80年代中期修订的《宁波市城市总体规划(1986—2000)》中,明确提出宁波是华东地区重要的工业城市、对外贸易口岸和浙江省的经济中心。宁波城市将形成以老城市为中心,由宁波老市区、镇海发展区和北仑开发区三大片组成的有机的统一体,形成生产生活相对独立的组合型大城市。1995年修订的《宁波市城市总体规划》提出:宁波是现代化国际港口城市、国家历史文化名城、长江三角洲南翼经济中心,宁波中心城市空间形态将由三江片、镇海片、北仑片相对集中的组团,发展成"T字形"的框架,再逐步演变成为中心城市开敞组团式,外围城镇均衡分布,江、河、湖及绿色空间介入的一体化格局。新修订的《宁波城市总体规划(2004—2020)》,不仅规定宁波城市的性质,而且还规定城市的职能。宁波是我国东南沿海重要的港口城市,长江三角洲南翼经济中心,国家历史文化名城。宁波城市职能:东北亚航运中心深水枢纽港,华东地区重要的先进制造业基地、现代物流中心和交通枢纽;长江三角洲南翼重要对外贸易口岸;浙江省对外开放窗口和高教、科研副中心;东南沿海重要风景旅游城市。

实践已经充分证明,制定合理的城市城市总体规划是加快港口城市发展的重要经验。宁波正是在城市总体规划指导下,港口城市经济社会事业得到快速的发展,城市功能不断提升,城市竞争力也在不断提高。

(三)制度创新和人才是宁波港城互动发展的重要支撑

在港口城市发展过程中,制度创新对于协调各方利益关系、调动起各方面积极性具有重要的意义。人才是城市发展另一方面决定性因素,在国际、国内竞争加强的背景下,城市之间的竞争往往表现为人才的竞争。因而制度创新、吸收各方人才已经成为实现港城互动发展的重要支撑。

改革开放以来,1979年宁波港对外开放,1984年宁波列入全国综合改革试点城市。浙江省在促进港口城市发展过程中,也先后几次下放港口管理权限,充分调动地方积极性,促进港口与城市融合发展。20世纪90年代中期,宁波较早地对乡镇企业推进产权制度改革,使乡镇企业不断迸发出新的活力。同时,宁波大力促进国有、集体企业的改革改制步伐。在政治体制方面,宁波一直奉行"简政富民"的发展思路,致力于建立一个职能明确、运行协调、精干高效的政府管理体制按照"小政府、大社会"的理念,在机构设置、人员精简、审批制度和廉情公布等方面进行了较为彻底的改革。通过精简机构,提高了工作效率,也为推进港城互动创造条件。

综观港口城市发展历程，人才是实现港城互动、促进港口城市发展的另一关键性因素。宁波市委、市政府高度重视人才工作，并大力实施“科教兴市”、“人才强市”战略。宁波市委、市政府提出“三港一地”目标，即力争把宁波建设成为促进人才广聚博纳的“开放港”，促进人才合理流动的“自由港”，促进人才成就事业的“创业港”，成为在长江三角洲乃至全国具有重要影响力的区域性人才高地之一。围绕这些目标，宁波加快实施人才的培养、引进、使用工程建设，全面推进人才市场体系建设、人才环境建设，加强人才工作领导，使城市人才总量有了长足的增长，至2010年底宁波人才总量分别达到78.5万人，人才规模、素质和结构有了显著提升。

实践已充分证明，制度创新是带有长期性、根本性的问题，而人才则是现代化港口城市建设之本。只有不断推进制度创新，才能调动各方面积极性；只有做好人才工作，才能真正建设好现代化港口城市、实现小康社会建设目标。

(四)以人为本、着力改善人民生活是实现港城互动的目标追求

实现港城互动，只有坚持以人为本，才能始终保持正确的方向，才能不断赢得人民群众的拥护和支持。改革开放以来，宁波港口城市历届领导班子都把改善人民群众的生活作为工作的出发点，不断提高和改善人民生活。宁波市区居民可支配收入，从1978年的306元增至2010年的30166元，2010年宁波市区居民可支配收入与1978年相比增长了97倍。1980年宁波农民纯收入只有222元，至2010年达到14261元，2010年与1980年相比增长了63倍。在全国15个副省级城市中宁波城市居民可支配收入仅次于深圳、广州之后居第3位，农民纯收入仅次于深圳之后居第二位。详见表8-1。

事实充分证明，只有坚持以人为本，才能使人民群众得实惠，取得人民群众的拥护与支持，最终实现港口互动。

第二节 宁波港城互动发展的趋势分析

进入新世纪新阶段，在内外因素推动与作用下，宁波港城互动关系具有新的特点与趋势，随着“无水港”、“物流港”、“空港”、“信息港”的出现和发展，港城互动的范围不断扩大，形式和途径也变得更丰富；随着高新技术产业化和经济全球化的进展，由过去的城—港、港—城两点一线，更多地向海—港—城三点一线发展；随着气候和能源问题日益严重，“低能耗、低污染、低排放”、“可持续发展”、“绿色化”、“环保化”成为全球共识，港口城市向绿色化、环保化、低碳化方向发展。认识这些新特

点与新趋势对于更好地掌握宁波现代化国际港口城市发展规律，具有重要的意义。

一、宁波港城互动的发展趋势

从大局上认识和把握港城互动发展趋势，是做好各项工作的客观需要。

（一）港口内涵更为丰富

随着国际贸易的发展，世界经济结构与产业结构的调整，推动着港口不断向前发展，现代港口已由传统的以装卸运输为主发展为集装卸、转运、仓储、拆装箱、管理、加工和信息处理为一体的综合物流服务中心，成为商品流、资金流、技术流、信息流的集散地，是现代综合交通运输体系中不可或缺的一环。宁波抢抓机遇全力加快打造国际强港，加快宁波港口由交通运输港向贸易物流港转变，由世界大港向国际强港转变。

1. 港口的货物吞吐能力显著提升

到2010底，宁波港口已经连续7年居中国大陆港口货物吞吐量第2位、世界港口货物吞吐量第4位；集装箱吞吐量由2005年的世界第15位上升到2010年的第6位。根据第六章港城互动的系统动力学模型对宁波港口货物吞吐量预测，到2015年港口宁波货物吞吐量将达到7.7亿吨。表6-27显示，宁波港口投资增加1%，则港口的通行能力增加2.59，说明宁波港口自然条件非常优越，港口投资对增加港口通行能力的巨大推动作用。“十二五”期间，通过新建深水码头、整合码头岸线资源、改善航道锚地设施等措施，完善码头基础设施，重点增强集装箱、大宗散货、件杂货、液体化工等货物吞吐能力，增设港口集装箱班轮航线，提高外贸货物比重，不断挖掘港口潜力，提升港口通行能力，使宁波港在全球港口中具有重要地位。

2. 港口服务能力增强

港口既包括传统意义上的运输港与产业港，随着世界范围内第三代、第四代港口的兴起，港口服务功能的多元化已成为现代港口生存和发展的基本条件。宁波—舟山港成为亚太地区重要的国际枢纽港，从世界大港转变成国际强港，必须建立与其地位和作用相适应的港口服务体系，建立港口物流信息平台，大力发展贸易物流港。所谓物流港是指一个具有强大集约功能的贯穿于国际物流、区域物流和城市物流的现代物流服务组织网络，是港口码头、公路货站、铁路货站、航空货站等不同类型物流节点的集约集成，是不同物流线路的共同交汇点，是服务增值化、功能专业化和产量规模化的物流节点。物流港大大拓展了港口功能、加大港口综合开发利用、实现港口的可持续发展，是港口发展的趋势。“十二五”期间，宁波要不断完善以大宗商品交易平台为核心的“三位一体”港航物流服务体系，集聚运输、仓储、流通加工、配送等物流资源，健全物流信息网络，港口服务物流、贸易、工业的能力持续增强，基本形成亚太地区重要国际港口物流中心和资源配置中心雏形，成为全球港口物流重要节点。

近年来，宁波港把触角伸向内陆，建设“无水港”已成大势。无水港也叫内陆港，指在内陆地区建立的具有报关、报验、签发提单等港口服务功能的物流中心。在无水港内设置有海关、动植物检疫、商检、卫检等监督机构为客户通关提供服务。同时，货代、船代和船公司也在无水港内设立分支机构，以便收货、还箱、签发以当地为起运港或终点港的多式联运提单。内陆的进出口商则可以在当地完成订舱、报关、报检等手续，将货物交给货代或船公司。同时完善海铁、公铁、公水等多式联运设施，加强宁波口岸与“无水港”城市、港口联盟城市口岸协作，实现电子口岸对接，实现“零距离换装、无缝隙衔接”，大大降低货物运输的港口费用。

3. 港口的形式进一步拓展

港口既有传统意义上的河岸港、河口港和海港，也包括空港、信息港。空港的出现是机场功能不断拓展的结果，也是现代化港口城市的必然要求。现代化港口城市的发展不仅需要发达的海港，同时也需要发达的空港，以沟通内外的联系，也有利于临空产业的发展。所谓信息港，是国家信息基础设施（NII）在大、城市及周边地区的信息基础设施的总称，它既是地区信息传输、集散、共享与服务的支撑，也是与国家 NII 及其他网络互联的信息中转港口。随着信息化的推广与普及，信息港功能日益受到人们的重视与利用。信息港的建立与推广，突破了原有资源、空间布局等自然条件局限，大大拓展了港口内涵，使信息港成为港口城市的新的增长点。“十二五”时期要构筑宁波口岸发达的口岸开放和合作体系、高效的监管服务体系，实现宁波口岸与腹地城市电子口岸信息的互联互通，口岸综合费用低、通关效率高、服务质量优，提高口岸整体竞争力。

（二）港口和城市互动范围扩大

在以往阶段，港城互动主要局限于一城一港之间，空间范围比较有限；港口与城市互动形式主要局限于港口与产业、港口与城市等方面，互动的途径也相对较少。但进入新世纪新阶段，随着港口内涵的不断扩大以及交通通讯手段的改进，港口与城市互动的范围扩大，已经扩大至港口与多个城市或城市群、与整个区域的互动。

1. 港口与中心城市的互动扩大

港口与中心城市互动是港城互动的核心层。随着港口和城市的快速发展和土地资源日益紧缺、环境承载力约束加大，两者之间在空间用地、对外交通、自然环境、功能等矛盾也日益显现。突出地表现在：空间上港城不分，宁波市主城区的沿河岸线资源几乎完全被港口、临港工业所占据，相互争地；港口集疏运设施规划建设相对滞后，北仑区域交通拥堵矛盾突出，运输码头与工业码头紧邻市区难以满足现代化港口城市的发展要求，港口和工业的发展也因城市的要求受限；港口服务业发展不快，港口功能提升缓慢；港口产业发展与保护城市环境之间统筹协调不够，临港工业和港口作业对城市环境负面影响日益显现。只有先处理好港口与中心城市的互动关系，才能促进港城协调发展和可持续发展。随着港口外迁以及城市化发展等影响，港口与中心城市互动已经分为两个方面：一是港口与中心城区互动。随着市区码头的外迁以及码头原址的拆迁改造的加快，老港区的主要功能迁移至镇海和北仑港区，宁波中心城发展现代服务业成为必然趋势，主要发展金融、贸易、旅游、房地产、物流等支持航运中心建设的服务产业。二是港口与临港城区互动。随着港口功能开发加深，宁波北仑城区面临功能提升的任务。加快“三位一体”港航服务体系建设，以梅山物流产业集聚区建设为契机，以大宗商品交易中心建设为突破口，以海陆联动集疏运网络和金融信息服务体系为支撑，推动北仑港口功能转型。同时要优化完善临港产业布局，推动企业向基地集中，促进要素资源集约利用，进一步提升临港产业的集聚度和集约化水平。

2. 港口与周边城市的互动

港口与周边城市互动是港城互动的紧密层，城市群或者城市经济区是较为常见的组织形式。法国地理学者戈德认为，城市群是城市发展到成熟阶段的最高空间组织形式，是在地域上集中分布的若干城市和特大城市集聚而成的庞大的、多核心、多层次城市集团，是大都市区的联合体。宁波与舟山隔海相望，地缘相近，人缘相亲，文化相融，长期以来形成了非常紧密的互相支持、合作共赢的良好局面。随着舟山跨海大桥的建成，舟山与宁波之间将实现公路通道相连，舟山将无缝接轨宁波，物流势必日趋顺畅。台州地处我国东部沿海的中心地带，区位优势明显，民营经济活跃，产业特色鲜明，宁波与台州存在着较强的互补性和联动性，把台州纳入宁波都市经济圈，加强航线合作，加快大通关建设，对于拓展宁波港腹地具有十分重要的意义。绍兴市作为外贸大市，共有进出口企业近万家，这些企业有一半的货物通过宁波港出口。宁波与绍兴市打造国际深水港与内陆无水港深度合作，为绍兴进出口企业在“家门口”搭建一站式的国际物流公共服务平台，对于巩固宁波港的传统腹地意义重大。

3. 港口与内陆城市的互动

港口与其他城市互动是港城互动的松散层。2006 年以来，宁波港围绕着大力打造服务型口岸、效率型口岸、平安型口岸、和谐型口岸主题，继续加强港口码头基础设施建设，积极建设以港口为龙头、以杭州湾大桥为加速器、以立体交通为通道的多式联运体系和现代物流运作体系，积极开拓海铁和海空集装箱联运，推进大通关建设，密切与内地城市的经济联系。加快建设与义乌、金华等地的内陆港、无水港连通的集装箱集疏运网络，延伸宁波港集装箱运输链，增强宁波—舟山港的辐射力。在海空联运上，利用与萧山国际机场的联动开展集装箱货运海空联运，积极开展航空货运代理业务，为广大客户提供托运手续以扩大海空集装箱多式联运。加强与江西、安徽、贵州、重庆等城市的铁路运输联通，在长沙、武汉、重庆、四川等内地城市兴建集装箱货运站，当地可以报关，待到经过铁路直接抵达宁波港时，集装箱可以直接上船。

（三）港口和城市互动途径多样

在以往港口与城市互动形式主要局限于港口与产业、港口与城市等方面。港口与产业关系是港城关系的依托，而港口与城市（空间布局、功能）关系是港城关系的中心。进入新世纪新阶段受多种因素的影响，在继续保留、充实原有形式和途径的基础上，又出现新的互动形式与途径。

1. 港口与港口互动

在新背景下，建立港口联盟是港口与港口互动较为普遍的途径。所谓港口联盟，就是指港口企业在保持自身独立性的基础上，通过一系列的契约关系而建立的长期而又较为稳定的合作伙伴关系，并在相关业务领域采取协作行动，基本实现港政管理统一或港口企业经营管理统一。经济全球化和区域一体化发展为港口提供了充足的货源，促进了港口物流业的激烈竞争。区域港口之间的紧密合作，有利于降低内耗、共同发展。无论是纽约—新泽西港务局，还是日本的运输省，都高度重视港口之间的战略合作，注重发挥整体优势，增强港口综合实力。浙江省实施了宁波—舟山港口一体化战略，但要维持港口大省的地位，成为亚太地区国际航运中心的主要港口群，还有不少差距，存在不少发展瓶颈。因此，浙江省沿海港口之间加强合作，建立港口联盟，形成强港带弱港、弱港促强港互动格局十分必要。

2. 港口与产业互动

宁波工业经过 30 多年的发展，已基本形成了一条绵延 20 多公里的沿海临港工业带，初步形成以石化、钢铁、机械设备、造纸、汽配及修造船、能源六大行业为主的临港工业体系，涉及造纸及纸制品业、石油加工及炼焦业、化工原料及化学制品制造业、普通机械制造业、专用设备制造业、交通运输设备制造业、电力等十二大产业门类。

城市经济对港口的推动作用最直接的表现是港口吞吐量的增加，在经济发展的不同时期，城市对港口的推动强度有所不同。如表 8－2 可以看出，从 2005 年的 10.97 万吨/亿元下降到 2009 年的 9.11 万吨/亿元。显而易见，随着城市的发展，城市单位 GDP 对港口吞吐量的推动效应逐渐下降。

表 8-2　历年宁波港吞吐量与 GDP 对照

年份	GDP 总值(亿元)	每亿元 GDP 吞吐量（万吨/亿元）
2005	2449.31	10.97
2006	2874.44	10.77
2007	3435.00	10.05
2008	3964.05	9.13
2009	4214.60	9.11

资料来源：根据《宁波市统计年鉴(2010)》计算得出。

城市经济(GDP 总值的增长)对港口吞吐量的推动作用呈现下降趋势，其主要原因是宁波的产业结构优化、产业类型变得多样化。在新背景下，宁波港口与城市互动的产业链得到充实与延伸，已经初步形成以石化、能源、钢铁、机械制造为主的临港重化工业，以纺织服装、家用电器为主的传统优势产业和以新材料、电子信息、光机电一体化为主的高新技术产业三大产业群。随着打造“先进制造业基地”的目标确立，宁波把高科技和装备制造业作为主导产业加以重视与扶持，表明产业链向高端化延伸，通过走富有特色的新兴工业化道路，加快促进了工业结构实现从“轻重”并举向“优新”并重的提升发展，城市单位 GDP 对港口吞吐量的拉动效应将继续维持逐渐下降趋势。类似的情况也发生在上海市(见表 8-3)。

表 8-3　历年上海港吞吐量与 GDP 对照

年份	吞吐量(万吨)	GDP(亿元)	每吨吞吐量对应 GDP(元/吨)	每亿元 GDP 吞吐量（万吨/亿元）
2005	44300	9143.95	2064.1	4.84
2006	53700	10296.97	1917.5	5.20
2007	56000	12001.16	2143.1	4.67
2008	58200	13698.15	2353.6	4.25
2009	59000	14900.93	2525.6	3.96

资料来源：根据《上海市统计年鉴(2010)》计算得出。

3. 港口与城市互动

在新背景下，港口与城市互动的空间链得到充实与拓展，城市功能得到提升。港口本来是沿海城市的重要组成部分，港口与城市融为一体，承担着城市交通功能。近年来宁波为了适应国际航运业发展的需要，重点建设梅山保税港区，使港口与城市功能分开，客观上起到拉开城市建设框架的作用。此外，多中心化趋向突出。改革开放以后，许多沿海城市采用组团式发展模式，推动单中心城市向多中心城市方向发展。在这一过程中，港口因素发挥重要的作用。宁波近年来以行政中心迁移为契机，大力建设东部新城，重点发展商务会展、行政办公、金融保险等现代服务业，进一步完善港口城市的国际贸易服务功能，拉近了中心城市与港口的距离。

二、宁波港城互动发展存在的问题

如前所述，港城互动是开放式的系统工程，其高效的运行离不开港口功能发挥、港城互动渠道畅通以及港城互动支撑体系的保障。从这一角度来分析，当前宁波港城互动发展存在的一些困难与问题，主要表现在：

（一）港口转型升级急需加快

港口是带动区域经济发展的核心战略资源，也是带动区域经济发展的龙头。通过港口开发，带动资本、技术、人才的集聚，推动产业升级与产业发展。未来几年是各国沿海港口加速向第四代、第五代港口转型的关键期，综观各国港口变化，日益呈现港口深水化、港口集群化、港口服务物流化、港口管理信息化、港口投资多元化等发展趋势。各国港口竞合发展以及世界经贸持续增长，为宁波港发展带来机遇的同时，也充满挑战。

与国际先进港口（如鹿特丹、新加坡、香港等）相比，目前宁波港硬件设施有差距，只有 30 万吨级原油码头，20 万吨级（可兼靠 30 万吨船）的卸矿码头，而国际油轮达到 50 万吨；只能接纳第五代、第六代集装箱货轮，而国际上已发展到了第八代。此外，宁波港也缺乏必要的软件条件，港口信息化、智能化程度较低，缺乏能够沟通内外联结全球的高效公共信息平台，既不能满足客户的需要，又直接影响到港口效益提高。2010 年宁波港与上港集团、天津港、大连港、厦门港务等上市公司相比，公司效益虽然好于天津港、大连港、厦门港，但与上海相比有差距。详见表 8－4。

表 8－4　2010 年宁波港与国内其他上市公司财务状况对比

	宁波港	上港集团	天津港	大连港	厦门港务
总资产（亿元）	344.83	658.93	223.11	226.91	29.79
主营收入比较（亿元）	60.04	191.05	114.83	33.37	15.75
净利润（亿元）	21.99	54.17	8.03	8.13	1.01

资料来源：来自各上市公司年报。

根据港城互动的系统动力学模型测算，2010—2015 年宁波港口货物吞吐量继续保持增长态势，但港口通行能力增速相对较为缓慢，如果宁波港硬件、软件条件不能得到有效改进,货物压港问题将日益突出(详见表6-22)。

(二)港口与产业互动不够

产业是港口、城市发展的物质基础。不断将港口资源禀赋转化为经济发展的优势资源,是港口与产业互动、促进港城互动发展的重要目标。根据港城互动的系统动力学模型测算,2010—2015年1元的港口投入对城市生产总值的边际增长效用是4.65元,对城市对外贸易额的边际效用是0.97元;港口货物和港口营收对城市GDP增长的弹性系数分别为0.50和0.54,表明港口与产业的关系密切(详见表6-28、表6-29)。

根据第七章分析,2005年以来以石化、钢铁、交通设备、能源、造纸、装备制造等为代表的宁波临港产业已经有了很大的发展。2009年全市临港工业产值达到3841亿元,占到全市规模以上工业总产值的46%;但另一方面,也存在诸如临港工业产业链较短、产业集中度不够高、装备制造业比较落后等问题。延伸临港工业产业链、提升价值链、完善供应链,加快推进和提升宁波临港工业的发展,再创产业竞争新优势是推进"六个加快"的重要任务。

(三)港口与城市互动不足

城市是港口、产业发展的重要依托,城市发展对港口具有较强的促进作用。根据系统动力学模型分析,城市投入要素增长率均提高1%,则城市生产总值提高3.47%,对外贸易额提高3.99%。而对外贸易额的提高将直接增加港口货物吞吐量,可将港口货物吞吐量提高1.73%,港口营业收入相应地提高1.88%。

近几年来,通过开发北仑港、梅山保税港区,拉开了城市框架,提升了城市功能。但另一方面存在诸多问题,如城市服务业落后迟迟没有得到有效改观,2010年在我国货物吞吐量超过3亿吨的沿海城市中,宁波第三产业比重最低,只有40.20%,低于上海(57%)、天津(45.30%)、广州(61.00%)、深圳(52.40%)、青岛(46.40%)。宁波第三产业长期落后,尤其是临港服务业的落后,直接制约着港口开发与利用,制约着港口发展目标的最终实现(详见表2-1、图8-4)。

此外,在空间布局上港城不分,宁波市主城区的沿河岸线资源几乎完全被港口、临港工业所占据,相互争地;港口集疏运设施规划建设相对滞后,北仑区域交通拥堵矛盾突出,运输码头与工业码头紧邻市区难以满足现代化港口城市的发展要求,港口和工业的发展也因城市的要求受限;港口产业发展与保护城市环境之间统筹协调不够,临港工业和港口作业对城市环境负面影响日益显现。只有先处理好港口与中心城市的互动关系,才能促进港城协调发展和可持续发展。

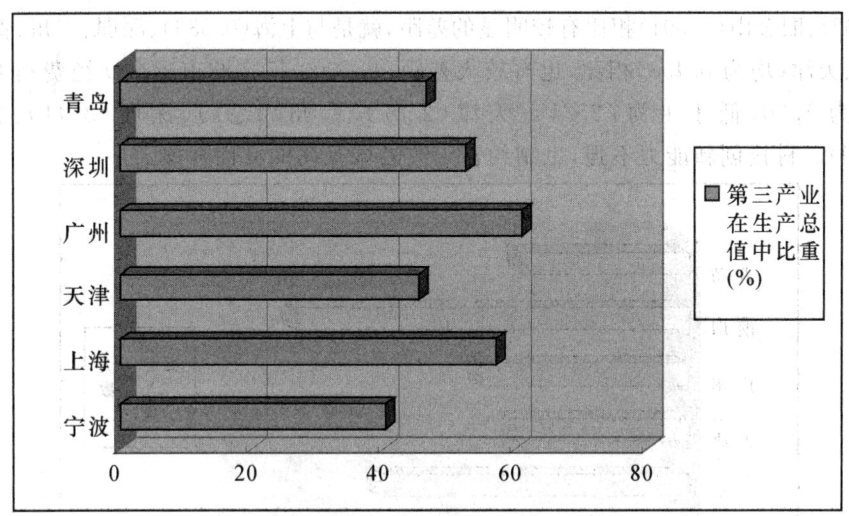

图 8-4 2010 年宁波与相关城市第三产业比重对比

注：图中横轴表示第三产业比重，纵轴表示各港口城市。

资料来源：2010 年各城市国民经济和社会发展统计公报。

(四) 港城互动的支撑不强

人才、科技是支撑港城互动的两个重要因素。这两个因素能否满足港口发展的需要，直接决定港口的兴衰，决定港城互动的成效。

根据系统动力学模型分析，宁波人才总量提升 1%，能带动对外贸易额提升 1.11%；人才总量增长 1%，则 GDP 增长 0.96%，充分说明了人才对于经济发展和港口开发的重要作用。随着港口的进一步开发利用，迫切需要建立一支由临港工业人才、港口专业人才、现代物流管理人才、国际经贸人才、信息技术人才、金融业人才等组成的港口人才队伍。然而目前的人才数量、结构和分布，都不能较好地满足港口开发的需要。2009 年在我国货物吞吐量超过 3 亿吨的沿海城市中，宁波市每万人人才数最少，只有 1375 人，低于上海(2765 人)、天津(1555 人)、广州(1858 人)、深圳(3535 人)、青岛(1509 人)。宁波尤其缺乏高级港口管理人员、国际物流人才、国际经贸人才、高级金融人才。

科技是支撑港城互动发展的另一重要因素。从新加坡、香港等亚洲先进城市的经验来看，重视科技创新、大胆运用科技创新技术与成果，是新加坡、香港避免走西方城市老路、由港城分离造成城市衰退的重要原因。近几年来，宁波市大力建设创新型城市，科技创新能力有了一定程度的提高，但与国际先进城市相比仍然有差距。以高科技产业为例，宁波系数为 0.391，不仅与国际先进城市水平的东京(1.0)、纽约(0.918)、伦敦(0.839)、多伦多(0.663)、西雅图(0.653)、温哥华(0.614)、名古屋

(0.602)、旧金山(0.591)相比有较明显的差距,就是与上海(0.586)、深圳、广州、青岛、厦门、天津(均为0.458)相比,也有较大差距。① 2009年宁波市R&D经费与GDP之比为1.50,低于上海(2.81)、天津(2.37)、广州(1.87)、深圳(3.41)、青岛(1.99)。科技创新能力不强,也制约着宁波港城互动的良性发展。

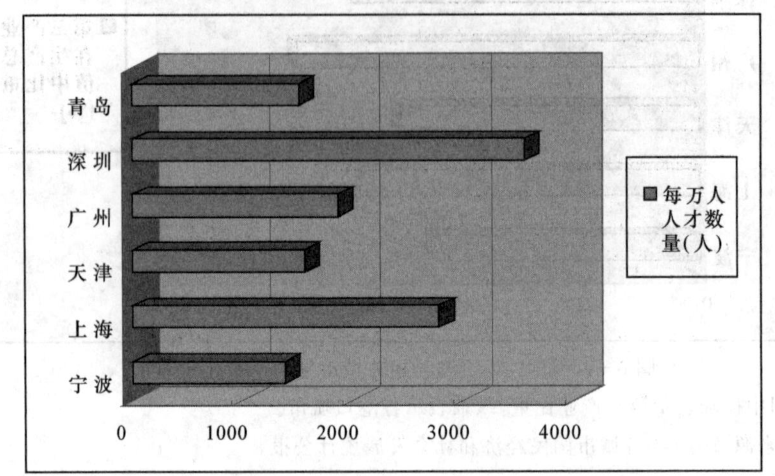

图8-5 2009年宁波与相关城市每万人人才数量对比

注:图中横轴表示每万人人才数量,纵轴表示各港口城市。

资料来源:各城市国民经济和社会发展统计公报以及统计年鉴。

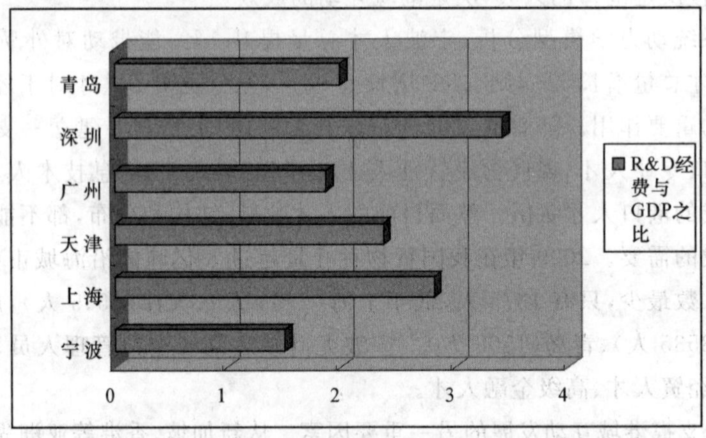

图8-6 2009年宁波和相关城市R&D经费与GDP之比对比

注:图中横轴表示R&D经费与GDP之比,纵轴表示各港口城市。

资料来源:第二次各城市科学研究与试验发展(R&D)资源清查主要数据公报。

① 倪鹏飞、[美]彼得·卡尔·克拉索主编:《全球城市竞争力报告(2007—2008)》,社会科学文献出版社2008年版,第330页。

第三节　推进宁波港城互动发展的对策

在新背景下，宁波进入新一轮港城互动发展阶段，既存在加快互动发展的机遇，也存在严峻的挑战。2010 年 12 月召开的宁波市委十一届十一次全会审议与通过《中共宁波市委关于制定宁波市国民经济和社会发展第十二个五年规划的建议》，提出“六个加快”战略，即加快打造国际强港、加快构筑现代都市、加快推进产业升级、加快创建智慧城市、加快建设生态文明、加快提升生活品质。“六个加快”充分体现了科学发展的新要求，反映了“十二五”时期发展的新特征，是加快转变经济发展方式在宁波的生动实践，其实质就是要实现港口、产业、城市的融合发展。

必须针对宁波港城关系的实际，坚持以科学发展观为统领，借鉴世界港口城市的发展经验，按照“六个加快”战略部署，在更新理念、转变港口发展方式、推进临港工业的转型升级、优化空间结构、制定政策措施等方面采取有效措施，推进新一轮港城互动发展。

一、拓展港城一体化，加强对互动发展领导

港城一体化的实质就是通过建立协调机制，科学配置区域要素和资源，理顺港口和城市的内在关系，将两者整合为步调一致、共生共荣的利益共同体。随着经济全球化和区域经济一体化的不断加深，港城一体化发展的趋势日益明显，已经成为港口城市和区域振兴崛起的强大动力。

在新的时期，宁波要坚决贯彻“港桥海联动”战略，进一步发挥港口、大桥、海洋的资源优势，拓展港城一体化内涵，提升港城一体化层次。首先，要进一步推进港口与产业一体化。要走新型工业化道路，加快新型临港制造业发展，推进清洁生产和循环利用；发展高端临港服务业，抢占区域服务业发展制高点；利用区港联动有利条件，继续推进外向型经济发展，积极参与世界经济分工，谋取更大的产业发展空间。其次，要进一步推进港口与城市功能布局的一体化。宁波要围绕建设国际性港口城市目标，必须打破旧观念，确立“港即是城”和“城即是港”的新理念，着力开拓整个陆相经济腹地和海相经济腹地，使所在城市成为“大港区”，使邻近区域成为宁波港口城市“功能区”。再次，要进一步推进港口与基础设施一体化。交通、资金、人才、土地等要素资源首先保证港口的发展，努力促进港口进一步开发利用。要尽快启动一批要素资源建设项目，确保港口的可持续发展。最后，要进一步推进港口与城市战略目标的一体化。借鉴国内外相关港口城市的经验，以国际先进城市为标杆，大力推进城市国际化，努力在港口国际化、经济国际化、教育国际化、城

市人口国际化等方面有若干重要突破。

港城一体化、港口城市互动发展是一项综合性工程，涉及很多部门和单位，有很多矛盾要协调，必须进一步统一思想，创新机制体制，理顺管理机构，加强对港城互动发展的领导。

（一）加强领导，提高认识

在港口下放地方管理后，要转变政府职能，积极推进并进一步理顺港口行业政企分开、政资分开、政事分开和政府与行业组织的分开，从而提高港口整体综合实力和国际竞争力。借鉴发达国家管理港口的经验，成立宁波港口发展委员会，进一步加强对港口、港口经济和城市发展的领导；聘请有关专家组成顾问组，研究港口建设与港口经济发展方面的重大问题，为港口发展决策提供咨询服务。同时，加大宣传力度，引导全市上下深化对港口城市发展规律的认识，不断增强抓住机遇加快港口城市发展的自觉性。

（二）创新港口管理体制，推进港口向自由港转变

当前宁波港区周围有宁波保税区、出口加工区、保税物流园区和梅山岛保税港区等多个特殊监管区域，但功能尚未得到完全发挥，与港口的联动程度还不是很高。应积极借鉴香港、新加坡、汉堡等城市的“自由港区”建设经验，把宁波港打造成为特色鲜明、体制开放、布局合理、运作高效、充满活力、与国际接轨的自由港。

（三）完善运行机制创新，加速宁波、舟山港口一体化进程

整合宁波、舟山港口资源，加快推进两港一体化进程，是省委、省政府的重大战略决策。但是到目前为止，宁波—舟山港港口一体化建设主要体现在两港原有名称“宁波港”和“舟山港”的撤销和“宁波—舟山港”新名称(2006 年 1 月 1 日正式启用)的挂牌等，两港的管理未发生实质性变化。要打破行政区划界限障碍，解决管理体制问题，使宁波—舟山港管理委员会逐步成为一个正式的管理部门，逐步实现宁波—舟山港区的港政、航政、海事、海关、边检、商检等各方面的统一管理、协调合作，提高整体竞争力。

二、加快转变港口发展方式，发挥宁波港龙头带动作用

宁波港城互动发展的历史充分证明了港口是宁波崛起的最大优势，决定宁波的发展兴衰和前途命运。但是在实证分析中，也发现宁波港城关系的协调度在下降，港口对城市发展的推动作用在减弱。因此，宁波港自身要尽快转变港口的发展方式，发挥优势，做好港口对整个国民经济的龙头带动作用。

（一）打造智慧港口，推进港口跨越式发展

宁波港现有港口资源利用率已经接近饱和，因此当务之急是整合港口现有的

条件，对港口的配套设施进行技术改造，完善港口集疏运设施，合理安排作业流程，提高设备利用率，增强港口通过能力，缩短船舶货物在港停留时间；加强包括集装箱码头数量、装卸能力、码头堆场、航道水深等在内的港口基础设施建设，为物流服务供应商提供大型现代化仓库，为客户创造"零仓储"。信息化水平的高低是向国际化港口迈进的一个重要指标。打造智慧宁波港，要引进现代技术和经营理念，以建设信息化、数字化港口为港口发展的方向，着力提高港口管理的现代化水平。引进并运用高新技术，如条形码技术、电子数据交换(EDI)、仓储管理系统(WMS)、资源管理系统(ERP)等，提高港口的运营效率和服务水平，加快与国际大港的接轨。

同时，要深化服务型政府、法治政府、责任政府建设，制定和完善口岸管理办法，规范审批行为和收费项目，切实纠正部门和行业不正之风。深入开展口岸大通关建设，以优化口岸服务环境，为客商提供优质高效的港口服务。尽量降低集装箱装卸费率，增强口岸吸引力和竞争力。

(二)完善港口集疏运网络，构建港口航运服务体系

为了更好地推进港城互动发展，必须从完善以港口为龙头的集疏运体系作为切入点与保障，加快构筑立体化的现代交通网络。进一步推进"一环六射"高速公路网建设，形成完善的放射状高速公路网络格局，使货畅其流，人畅其行；进一步推进铁路建设。在修建高速公路的同时，加快改造铁路基础，推进高速铁路网建设，适时启动杭州湾跨海铁路大桥建设，尽可能提高港口集疏运能力；进一步推进宁波空港建设。宁波空港不仅是城市窗口，而且还在相当程度上影响着港城互动的成效。当前要适时启动修建栎社国际机场第二条跑道，扩大空港吞吐能力，依托空港，大力发展空港经济，促进空港与产业、城市的互动；进一步推进城市轨道交通建设。在现有基础上，将轨道交通延伸至港口区，拉近港口区与城市的距离，促进港城新一轮互动发展。同时必须完善重要交通枢纽场站建设。培育和完善航运服务体系，如港航、物流、船货代理、金融、保险、法律事务、商务、信息等多种核心功能的一流国际航运服务平台。引进国际著名第三方物流企业落户宁波，使宁波成为上海国际航运中心的重要组成部分，发挥自身独特优势。

(三)发挥宁波港领头羊作用，推进港口战略合作

宁波港集团是浙江省港口企业的领头羊，也是国内港口企业的佼佼者，在港口建设、管理、经营、技术、业务、资本、航线、航班等方面具有突出的优势。因此，宁波港集团应以宁波—舟山港一体化建设为契机，加快自身做大做强做优发展步伐，积极开发舟山的深水岸线资源，加大与省内与温州、台州、嘉兴等相关港口的合资和合作。因此，要深化浙江港口之间的紧密合作关系，发挥宁波干线港的作用，带动区域港口共同发展。要按照"政府推动，企业为主，投资控股，互利共赢"的原则，搭

建企业层面合作平台,特别要发挥宁波港口经营企业的骨干作用,带动省内各港口共同发展,逐渐将货物向宁波港集聚,逐渐强化宁波港资源配置功能。

三、推进临港工业的转型升级,增加城市产业附加值

宁波临港工业是宁波工业的主导产业,得到持续快速发展,规模不断扩大,产业集聚效应显现,产业结构逐步优化。但从整体上看,发展过程中还存在不少问题,产业链短,资源消耗相对较高,生态污染压力重大。发展宁波的临港工业要坚持有所为、有所不为原则,大力发展与港口产业升级相匹配的装备制造、船舶修造和汽车等交通设备制造业;完善提升钢铁、石化、造纸产业;控制发展能源产业;大力鼓励技术改造,促进自主创新体系建设;推进产业集群,鼓励做大做强;拓展上下游产业配套,大力发展港口服务业,延长完善产业链条,把港口区域建设成低碳经济优势突出、经济高效、技术先进、资源节约、环境友好的重要临港产业基地。

(一)强化产业布局导向,推动产业集群化发展

按集约化发展要求,优化产业层次,强化分工协作,加强产业链整合,鼓励发展“补链”型企业,实施差异化竞争战略,努力形成一批规模大、创新能力强、品牌影响广、市场份额高的现代产业集群基地。一是企业组织规模化。对船舶、汽车、装备制造等以民营经济为主体的产业,引导重点龙头企业加快制度创新,建立和国际接轨的现代企业制度,积极培育和壮大优势企业,逐步培育主业突出、核心竞争力强、带动作用大的大企业大集团。二是产品生产专业化。鼓励重点企业加强关键技术开发和系统集成,通过市场化的外包分工和社会化协作,培育一批自主创新能力和市场占有率领先的“小巨人”企业,形成若干各有特色、重点突出的临港工业产业集群。三是公共服务系统化。建立完善区域服务体系,促进产业链公共服务平台和各种中介机构建设,大力培育信用担保、创业辅导、风险投资、检验检测、技术开发、人才培训、信息服务、管理咨询等服务机构。以“布局集中、用地集约、产业集聚、管理集成”为目标,建设专业市场,打造区域品牌,培育一批具有产业特色和较强竞争力的产业集群。

(二)推进产业链条延伸,加快产业转型升级

从宁波现有基础与特点出发,进一步明确产业发展方向,根据国家产业政策,将高科技产业、先进装备制造业、临港服务业、低碳产业作为发展重点与方向,加快推进产业转型升级。依托科技、人才与政策优势,大力发展信息、生物、新材料等产业,加快推动从加工装配为主向自主研发制造延伸,促进高科技产业发展。依托工业发达的优势,以重点建设工程为导向,在先进设备制造业等领域实现突破,提高研发设计水平。依托市场和资金优势,大力发展为港口运输、港口经济服务的金融、保险、物流、信息、法律服务,提升临港服务业发展水平。抓住有利时机,大力发

展新能源、新材料等，推广清洁技术，促进低碳产业发展。

（三）加快技术进步，提高产品竞争力

把技术改造作为推进临港工业优化升级的关键环节，积极实施“零土地技改”、“低产田改造”，提高生产效率、降低生产成本、改善生产环境、提高产品质量、促进节能降耗，增强产品在国内外市场上的竞争力。如石化行业要大力鼓励引进先进工艺技术，通过生产规模的大型化、产业链条的一体化，利用规模效益增强产品定价权、降低生产成本、提高产品附加值。坚持自主创新、集成创新和引进消化吸收再创新，鼓励采用新的技术原理、新设计构思及新工艺装备，提高汽车、船舶、装备制造、石化、现代冶金等领域的集成创新能力。以企业工程（技术）中心建设为抓手，以产业带动性大、市场竞争力强的新产品的开发和产业化为重点，加快建设一批各种形式的企业工程（技术）中心。深入推进企业与国内外高校、科研院所建立多种形式的产学研合作，联合建设研发中心、产业技术联盟等技术创新组织。

四、优化空间结构，增强城市服务功能

如前所述，城市是港口发展的重要支撑。随着港口进一步开发，必然对城市提出了更高的要求。然而，由于历史原因和长期积累，造成了宁波“港大城小”的格局；北仑城区与港区功能冲突、造成环境污染严重、交通特别拥挤等诸多问题，既影响港口开发，也影响居民生活。

（一）适当调整北仑城区空间布局

依托梅山保税港区，充分依托东南片区山海相依区位优势，打造“临海、看海、亲海”的北仑滨海新城。北仑滨海新城规划区域包括春晓镇、梅山乡和白峰上阳片区，总体面积超过200平方公里，可用面积约60平方公里，相当于又一个北仑中心城区的面积。同时加快北仑老城区改造步伐。促进北仑港区的煤炭专用码头、散货码头、矿石码头等污染较大的码头向北仑东部转移，腾出空间重点发展较为清洁的集装箱码头，以减轻城区北部的污染影响，同时也减轻交通压力。促进宁钢在郭巨新建设临港工业生产基地，搬迁宁波钢厂，现有地块逐渐改为与宝新配套的高精钢种类和港口物流用地，改变宁钢目前不到经济规模和对城区影响较大的局面，并适时搬迁海螺水泥等产生粉尘企业和城区东部工业企业。规划建设避开城区的北仑港区和东部港区的疏港通道，减轻港口发展给城区带来的环境压力。

（二）大力拓展空间链渠道

就宁波城市发展而言，为了适应港口城市发展的新形势与新要求，从多个层面适度调整城市规划，不断优化城市空间结构，加快构筑以市六区（海曙、江东、江北、鄞州、镇海、北仑）为核心、以余慈地区和宁波杭州湾新区组团为北翼、以奉化宁海

象山组团为南翼、以卫星城和中心镇为节点的开放型网络型都市框架。必须加快实施"东扩、北联、南统筹、中提升"区域发展战略:在重点向东、向北发展的同时,尽早启动中心城市的西延与南伸。西延就是依托现在海曙区西部、鄞州区西部良好的基础设施条件,通过中心城市向西发展,构筑具有江南水乡特色的高品质的现代化新城区与临空产业集聚区。向南发展,就是要整合奉化与鄞州区的资源,通过行政区划调整,把奉化市纳入中心城区,扩大中心城区的规模。同时要调整人口、人才政策,吸收高素质人口、高素质人材来甬工作与生活,促进要素资源向中心城市集聚,不断提升城市积聚与辐射能力,推动经济和社会发展模式从平面式、分散型向圆锥式、集约型转变,促进城市经济又好又快发展。

五、制定保障鼓励措施,加大互动支持力度

现代港城互动的良性发展,离不开当地政府的有力支持,政府制定港口城市发展的相关法律、法规或规章制度,是对港口、城市发展最直接的支持。宁波港城在今后的互动发展中,应尽力争取宁波市、浙江省及国家政策的倾斜和优惠,以保证港城互动的长期性、连续性、稳定性。

(一)编制互动发展规划,发挥规划统领作用

实现港口、城市的互动发展,必须高起点编制好发展规划,适度调整城市规划,发挥规划统筹引领作用。首先,建议抓住国务院批准通过《长江三角洲地区区域发展规划》之机,尽早启动编制港口城市互动发展规划。围绕到2030年远景目标,确立互动发展的阶段性奋斗目标和实施步骤,形成一个有总有分、级次完善的港口城市规划新体系。其次,要坚持港口规划、产业规划与城市规划的统一,做好规划与年度计划的相互衔接,妥善处理好经济社会发展规划、城市发展规划和土地利用规划之间的关系,切实发挥规划统筹引导作用。再次,要抓好落实。"十二五"期间,贯彻落实《宁波市加快打造国际强港行动纲要(2011—2015)》,全面推进十大工程建设,加快宁波港口由交通运输港向贸易物流港转变,世界大港向国际强港转变。

(二)制定激励港口建设的政策措施

政府要加大对港口基础设施的资金援助力度,可以考虑在财政收入中设"港口建设专项基金",征收港口商品价值的一定比例的港口维护税,纳入"港口维护委托基金",专门用于港口航道的维护。启动港口重大工程项目实施财政预先补贴政策,鼓励宁波港集团成为建设主体,加快建设好通往港区的水、电、路、航道、锚地等,为港区建设和使用提供方便。同时根据市场经济规则进一步开放港口投资和经营市场,拓宽资金筹措渠道,鼓励民营企业,国际著名港口、航运企业投资并参与港口建设、管理和经营。

（三）加强港口人力资源的开发工作

宁波还应坚持引进和培养并举原则，结合港口发展实际，切实做好港口物流基础性人力资源的配置、开发、使用工作，加强对港口人才的选拔和任用工作，培养港口核心人才，建立良好的人才选拔、任用、流动、激励等机制。宁波物流人才的缺口达上万人，尤其是缺乏既有理论素养又有实践经验、创新能力较强的物流人才，已经影响到了宁波市物流业的转型升级。物流业作为港口城市的重要支柱产业，在市域经济发展中具有举足轻重的地位。因此，培养和挖掘物流人才，已经成为宁波—舟山港物流人才工程的重要内容。人才集聚，将为宁波港城互动的进一步发展打下坚实的基础。

参考文献

一、著作

1. 倪鹏飞. 中国城市竞争力报告. 北京：社会科学出版社，2010.

2. 倪鹏飞、[美]彼得·卡尔·克拉索主编. 全球城市竞争力报告(2007—2008). 北京：社会科学文献出版社，2008.

3. 联合国人居署. 和谐城市——世界城市状况报告(2008/2009). 吴志强译. 北京：中国建筑工业出版社，2008.

4. 牛凤瑞，等主编. 中国城市发展 30 年(1978—2008). 北京：社会科学文献出版社，2009.

5. [美]斯皮罗·科斯托夫. 城市的形成——历史进程中的城市模式和城市意义. 单皓译. 北京：中国建筑工业出版社，2005.

6. [美]斯皮罗·科斯托夫. 城市的组合——历史进程中的城市形态的元素. 邓东译. 北京：中国建筑工业出版社，2008.

7. [美]刘易斯·芒福德编. 城市发展史——起源演变和前景. 北京：中国建筑工业出版社，2005.

8. [英]霍尔. 明日之城——一部关于 20 世纪城市规划与设计的思想史. 童明译. 上海：同济大学出版社，2009.

9. [美]阿瑟·奥沙利文. 城市经济学. 苏晓燕等译. 北京：中信出版社，2003.

10. 李廉水、[美]Roger R Stough 等. 都市圈发展——理论演变·国际经验·中国特色. 北京：科学出版社，2006.

11. [英]弗兰克·韦尔什. 香港史. 王皖强，黄亚红译. 北京：中央编译出版社，2007.

12. [美]迈克尔·波特著. 竞争优势. 陈小悦译. 北京：华夏出版社，2005.

13. [美]诺克斯主编. 城市化. 顾朝林，汤培源等译. 北京：科学出版社，2009.

14. [英]罗伯茨·塞克斯主编. 城市更新手册. 叶齐茂，倪晓晖译. 北京：中国建筑工业出版社，2009.

15. 谢中华. MATLAB 统计分析与应用. 北京:北京航空航天大学出版社,2010.

16. 姜启源. 数学模型.(第三版). 北京:高等教育出版社,2003.

17. 王雪民. 应用多元分析(第二版). 上海:上海财经大学出版社,2004.

18. 钟永光,等. 系统动力学. 北京:科学出版社,2009.

19. 何晓群. 现代统计分析方法与应用(第二版). 北京:中国人民大学出版社,2007.

20. 何晓群. 回归分析与经济数据建模. 北京:中国人民大学出版社,1997.

21. 盛骤,等. 概率论与数理统计(第四版). 北京:高等教育出版社,2008.

22. 胡献丽,周海波,王新哲编著. 理想空间:滨海模范城——大连城市规划创作与实践. 上海:同济大学出版社,2007.

23. 姚士谋,等. 中国城市群(第三版). 合肥:中国科学技术大学出版社,2006.

24. 王士兰,等主编. 崛起的世界第六大城市群. 北京:中国建筑工业出版社,2005.

25. 丁健. 现代城市经济. 上海:同济大学出版社,2003.

26. 戴鞍钢. 港口·城市·腹地——上海与长江流域经济关系的历史考察. 上海:复旦大学出版社,1998.

27. 王海平,刘秉镰. 港口与城市经济发展. 北京:中国经济出版社,2002.

28. 胡序威,杨冠雄主编. 中国沿海港口城市. 北京:科学出版社,1990.

29. 宋炳良. 港口城市发展的动态研究. 大连:大连海事大学出版社,2003.

30. 钟昌标. 海港城市、国际贸易与现代化. 北京:经济科学出版社,2008.

31. 王缉宪. 中国港口城市互动与发展. 南京:东南大学出版社,2010.

32. 鞠美庭,方景清,邵超峰等. 港口环境保护与绿色港口建设. 北京:化学工业出版社,2010.

33. 中华人民共和国交通运输部编. 第三次全国港口普查资料汇编. 北京:中国经济出版社,2009.

34. 夏南凯,刘凌云主编. 未来新海岸:临港地区的规划设计与实践. 上海:同济大学出版社,2007.

35. 林锋. 国际航运中心建设与上海城市发展. 上海:学林出版社,2008.

36. 王列辉. 驶向枢纽港——上海、宁波两港空间关系研究(1843—1941). 杭州:浙江大学出版社,2009.

37. 姜旭朝. 中华人民共和国海洋经济史. 北京:经济科学出版社,2008.

38. 李南. 港口民营化改革理论与政策. 北京:中国经济出版社,2008.

39. 孙逊,等. 全球化进程中的上海与东京. 上海:上海三联书店,2007.

40. 陈志，杨拉克. 城市软实力. 广州：广东人民出版社，2008.

41. 苗建军. 城市发展路径——区域性中心城市发展研究. 南京：东南大学出版社，2004.

42. 吴松弟主编. 中国百年经济拼图：港口城市及其腹地与中国现代化. 济南：山东画报出版社，2006.

43. 复旦大学历史地理研究中心编：港口—腹地和中国现代化进程. 济南：齐鲁书社出版，2005.

44. 国家发展和改革委员会运输研究所. 中国港口建设发展报告. 北京：人民交通出版社，2008.

45. 武良成，郑宇劼，等. 中国集装箱港口竞争力研究. 北京：中国经济出版社，2009.

46. 林锋. 国际航运中心建设与上海城市发展. 上海：学林出版社，2008.

47. 程必定，陈栋生，肖金成主编. 区域科学发展论. 北京：经济科学出版社，2009.

48. 余钟夫主编. 沿海开放城市信息化带动工业化战略. 北京：科学出版社，2009.

49. 中共中央党史研究室第三研究部. 中国沿海城市的对外开放. 北京：中共党史出版社，2007.

50. 王谦. 全球城市集团与中国城市国际化. 广州：暨南大学出版社，2008.

51. 王诺，白景涛. 世界老港城市化改造——发展研究. 北京：人民交通出版社，2004.

52. 张丽君，王玉芬. 改革开放 30 年中国港口经济发展. 北京：中国经济出版社，2008.

53. 当代上海研究所. 当代上海城市发展研究. 上海：上海人民出版社，2008.

54. 管楚度. 交通区位论及其应用. 北京：人民交通出版社，2000.

55. 周振华，等. 城市转型——上海经济发展蓝皮书(2006). 北京：社会科学文献出版社，2006.

56. 王战，等. 城市转型与科学发展. 上海：上海财经大学出版社，2007.

57. 王旭. 美国城市发展模式——从城市化到大都市区化. 北京：清华大学出版社，2006.

58. 张鸿雁，张登国. 城市定位论——城市社会学理论视野下的可持续发展战略. 南京：东南大学出版社，2008.

59. 于涛方. 城市竞争与竞争力. 南京：东南大学出版社，2004.

60. 高汝熹，等. 2007 中国都市圈评价报告. 上海：格致出版社，2008.

61. 高鸿鹰.城市化进程与城市空间结构演进的经济学分析.北京:对外经济贸易大学出版社,2008.

62. 杨冬辉.城市空间扩展与土地自然演进——城市发展的自然演进规划研究.南京:东南大学出版社,2006.

63. 葛洪升.有中国特色的沿海城市发展之路.北京:人民出版社,1997.

64. 黄兴国.宁波建设现代化国际港口城市研究.北京:中国社会科学出版社,2003.

65. 毛光烈主编.宁波发展论集.宁波:宁波出版社,2009.

66. 谢永康.宁波:共建现代化国际港城.杭州:浙江人民出版社,2007.

67. 陈炳水主编.宁波经济与社会发展的理性思考.宁波:宁波出版社,2004.

68. 王剑波,等主编.调研·决策·服务 2007——宁波市党政系统优秀调研成果汇编.宁波:宁波出版社,2008.

69. 王剑波,等主编.调研·决策·服务 2008——宁波市党政系统优秀调研成果汇编.宁波:宁波出版社,2009.

70. 马卫光主编.产业立市战略研究.宁波:宁波出版社,2004.

71. 谢永康主编.宁波发展蓝皮书(2007—2008).宁波:宁波出版社,2008.

72. 宋伟主编.回眸三十年科学发展在宁波:纪念改革开放三十年论文集.宁波:宁波出版社,2008.

73. 林崇建等.宁波改革开放 30 年.杭州:浙江人民出版社,2008.

74. 王菁华,唐新贵.勇立潮头合作多赢——宁波对外开放三十年.杭州:浙江人民出版社,2008.

75. 陈利权,赵全军.公平正义激发活力——宁波政府管理体制改革三十年.杭州:浙江人民出版社,2008.

76. 姜彦君.以民为本依法治市——宁波民主法治建设三十年.杭州:浙江人民出版社,2008.

77. 蔡罕,郭鉴.推陈出新彰显魅力——宁波文化发展三十年.杭州:浙江人民出版社,2008.

78. 钟昌标,陈钧浩.披荆斩棘走在前列——宁波经济发展三十年.杭州:浙江人民出版社,2008.

79. 谢永康,林崇建.科学发展共建和谐——宁波改革开放三十年.杭州:浙江人民出版社,2008.

80. 陈依元,钟昌标.区域开放与社会经济发展:对宁波开放史的一个考察维度.北京:经济科学出版社,2008.

81. 顾海兵.宁波经济特点、特色及创新.北京:中国财政经济出版社,2008.

82. 阎勤主编. 宁波人才发展报告(2007—2009). 北京:人民出版社。

83. 陈洪波,等. 突破与跨越:宁波创新型城市建设的理论与实践. 杭州:浙江人民出版社,2007.

84. 陈洪波,等. 探析浙江改革开放——港城关系的研究与思考. 北京:中共党史出版社,2009.

85. 陈洪波. 科学发展观与现代化港口城市建设. 北京:经济科学出版社,2010.

86. 徐强,张学超. 转型与提升——宁波经济发展的理论与实践. 杭州:浙江人民出版社,2007.

87. 阎兆万,等. 多区港联动——基于开放的区域发展新模式研究. 济南:山东人民出版社,2008.

88. 中国统计年鉴 2009 . 北京:中国统计出版社,2009.

89. 中国港口年鉴 2009. 北京:中国港口杂志社,2009.

90. 中国海洋统计年鉴 2009. 北京:中国海洋出版社,2010.

91. 国际统计年鉴 2008. 北京:中国统计出版社,2008.

92. 长三角年鉴 2008. 南京:河海大学出版社,2008.

93. 国家统计局城市社会经济调查司编. 中国城市统计年鉴. 北京:中国统计出版社,2008.

二、论文

1. 刘丽娜,等. 基于系统动力学的港口经济分析. 水运工程,2006(6).

2. 林建华,等. 厦门港口经济与城市经济定量分析. 厦门科技,2002 (3).

3. 张萍,严以新,许长新. 区域港城系统演化的动力机制分析. 水运工程, 2006(2).

4. 许长新,严以新,张萍. 基于系统动力学的港口吞吐量预测模型. 水运工程. 2006(5).

5. 傅明明,吕靖. 基于系统动力学的港口——区域经济关系研究. 大连海事大学学报,2009(4).

6. 袁旭梅,华艳. 基于系统动力学的港城系统发展研究. 科技管理研究,2009(12).

7. 侯剑. 基于系统动力学的港口经济可持续发展. 系统工程理论与实践,2010(1).

8. 薛芳. 南通港口与区域经济发展关系研究. 交通财会,2010(3).

9. 安红恩,郭杏莉. 港口与腹地经济发展的互动关系. 黑龙江科技信息,2010(11).

10. 李电生，宫田辉.港口物流与城市产业耦合关系研究.物流技术，2010(2).

11. 高宗祺，昌敦虎，叶文虎.港口城市演变趋势的剖析及可持续发展战略选择.中国人口·资源与环境，2010(5).

12. 郑富其.现代化港口城市的“四要素”.中国水运，1996(3).

13. 王海平，等.现代化港口城市的内涵与特征——兼论港口经济.港口经济，2000(创刊号).

14. 许继琴.港口城市成长的理论与实证探讨.地域研究与开发，1987(12).

15. 徐永键，等.西方现代港口与城市、区域发展研究述评.人文地理，2001(4).

16. 李增军.港口对所在城市及腹地经济发展促进作用分析.港口经济，2002(2).

17. 张萍，严以新.港口与城市协调发展的评价模型.港工技术，2006(12).

18. 麦克·道格拉斯.港口城市长期战略的经济回弹力、可居性和城市规划.港口经济，2003(1).

19. 周炳中.上海市与国际港口城市现代化国际化水平的比较研究.同济大学学报(社会科学版).2005(6).

20. 惠凯.论港口城市的发展.中国港口，2004(11).

21. 郭振英.港口与城市经济圈.港口经济，2004(1).

22. 宋炳良.有关港口城市创建与发展的理论研究.上海海运学院学报，2002(3).

23. 陈航，栾维新，李婉娜.港城关系理论探讨的新视角.特区经济，2007(12).

24. 陈航，王跃伟.港城互动关系的评价指标体系构建及对大连的分析.港口经济，2008(11).

25. 邓焕彬，朱善庆.全国沿海主要港口吞吐量与地区经济发展关系研究.中国港口，2009(2).

26. 高宗祺，等.港口城市发展战略初步研究——兼评“港兴城兴，港衰城衰”的发展思想.中国人口·资源与环境，2009(2).

27. 高琴，陈涛焘，单文胜.港城互动关系评价模型研究. 水运工程，2009(11).

28. 陈振浙.金融危机给航运业带来哪些机遇和挑战.中国水运，2009(3).

29. 刘志林，等.低碳城市理念与国际经验.城市发展研究，2009(6).

30. 吕顺坚，等.我国无水港的发展.水运管理，2007(8).

31. 李国德.盐田港区“物流港”发展战略的初步构想.中国港口，2002(6).

32. 戴荣涛.重视“生态港”建设促进港口经济的可持续发展.中国港口，2007(5).

33. 曾华,李丽辛.论信息港及基本技术.计算机应用,1999(10).

34. 周光伟,等.基于港口联盟的浙江港口发展新模式探讨.港口经济,2009(1).

35. 邵俊岗,等.论中国港口民营化发展.大连海事大学学报,2008(2).

36. 张复明.城市定位问题的理论思考.城市规划,2000(3).

37. 张复明.城市定位的理论思考与案例研究——以太原市为例.经济地理,2000(11).

38. 仇保兴.城市定位理论与城市核心竞争力.城市规划,2002(7).

39. 吕永波,杨蔚然,王瑞花,姚宗波.我国主要集装箱运输港口的竞争力评价研究.北方交通大学学报,2002(5).

40. 张联军,宗蓓华.港口竞争力评价指标体系研究.中国水运,2003(8).

41. 王春颖,肖朋民,肖丽娜.熵权值模糊综合评判法在港口竞争力评价中的应用.水道港口,2006(2).

42. 陈双喜,戴明华.港口竞争力评价模型与东北亚港口竞争力的评价.大连海事大学学报,2006(4).

43. 王常达.我国沿海主要港口竞争力的因子分析.全国商情,2006(10).

44. 郑辉.我国港口竞争力演化测度研究.统计与决策,2008(18).

45. 刘志平,李丽,肖汉斌.长江内河港口的竞争力分析.武汉理工大学学报,2009(3).

46. 阚春燕.南通港口竞争力评价指标体系的构建与实证分析.南通职业大学学报,2009(4).

47. 陈再齐,曹小曙,阎小培.广州港经济发展及其与城市经济的互动关系研究.经济地理,2005(3).

48. 陈航,等.港口系统与城市系统协调发展建模方法及应用.中国航海,2008(1).

49. 陈红娟,孙桂平.港口与城市经济协调发展水平评价——以秦皇岛市为例.国土与自然资源研究,2009(4).

50. 徐质斌,朱毓政.关于港口经济和港城一体化的理论分析.湛江海洋大学学报,2004(5).

51. 胡瑞山,沈山.港城一体化战略研究进展.中国水运,2006(12).

52. 赵伟娜.基于绿色理念的港口对城市经济贡献应用研究.大连海事大学硕士学位论文,2008.

53. 赵帅.港口城市发展的动态研究.大连海事大学硕士学位论文,2008.

54. 杨建勇.现代港口发展的理论与实践研究.上海海事大学学位论文,2005.

55. 吕光明.我国沿海和内地区域经济发展阶段的比较与评价.东北财经大学学位论文,2002(2).

56. 常冬铭.宁波市港口与城市互动关系研究.中国人民大学学位论文,2008(5).

57. 陈芸芸.港城互动发展研究. 大连海事大学学位论文,2007.

58. 孟辉.城市竞争力评价的理论和方法研究. 燕山大学学位论文,2009(3).

59. 张入方.港口建设与运营过程对城市空间发展的环境影响及互动过程研究.中国海洋大学学位论文,2009.

60. 刘扬.港口与城市经济协调发展研究——以辽宁营口经济技术开发区为例.首都师范大学学位论文,2009.

61. 李兆强.青岛市港口集疏运系统研究.中国海洋大学学位论文,2009.

62. 黄科.上海港集装箱集疏运体系研究.同济大学学位论文,2008.

63. 刘晓慧.城市软环境经营研究.东北财经大学学位论文,2007.

64. 肖红.港口枢纽集疏运对城市交通影响分析.中国水运,2007(4).

65. 李梅,杨明俊.中国城市产业结构问题研究综述.工业技术经济,2006(2).

66. 马卫光.现代化国际港口城市的目标内涵.中共宁波市委党校学报,1995(1).

67. 刘键初,等.建设宁波国际港口城市的战略思考.宁波大学学报,1995(2).

68. 王祖毅.宁波——国际港口城市规划构想.城市规划,1995(3).

69. 王才楠.试论宁波建设现代化国际港口城市的目标定位、指标体系及对策.宁波大学学报(人文科学版),1996(2).

70. 李王鸣,邬亚芳.宁波国际性港口城市发展的若干思考.长江论坛,1997(3).

71. 余钟夫.宁波建设现代化国际港口城市战略研究(上)、(下).港口经济,2003(2).

72. 武恒聚.论现代科学的城市发展观.学习与探索,2004(6).

73. 宋德驰.树立科学的港口发展观,推动上海国际航运中心新发展.集装箱化,2004(5).

74. 王继洲.科学发展观在现代城市建设中的体现.城市,2005(4).

75. 孙姗姗,朱传耿.论主体功能区对我国区域发展理论的创新.现代经济探讨,2006(9).

76. 王东祥.搞好主体功能区划,优化区域开发格局.浙江经济,2006(16).

77. 巴音朝鲁.推进“六大联动”实现全面发展.人民日报,2004-11-29(9).

78. 巴音朝鲁.深入推进“六大联动”努力实现“六大提”.今日浙江,2007(12).

79. 巴音朝鲁. 全面兴起文化大市建设新高潮 着力推动宁波文化大发展大繁荣. 宁波通讯，2008(8).

80. 巴音朝鲁. 在新的起点上全面提升宁波对外开放水平. 宁波经济(三江论坛)，2008(6).

81. 毛光烈. 强化产业基地集群建设 加快经济转型提升发展. 宁波经济(财经视点)，2009(10).

82. 毛光烈. 努力实现全市服务业又好又快发展. 宁波通讯，2007(12).

83. 毛光烈. 努力实现"六大提升"全面建成小康社会 把现代化国际港口城市建设全面推向新阶段. 宁波通讯，2007(12).

84. 王建社. 深入推进"六大联动"、努力实现"六大提升"——宁波经济社会转型时期发展思路的战略深化. 宁波日报，2007-04-9.

85. 汤柏生. 对宁波现代化国际港口城市主要指标的模型预测. 浙江统计，2003(1).

86. 宁波市政府经济研究中心，宁波市港口办. 深化实施"以港兴市、以市促港"发展战略的突破口及其目标和对策研究. 1999(6).

87. 宁波市发展研究中心课题组. 建设浙江省沿海港口战略联盟研究. 内部研究报告. 2008/10 http://www.nbjczx.com/index.php

88. 钟昌标. 从现代港口发展的新趋势看宁波港城建设的新阶段. 宁波日报. 2007-5-21.

89. 卢军. 一座世界级港口在亚太地区崛起——改革开放三十年宁波港的发展启示及展望. 宁波日报，2008-9-17.

90. 中共宁波市委关于深入贯彻落实科学发展观加快转变经济发展方式的决定，宁波日报，2008-10-10.

91. 宁波市关于加快推进智慧城市建设的决定.

92. 宁波市国民经济和社会发展第十一个五年计划规划纲要. 宁波市国民经济和社会发展第十二个五年计划规划纲要.

93. 课题组. 全面实施港航强省战略服务浙江经济又好又快发展——关于加快建设港航强省的调研报告. 浙江交通网，http://jtkj.zjt.gov.cn/art/12/10/art_5325_76425.html.

94. 关于进一步推进长江三角洲地区改革开放和经济社会发展的指导意见(国发〔2008〕30 号)

95. 长江三角洲地区区域发展规划.

96. 十一五国家环境保护模范城市考核指标及其实施细则(环办〔2006〕40 号)

97. 浙江海洋经济发展示范区规划.

后 记

本书系2010年度宁波市社会科学研究基地课题“港城关系理论研究”(JD10GC)最终成果。自课题正式立项以来,宁波市港城关系研究基地精心组织由宁波工程学院社科部、经管学院、交通物流学院、理学院等教师组成的研究团队,举行多次讨论,商讨研究方案,确立写作提纲,运用多种方法开展研究。课题组收集整理港城关系理论研究的最新成果,尽量掌握国内外港口城市发展的最新趋势;课题组重视实地调研,先后赴宁波北仑港、梅山保税区、宁波港集团有限公司等单位开展调研,掌握宁波港发展的详细材料;2010年暑期又赴上海、杭州、舟山等地进行实地考察,了解上海洋山港、舟山港发展最新变化与趋势。在课题组全体成员的精诚团结、共同努力下,终于完成研究任务。

港城关系是港口城市发展的主线,贯穿于港口城市发展的始终。本课题选择港城关系进行研究,具有重要的理论意义与实践意义。从理论上分析,通过运用系统动力学原理研究港城关系,从系统观点认识港城关系,有助于揭示港城关系的内涵与趋势,更好地推进港城关系研究。从实践意义分析,通过建立系统动力学模型,选择宁波作为例子,提出推进港城互动的对策建议,对于更好地贯彻省委“两创”总战略和市委“六个加快”战略具有重要的意义。2010年12月召开的宁波市委十一届十一次全会审议与通过《中共宁波市委关于制定宁波市国民经济和社会发展第十二个五年规划的建议》,提出“六个加快”战略,即加快打造国际强港、加快构筑现代都市、加快推进产业升级、加快创建智慧城市、加快建设生态文明、加快提升生活品质。“六个加快”充分体现了科学发展的新要求,反映了“十二五”时期发展的新特征,是加快转变经济发展方式在宁波的生动实践,其实质就是要实现港口、产业、城市的融合发展。

运用系统动力学理论对港城关系进行定性与定量相结合分析是本书的重要特色。系统动力学是结构的方法、功能的方法和历史的方法的统一。它基于系统论,吸收了控制论、信息论的精髓,是一门综合自然科学和社会科学的横向学科。本书将港城关系视作一个开放式系统,它既包括港口对城市的依赖和影响,城市对港口的依托和拉动等作用;同时也包括港口和城市在时间、空间、经济、功能、文化的不同关系。港城互动推动着经济资源的集聚,有力促进产业升级和产业发展,并推动着城市空间扩张与城市功能提升。各国港口城市发展史充分证明,港城互动是港口城市发展的成功之道。本书从分析港城互动的内在机理出发,建立港口与城市相互影响的指标体系,构建港城互动的系统动力学模型;并以宁波为例,对宁波港城互动的现状及趋势进行一定研究。通过上述分析,达到预期研究目标。

在课题研究过程中得到宁波市社科院黄志明院长、林崇建副院长、俞建文处长以及宁波市现代物流规划研究院周昌林院长的悉心帮助与指导,得到宁波工程学院杨仁法教授、王任祥教授的关心与帮助。自宁波市实施“以港兴市、以市促港”战略以来,理论工作者开展了许多卓有成效的研究,取得一批重要研究成果。本书在写作过程中参考和借鉴了上述研究成果,使用部分图片,多数在书中已经作出注释,有些在书中未及一一注释,在此一并表示感谢!

建立平台,组成团队,研究港城关系,揭示港口城市发展规律,是成立宁波市港城关系研究基地的主要目的,也是我们努力追求的方向。由于我们学识浅薄,书中尚存在错讹和不当之处,敬祈专家和读者批评指正。

本书具体分工:陈洪波教授:负责研究方案、全书写作大纲的设计以及全书统稿;钱雪华老师:负责“第一章 港城关系理论概述”写作任务;郭慧玲老师:负责“第二章 港城关系内涵与趋势”写作任务;闫森博士:负责“第三章 港城互动机理分析”写作任务;傅海威博士:负责“第四章 港口影响城市发展指标体系”写作任务;郭瑜桥博士:负责“第五章 城市影响港口发展指标体系”写作任务;梁方楚副教授、闫森博士:负责“第六章 港城互动模型构建”写作任务;郭家瑜老师:负责“第七章 宁波港城互动数据采集”写作任务;王志新副教授:负责“第八章 宁波港城互动的发展趋势与推进对策”写作任务。

陈洪波

2011 年 5 月 2 日于宁波工程学院